U0665464

"十四五"职业教育国家规划教材

ZHONGDENG ZHIYE XUEXIAO
QICHE LEI ZHUANYE XILIE JIAOCAI

中等职业学校汽车类专业系列教材

汽车维修基本技能

主　编：石光成

副主编：胡振川　李东明　唐　芳　张　军

主　审：赵计平　李朝东

参　编：王代彬　袁宁泽　雷小丰　李开鋆

　　　　胡宗乐　吴　静　殷丹丽　杨　杰

　　　　杨浩艺　陈　刚　黄钧浩　胡　耀

　　　　肖健淋　谢空娅

西南大学出版社

国家一级出版社　全国百佳图书出版单位

图书在版编目(CIP)数据

汽车维修基本技能 / 石光成主编. —2版. —重庆:
西南师范大学出版社, 2019.11(2023.8重印)
ISBN 978-7-5621-5913-1

Ⅰ.①汽… Ⅱ.①石… Ⅲ.①汽车－车辆修理－中等
专业学校—教材 Ⅳ.①U472.4

中国版本图书馆CIP数据核字(2012)第180508号

汽车维修基本技能

主　　编:石光成
主　　审:赵计平　李朝东

策　　划:杨景罡　曾　文
责任编辑:曾　文　周明琼
责任校对:翟腾飞
封面设计:杨　涵　雷　桥
调　　图:黄文昭
排版制版:重庆新综艺图文广告有限责任公司
出版发行:西南大学出版社(原西南师范大学出版社)
　　　　　(重庆·北碚)　邮编:400715
　　　　　网址:http://www.xdcbs.com
经　　销:全国新华书店
印　　刷:重庆市正前方彩色印刷有限公司
幅面尺寸:185 mm×260 mm
印　　张:16.5
字　　数:423千字
版　　次:2019年11月第2版
印　　次:2023年8月第13次
书　　号:ISBN 978-7-5621-5913-1
定　　价:49.00元

为贯彻落实党的二十大精神,深入实施科教兴国战略、人才强国战略、创新驱动发展战略,培养造就大批德才兼备的高素质人才,党和国家提出要大力发展职业教育。优化职业教育类型定位,努力培养造就更多大国工匠、高技能人才是职业教育发展的根本目标。

党的二十大报告提出,"建设现代化产业体系",尤其提到"构建优质高效的服务业新体系,推动现代服务业同先进制造业、现代农业深度融合"。职业教育汽车维修服务人才培养是现代化汽车产业体系的重要组成部分,应深度融合现代汽车先进制造业、维修业及先进技术。然而,目前许多中职学校汽车运用与维修专业的办学软硬件设施、课程体系及教材还没有和行业先进技术真正接轨,没有适合学生的职业发展规律,更没有结合学校自身的实际情况。最为突出的是在专业教学方面,存在课程体系不合理,教学内容陈旧,教学方法落后等问题,完全不能满足现代汽车售后服务市场岗位职业能力培养的需求。

为了更好地满足中等职业学校汽车类专业的教学要求,体现职业教育类型特色,促进汽车专业人才的培养,我们一线教师和行业专家在广泛调研和深入实践的基础上,按"项目引领、任务驱动"的最新教学理念编写了这套中等职业学校汽车类专业教材。本系列教材共计17本,分别为《汽车文化》《汽车维修机械基础》《汽车维修基本技能》《汽车发动机基础维修》《汽车底盘基础维修》《汽车电气设备构造与维修》《汽车发动机电控系统检修》《汽车底盘电控技术》《汽车电工电子》《汽车车身电控技术》《汽车故障诊断与排除》《汽车维护与保养》《汽车美容与装饰》《汽车车身修复》《汽车维修涂装技术》《汽车评估》《汽车中级技能培训》。

为全面贯彻党的教育方针,落实立德树人根本任务,培养德智体美劳全面发展的社会主义建设者和接班人,本套教材坚持育人的根本在于立德,坚持以市场人才需求为导向,围绕学生职业能力培养,结合中职学生职业教育规律进行编写。其主要特点如下:

1.根据学生岗位职业和发展,教材体系体现了"宽、专、精"三个不同层面的内涵。提炼、整合了传统专业基础课程,拓宽专业基础知识、技能的实用性,满足不同岗位的需要;针对不同工种的工作需求,编写了不同工种的专门化核心专业课程;依据"知识够用、技能实用"原则,精细打造课程,实现与实际岗位工作任务无缝对接。

2.专业课程体例是按"任务驱动的'理实一体化'"模式编写的,体现了以完成工作任务为目的、以应用为中心的职业技能教育特点,实施了"学中做,做中学"的理论与实践相结合的教学理念。

3.课程内容满足专业能力培养的需要。坚持"必须、够用"的原则,内容严谨、容量适宜、难易得当。

4.结合了汽车行业职业技能考核的要求,注重培养"双证"技能型人才。

5.注重学生职业道德与情感的培养,树立社会主义核心价值观,养成安全和绿色环保意识,培养劳动精神、工匠精神和科学精神。

本套教材是在充分调研和深入实践的情况下,在重庆市多所职业学校和相关高校的一线专业课教师、"双师型"教师,以及多家汽车维修企业共同参与下研发、编写而成。这将更能体现其在实际教学中的适用性和地方特色,满足中职学校汽车运用与维修专业的人才培养要求,从而推动地方职业教育的教学改革,为我国汽车产业发展发挥积极的作用。

党的二十大报告提出，"我们要坚持教育优先发展、科技自立自强、人才引领驱动，加快建设教育强国、科技强国、人才强国，坚持为党育人、为国育才，全面提高人才自主培养质量，着力造就拔尖创新人才，聚天下英才而用之"。"统筹职业教育、高等教育、继续教育协同创新，推进职普融通、产教融合、科教融汇，优化职业教育类型定位"。因此，为了优化职业教育类型定位，提高现代汽车维修高技能人才培养质量，着力深化产教融合，改革课程体系和教材建设具有十分重要的意义。然而，目前许多中职学校汽车运用与维修专业的课程体系和教材开发没有体现现代汽车维修岗位职业能力培养的需求。

本教材坚持育人的根本在于立德，坚持以市场人才需求为导向，围绕学生职业能力培养，结合中职学生认知规律和技能人才成长规律进行编写，重点突出了汽车维修基础性、通用性、普及性和实用性的基本实践技能。其主要特点如下：

1. 充分体现了汽车维修的基本技能，为以后的进一步学习和实际工作打下坚实的技能基础。

2. 提炼、整合了传统专业基础课程，体现专业技能的实用性。

3. 按"项目引领、任务驱动"的"理实一体化"模式编写。实现了"学中做，做中学"的"理实一体化"教学理念。

4. 培养学生的专业学习兴趣和良好职业意识，树立社会主义核心价值观，养成安全和绿色环保意识，培养劳动精神、工匠精神和科学精神。

5. 在教材呈现形式上力求图文并茂、通俗易懂，使学生容易接受。

在教材编写中，全面贯彻党的教育方针，落实立德树人根本任务，培养德智体美劳全面发展的社会主义建设者和接班人，造就更多现代汽车维修大国工匠、高技能人才。教材借鉴了国外职业教育的先进理念和教材体系，突出"以行业需求为导向、以能力为本位"的原则，充分体现实用性专业基本技能的培养，注重理论与实践的融合，弥补了新技术专业基本技能的空缺。本书适合中等职业学校汽车运用与维修专业学生使用，也可作为汽修行业从业人员职业技能培训使用。

教学模式建议：建议采用"理实一体化"教学，注重技能训练。

学时分配建议：建议安排在第一学年的第 1 学期。每周按 6 学时分配，每学期按 20 周计，机动课时 16 节，共计 128 学时。现将课时分布如下：

项目	任务	教学内容	学时分配
一	一	汽车维修现场"5S"管理	2
	二	工作安全	6
二	一	螺纹紧固件及强度等级	2
	二	螺栓、螺母的拆装	6
三	一	手动类工具的使用	8
	二	电、气动工具的使用	4
	三	专用工具的使用	2
四	一	游标卡尺的使用	4
	二	千分尺的使用	4
	三	百分表的使用	6
五	一	举升设备的使用	8
	二	压缩空气系统的使用	2
	三	新能源汽车充电桩的使用	2
六	一	万用表的使用	8
	二	绝缘电阻测试仪的使用	2
七	一	汽车维修资料查阅	4
八	一	钳工基本技能	30
	二	装配钳工	6
九	一	汽车机械部件拆装与检测训练	10
	二	汽车电气元部件的检测训练	4
		机动	8
		总计	128

本教材由重庆市巴南职业教育中心石光成研究员担任主编,负责全书编写及统稿;重庆市两江职业教育中心胡振川担任副主编,组织编写项目二、项目三、项目四、项目五和项目六,四川仪表工业学校李东明担任副主编,组织编写项目八;重庆五一职业技术学院(原重庆五一高级技工学校)唐芳担任副主编,组织编写项目七、项目九;重庆市两江职业教育中心张军担任副主编,组织编写项目六;王代彬、袁宁泽、雷小丰、李开鋆、胡宗乐、吴静、殷丹丽、杨杰、杨浩艺、陈刚、黄钧浩、谢空娅、胡耀等老师参与编写;重庆市中升之宝汽车销售服务有限公司技术专家肖健淋参与编写。本书在编写过程中,参考了大量的资料和文献,也得到有关单位的大力支持和帮助,在此表示衷心感谢。

本教材由重庆工业职业技术学院二级教授赵计平、重庆市科能高级技工学校李朝东老师审稿,也得到了重庆商社博瑞进口汽车销售有限公司、北京浩瀚天成有限公司等相关单位的大力支持和帮助,他们对书稿提出了许多宝贵意见,在此深表谢意。

由于编者水平有限,书中难免有不足之处,恳请广大读者批评指正。

汽车维修基本技能

目　录

二维码目录

温馨提示:扫一扫书中二维码,登录天生云课程平台(https://course.xdcbs.com),注册即可了解汽车维修基本技能更多知识!

项目一
汽车维修现场"5S"管理与工作安全

任务一　汽车维修现场"5S"管理

【任务目标】

目标类型	目标要求
1.认知目标	认识汽车维修现场"5S"管理的内容。
2.技能目标	达到汽车维修中级工如下技能要求： 能在汽车维修作业中实施"5S"管理。
3.情感目标	(1)养成"5S"和"EHS"管理意识和良好作业习惯； (2)养成生产劳动习惯,培养劳动精神和爱岗敬业精神。

【任务描述】

汽车维修现场"5S"管理是现代汽车维修的基本理念。在维修作业中做好"5S",可以提升企业和品牌的竞争力,体现维修工的素质和风貌,保持车间的工作环境。这是实现可靠(安全)、轻松、快捷和高效工作的关键,是提高维修质量的基本条件之一。

【任务准备】

"5S"包括整理(Seiri)、整顿(Seiton)、清扫(Seiso)、清洁(Seiketsu)、自律(Shitsuke)。下面分别介绍"5S"的内容。

一、整理(Seiri)

(一) 整理的目的
整理是确定某种项目是否需要,不需要的项目应及时丢弃,以便有效利用空间。
(二)整理的内容
如图 1-1-1、1-1-2 所示。
1. 按照工作的必要性,组织和利用所有的资源,包括工具、设备、零件和信息等,如果不需要应作丢弃处理。在作业的过程中进行整顿,使场地、空间更加合理,方便维修操作。
(1)维修手册等资料常放在随手可拿的地方。

（2）需要的工具、设备应摆放在方便操作的地方。

（3）不需要或损坏的零件、有安全隐患的设备应进行清理与报废。

2. 在车间指定一处地方来放置所有不必要的物品。集中收集工作场地中不必要的东西，然后丢弃。如对于废弃轮胎、废弃机油等油液应该有专门的设备和房间集中放置，安全处理。

3. 小心存放物品重要，同样，丢弃不必要的物品也重要。车间丢弃的物品要有标志，分类放置，可用黄色垃圾桶放置不可回收的物品，蓝色垃圾桶放置可回收的物品，红色垃圾桶放置有毒有害的物品。

图 1-1-1　车间整理

图 1-1-2　工具房整理

记一记： 汽车维修车间整理的常见物品：_____

_____

二、整顿（Seiton）

（一）整顿的目的

这是一个如何摆放零件、工具等设备的过程，目的是为了方便使用。

（二）整顿的内容

1. 将很少使用的物品放在单独的地方，不应放在工作场地。

2. 将偶尔使用的物品放在工作场地。如发动机吊架、喷油器、清洗器、轮胎动平衡机等应放在车间靠墙的位置。如图 1-1-3 所示。

3. 将常用的物品放在方便使用的位置。

（1）将常用的工具、量具、仪器放在工具车内，常用的设备放在方便使用的工作场地位置，并要求摆放整齐有序。如图 1-1-4 所示。

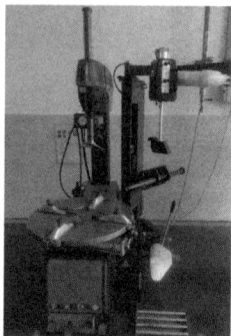

图 1-1-3　设备布置

图 1-1-4　工具车摆放

(2)可将常用的抹布、手套等放在工作服内。

记一记：汽车维修车间整顿的常见物品：＿＿＿＿＿＿＿＿＿＿＿＿＿＿＿＿＿＿

三、清扫(Seiso)

(一)清扫的目的

这是一个使工作场地内所有物品保持干净的过程,要让设备始终处于完全正常的状态,以便可以随时使用。

(二)清扫的内容

1. 在作业前、中、后要让工作场地始终保持清洁状态。及时清理场地的油液、尘泥等杂物,扫地,拖地,擦车清洁等。

2. 要使工量具等设备始终保持清洁状态,方便使用。特别是量具和检测仪器更应该在作业前、中、后及时清洁。使用较少的设备也应该定期清洁、检查。如图1-1-5所示。

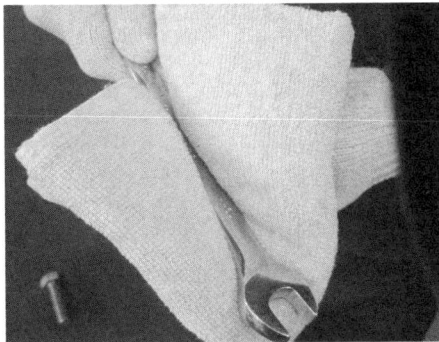

图 1-1-5　工具清洁

记一记：汽车维修车间清扫的对象：＿＿＿＿＿＿＿＿＿＿＿＿＿＿＿＿＿＿

四、清洁(Seiketsu)

(一)清洁的目的

这是一个保持整理、整顿、清扫状态的过程,是为了防止任何可能出现的问题发生,也是一个对所有物品进行归类,清除不必要的东西,使工作环境保持干净的过程。清洁的状态是良好的企业形象和工作环境所必需的。

(二)清洁的内容

1. 尽力做好工作环境清洁的各个方面,包括工作环境的色彩、形状以及布局、照明、通风等。如合理地布置车间,形成合理的功能分区和良好的工作氛围;具有畅通、宽敞、明亮的场地,醒目的标志;整齐有序地摆放物品等。如图1-1-6所示。

2. 做好个人的清洁卫生,保持良好的形象。

图 1-1-6　车间的布置

记一记：汽车维修车间清洁的物品：＿＿＿＿＿

五、自律(Shitsuke)

(一)自律的目的

这是员工进行培训并满足企业要求,使员工接受企业文化,学习、遵守企业管理制度的过程,在这个过程中,员工不断提升自我,发展自我。

(二)自律的内容

1. 认真接受企业的培训,学习企业的各项规章制度,并在工作中严格遵守。如图 1-1-7 所示。

2. 应具备良好的职业道德素养。

3. 严格按照作业规范进行操作。

4. 具备安全防护意识等。

记一记:汽车维修企业主要的规章制度:_____

_____

_____

作为汽车维修工应具备生产现场的职业素养:_____

_____

_____

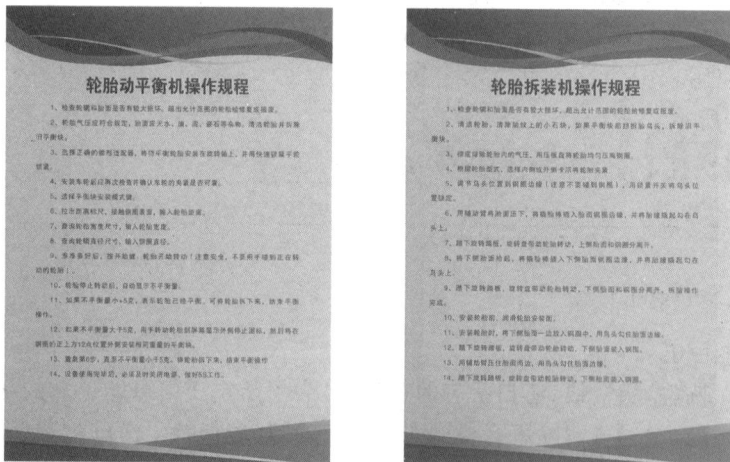

图 1-1-7 安全培训

汽车维修基本技能

【任务实施】

汽车维修车间现场"5S"管理

一、作业计划(实训工单)

作业任务								
学生姓名		班级		日期		场地	时间	分钟
作业准备	设备、工量具及材料:							
自定义作业								
作业步骤	作业项目				作业检查/确认/记录		作业评估	
1								
2								
3								
4								
5								
作业安全								
作业计划审核	小组审核意见: 组长签字:			教师审核意见: 教师签字:				

二、作业准备

1. 汽车维修车间。
2. 车间相关规章管理制度、企业文化的资料。

扫码看微课

汽车维修现场"5S"管理

三、作业要求

1. 要求在车间内完成整理、整顿、清洁、清扫的作业内容。
2. 熟知车间相关管理制度和企业文化。

四、作业步骤及要点

1. 整理车间内所有物品,区分其有无需要,将不必要的清除。

小提示： 对于有害有毒物品、易燃易爆物品必须按相关规定进行存放和处理。

整理不需要物品：_____

_____

2. 整顿好需要的物品,归类有序放置,合理布置。

整顿的物品：_____

_____

3. 检查、清扫所有需要的物品,保持清洁和正常安全使用状态。

小提示： 对于不安全的设备必须有"禁用"安全标志。

检查、清扫的物品：_____

_____

4. 清扫场地,使其干净,无水、无油污。

场地清洁状况：_____

_____

5. 学习车间相关规章管理制度、企业文化。特别要认真学习安全操作规范。

安全操作规范：_____

_____

_____

【任务检测】

一、填空题

"5S"包括(　　)、(　　)、(　　)、(　　)、(　　)。

二、判断题

1. 遵守汽车维修企业管理制度是员工应该具备的素质。　　　　　　　　　(　　)
2. 整顿的目的为了方便使用。　　　　　　　　　　　　　　　　　　　(　　)
3. 对于不安全的设备必须有"禁用"安全标志。　　　　　　　　　　　　(　　)
4. 整理是把不需要的东西及时丢弃。　　　　　　　　　　　　　　　　(　　)
5. 作业中可把工具、量具摆放在地下。　　　　　　　　　　　　　　　(　　)
6. 作业前的准备是十分重要的。　　　　　　　　　　　　　　　　　　(　　)

三、选择题

下列哪项是不正确的:(　　)

A. 及时清理场地的油液、尘泥等杂物
B. 量具和检测仪器只需在作业后清洁
C. 设备也应该定期清洁、检查
D. 清理减少了作业的时间

【任务拓展】

扫码学知识

车辆的清洗

【任务评价】

班级：　　　　　　　姓名：　　　　　　　指导教师：

序号	评分项	评分内容		配分	评分要求	自评	互评	师评
1	A 思想政治与情感素养养成考核（20分）	A1 出勤/纪律/态度/行为规范及其表现		5	违规1次扣2分			
		A2 劳动精神、工匠素养和社会主义核心价值观的养成		10	综合考核为"优"得10分、"良"得8分、"中"得6分、"差"不得分			
		A3 职业素养：安全防护、"5S"/"EHS"、物料检查、安全使用和存放保养		5	未完成1项扣2分，扣完为止			
2	B 知识考核（35分）	B1 课堂学习（完成"记一记"）		5	综合考核为"优"得5分、"良"得4分、"中"得3分、"差"不得分			
		B2 作业完成		5	未完成扣5分			
		B3 知识检测		20	实际检测成绩的20％计			
		B4 拓展知识学习		5	未完成扣5分			
3	C 技能考核（45分）	C1 资讯收集和作业计划、决策（实训工单）		5	未完成扣5分			
		C2 作业准备		5	未完成1项扣1分，扣完为止			
		C3 作业步骤	C3-1 整理车间内所有物品	5	未完成扣5分			
			C3-2 整顿好需要的物品	5	未完成扣5分			
			C3-3 检查、清扫所有需要的物品	5	未完成扣5分			
			C3-4 清扫场地	5	未完成扣5分			
			C3-5 学习车间相关规章管理制度、企业文化	5	未完成扣5分			
		C4 作业质效判断和分析（完成实训工作页/实训报告）		5	未完成扣5分			
		C5 拓展技能学习		5	未完成扣5分			
	总分			100				

【任务反思】

序号	优点	存在问题	解决方案

教师签字：

汽车维修基本技能

任务二 工作安全

【任务目标】

目标类型	目标要求
1. 认知目标	(1)认识汽车维修工作安全、健康的意义； (2)描述汽车维修工作安全、健康的措施； (3)描述国家有关环境保护的规定； (4)描述维修作业的有害物质和处理方法。
2.技能目标	达到汽车维修中级工如下技能要求： (1)在汽车维修作业时做好个人安全防护； (2)在汽车维修作业中能防止安全事故发生； (3)能正确地存放、处理车间的物品和安全使用有害物品。
3.情感目标	(1)建立安全、健康、环境保护(EHS)意识； (2)养成遵守国家环保安全法律法规意识,培养爱护家园、爱惜家国的情怀。

【任务描述】

汽车维修作业中由于使用了许多工量具和机电设备,涉及了大量的化学物品,所以存在极大的危险性。保证安全、健康,树立环境保护意识是维修工的首要任务,必须建立安全、健康、环境保护意识(EHS),"EHS"是指 E——Environment(环境)、H——Health(健康)、S——Safety(安全)。

【任务准备】

一、安全防护的意义

(一)意义

在汽车维修中始终要具备安全作业的意识,始终要让自己处于安全作业的状态,防止任何安全事故的发生。安全事故的发生不仅会伤害到自己,还会对同事、企业、家庭和社会造成影响。安全防护是汽车维修作业必需的保障。任何企业的生产,任何人的工作都必须坚持做好安全防护。

危害人体健康的因素主要有：

1. 废物危害。在维修作业中产生的废物的危害。

2. 化学危害。有害的气体、尘粒物的危害。

3. 物理危害。如作业中产生的噪声、振动、温度、压力的危害。

4. 作业环境的危害。影响身体处于正常或合适位置和运动的环境条件。

人体容易受到伤害的主要部位,如图 1-2-1 所示。

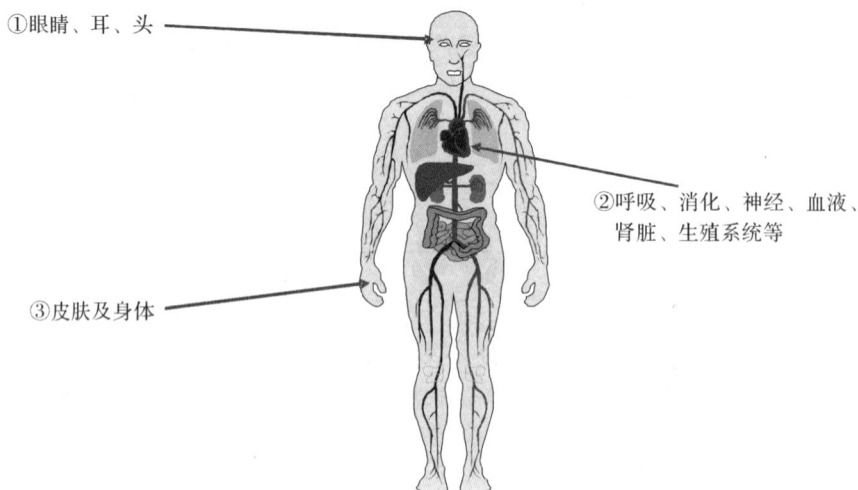

①眼睛、耳、头

②呼吸、消化、神经、血液、
肾脏、生殖系统等

③皮肤及身体

图 1-2-1　人体易受伤害部位

记一记：能危害人体健康的做法：＿＿＿＿＿＿＿＿＿＿＿＿＿＿＿

＿＿＿＿＿＿＿＿＿＿＿＿＿＿＿＿＿＿＿＿＿＿＿＿＿＿＿＿＿＿＿＿＿

(二)安全事故因素

安全事故的发生是人为的因素或自然的因素造成的。

1. 人为的因素。

(1)工作着装不当造成的事故。如不戴手套造成的烫伤,皮带上的金属扣划伤车身漆面等。

(2)由于不正确地使用工具、量具、设备、设施和车辆等造成的事故。如不按规范起动发动机造成的事故,不正确操作扭力扳手造成的伤手事故等。

(3)在维修作业中不当的操作造成的事故。如不当操作造成的 ECU(电子控制单元)的烧毁,身体的伤害,线路短接造成的火灾等。

2. 自然的因素。

(1)工作环境不良造成的事故。

(3)由于工具、设备出现故障,缺少完整的安全装置造成的事故。

由上可知,安全事故的发生是多方面的因素,任何一个细节都有可能造成。应有系统的安全防护措施。一方面,应根据企业的实际情况制定科学的、有效的安全管理规章制度,并进行认真的安全教育和培训。另一方面,应进行科学的安全管理,始终让企业安全地生产,员工安全地工作。

记一记：能造成安全事故的做法：＿＿＿＿＿＿＿＿＿＿＿＿＿＿＿

＿＿＿＿＿＿＿＿＿＿＿＿＿＿＿＿＿＿＿＿＿＿＿＿＿＿＿＿＿＿＿＿＿

二、安全防护的措施

(一)个人防护

如图 1-2-2 为丰田的防护要求。

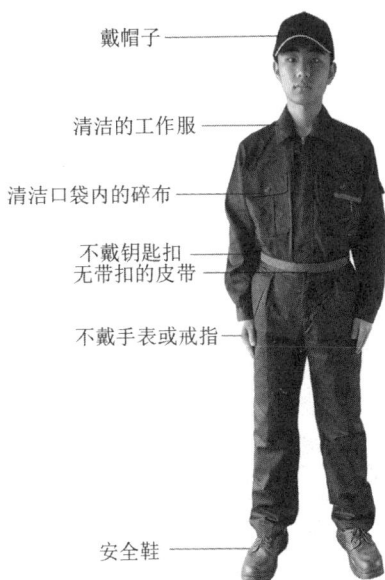

图 1-2-2　个人防护基本要求

戴帽子
清洁的工作服
清洁口袋内的碎布
不戴钥匙扣
无带扣的皮带
不戴手表或戒指
安全鞋

1. 工作手套。工作手套主要是保护手和皮肤不受伤害,尽量让手干净,有时还有便于操作的作用。手套有许多种,在不同的作业项目中应该选用合适的手套,如图 1-2-3 所示。以下情况建议戴上棉(线)手套:

(1)提升重物时。

(2)拆卸或接触温度高的物体或部位时。

(3)使用较大扭力操作时。

(4)在底盘或发动机舱部位操作时。

(5)接触或清除铁屑、毛刺时。

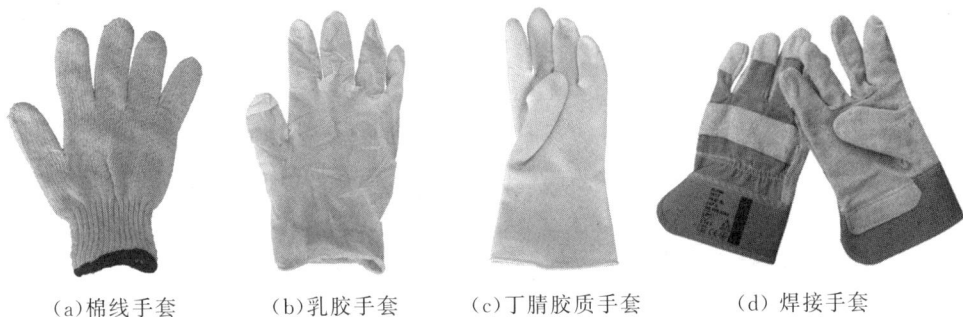

(a)棉线手套　　　(b)乳胶手套　　　(c)丁腈胶质手套　　　(d)焊接手套

图 1-2-3　工作手套

小提示: ①接触危险性或腐蚀性化学物品时,戴上尼龙、聚亚安酯手套;防溶剂时戴丁腈胶质或塑料手套;防油污戴乳胶手套。②焊接时应戴防电的焊接手套。

当然,对于一般的维护工作戴手套并非是必须的要求。应根据具体的工作来确定是否必须戴手套。以下情况建议不戴手套:

(1)在车内进行检查时应保持手的清洁,建议不戴手套。

(2)在使用量具和检测仪器时不戴手套,应保持手的清洁,保证测量的精度。

（3）操作旋转的工具、设备或工作在一个有旋转运动的地方时,不要戴手套。如气动扳手、钻床、砂轮机等。

2. 工作鞋。工作时要穿工作鞋,不能穿运动鞋或皮鞋。一般穿皮质或类似材料做成的具有防滑的铁头鞋,防止工作时滑倒,影响工作效率。还可以防止因为偶然掉落物体而受到伤害。如图 1-2-4 所示。

图 1-2-4　工作鞋

图 1-2-5　喷涂工作服

3. 工作服。工作时应穿工作服,不留长发和戴饰物。目的是便于作业,防止损伤汽车,保护身体皮肤不受伤害,展示企业和个人形象。

（1）工作服必须合身、结实,方便操作。

（2）要求工作服不要暴露带子、纽扣等,不可以穿戴手表、金属类物品等,防止工作时划伤汽车,或被设备、零件挂住。

（3）工作服要勤洗勤换,干净得体。

（4）尽量不要裸露身体皮肤,以减少受伤或烧伤。

（5）喷涂时应该穿防静电工作服,如图 1-2-5 所示。

（6）焊接时应穿焊接工作服。

4. 工作帽。戴工作帽是为了保护头部。在车外或车底下作业时建议戴上工作帽,而在车内作业时不戴工作帽。进行焊接时应戴焊接头盔（罩）,如图 1-2-6 所示。

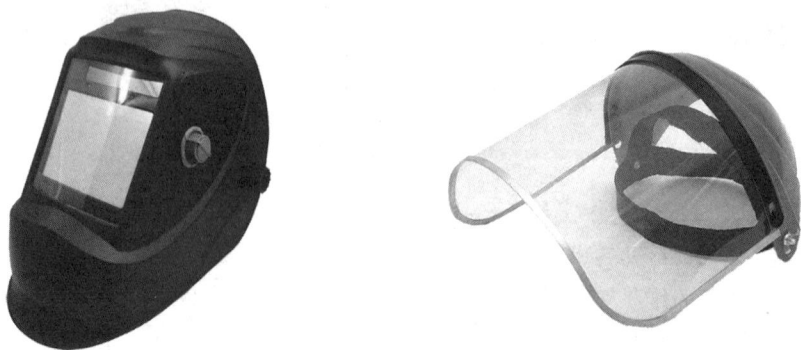

图 1-2-6　焊接头盔（罩）

5. 其他防护用品。

（1）防护眼镜。在进行有碎片、尘粒产生的操作或有液体、气体等化学品可能进入眼睛时应戴安全防护眼镜。如图 1-2-7 所示。

图 1-2-7　防护眼镜

小提示： 严禁蓄电池酸液、溶剂、油液等化学品进入眼睛，当有人眼睛溅入上述化学品后，必须立即冲洗眼睛至少 15 分钟，切勿揉搓，并送往专门医院进行检查和治疗，如图 1-2-8 所示。车间应设置洗眼池和安全淋浴间。

图 1-2-8　冲洗眼睛

（2）防护口罩。在有尘粒产生的操作时，应戴防尘口罩；在接触有毒有害气体时，要戴防毒面具；焊接时，应用焊接护罩。如图 1-2-9 所示。

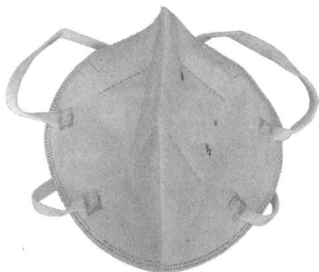
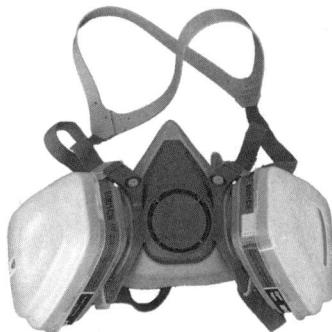

（a）防尘口罩　　　　　　　　　　（b）防毒面具

图 1-2-9　防护口罩

（3）有噪声时应戴耳塞等，如图 1-2-10 所示。

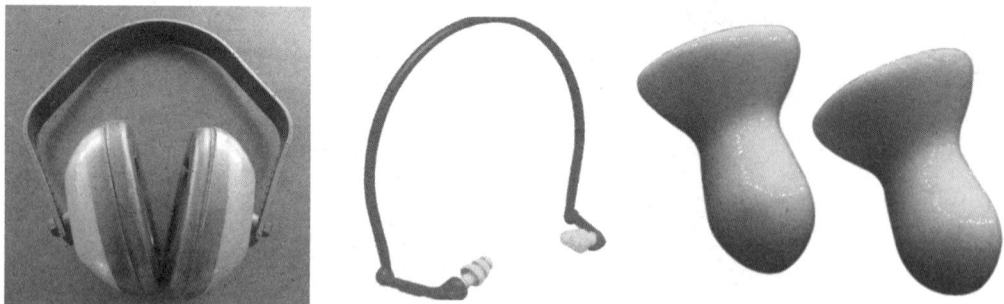

图 1-2-10　耳塞

（4）焊接时应穿皮质护腿进行保护，如图 1-2-11 所示。

图 1-2-11　护腿

小提示：当生病时不要上班，始终让自己在健康状态下工作；注意生活中传染病的预防；当在工作中出现流血伤害时，应及时消毒和规范诊疗，施救者必须戴手套防止传染。

6. 下班收工以后，特别是作业中接触了溶剂或化学品时，应立即冲洗身体。

记一记：汽车维修个人防护用品：_____

_____

（二）工量具、设备、仪器的安全使用

汽车维修中的安全事故有很大部分是工量具、仪器、设备等本身的问题或操作人员未正确使用造成的。因此，一方面要认真落实"5S"管理，让设备、仪器始终处于完全正常的工作状态。另一方面要正确掌握其使用方法，按照使用手册操作，遵守安全操作规范。具体的安全规范在后面介绍。下面将注意的要点说明如下。

1. 要及时和认真检查、清洁、维护所有的工量具、设备、仪器等。

2. 不正确使用工量具、设备、仪器等都可能造成严重的伤害。现代汽车维修普遍用气动、液压和电气的工具、设备，使用时应完全按照安全操作规范进行。例如：正确操作举升机是十分重要的。举升车辆时，应先提升到轮胎稍微离开地面，确认车辆牢固地支撑在举升机上，然后才可以举升车辆。举升后必须要安全锁止，同时千万不可以试图摇晃车辆，防止车辆跌落造成伤害。车辆落地以后要安装挡块，拉起手制动器。

3. 在工作时，应根据工作特点穿戴好安全防护用品。

4. 进行较远距离操作或重物移动时，不要自己个人操作，方法要得当。

小提示： 维修设施、设备如有损坏或有安全隐患时，应有安全标志，并告知所有人。任何人不得使用有损坏或有安全隐患的设施、设备。

记一记： 汽车维修安全操作的重要性：_____

_____

_____

(三)工作场地的安全

1. 工作场地及设施的规划和建设应遵守安全的原则，合理布局。否则会形成安全隐患。

(1)车间与工位的布局要合理。要有明显的安全标志，要有进出通道和安全通道，并保证随时畅通。

(2)车间的电、气、水、通风、消防等设施要符合安全标准，并要求始终保持正常工作状态。如用电插座、灭火器等。

(3)场地内维修设备、材料的放置要考虑安全的需要，保证设备的安全使用和材料的安全放置。如轮胎平衡机、钻床等不要布置在工位的位置，还应留出足够的操作空间；有毒有害物体或易燃易爆物体要在指定的地方放置，并要有醒目的标志。

2. 在使用工作场地时应注意以下几个方面：

(1)始终要保持车间干净、有序，保护自己和他人免受伤害。

(2)及时清理地面的油水和杂物，保持地面的清洁，防止人员滑倒。

(3)操作时不要采用不舒服的姿态。不舒服的姿态不仅会影响工作效率，还有可能发生事故。

(4)不要把工具、零件等物品留在有可能踩到或碰到的地方。应放在工具架、工作台等安全的地方，并将之形成习惯。

(5)在车间内移动物体的时候，一定要走指定的通道。

(6)处理沉重的物体时要极度小心，防止砸伤脚面。不要试图举起太重的物体，防止背部受伤。

(7)不要在配电盘、电源开关或电机附近存放、使用可燃物。防止产生火花，造成火灾。

3. 作业车间应有安全管理制度和设备的安全操作规范，加强日常的安全培训和管理。

记一记： 汽车维修车间的安全标识：_____

_____

_____

(四)安全操作

在汽车维修作业时不正确的拆装、更换、检测等操作往往会造成人的伤害，设备、零部件或车辆的损坏，作业时必须要安全操作。要严格按照维修手册进行操作，防止发生不按操作规范和技术规范作业造成的事故。如：①在进行焊接、电气系统作业前，要断开蓄电池以免着火或伤害。②正确起动发动机和移动车辆。③按维修手册进行故障的诊断和排解等。

(五)有害物质、易燃易爆物品的存放、使用、回收处理

在汽车维修作业中若有使用或产生有害物质、易燃易爆物，必须严格按照使用手册和有关国家、行业的规范进行安全的存放、使用、回收处理。如空调制冷剂、废弃的油液、轮胎、涂料等。防止其造成对人体的伤害、火灾爆炸的发生、环境的污染等。

_____

_____

（六）防火

在汽车维修车间，由于有大量的易燃物体和用电设备，容易造成火灾事故。因此必须采取如下预防措施来防止火灾：

1. 禁止在非吸烟区抽烟。

2. 应熟悉灭火器放置的位置和使用方法，当火灾警报响起，所有人员应当配合扑灭火焰。如图 1-2-12 所示。

图 1-2-12　灭火装置

3. 在机油存贮地或可燃的零件清洗剂等易燃物体附近，不要使用明火或产生火花。

4. 浸满汽油或机油的碎布应放置到带盖的金属容器内，因为它们有可能自燃。

5. 不要将可燃性废机油和汽油等丢弃到地沟里，应将这些材料倒入一个合适的容器内，因为它们可能导致污水管系统产生火灾，并会造成环境污染。

6. 只在必要时才将燃油或清洗剂带到车间，并要求携带时使用能够密封的铁制容器。

7. 不要在处于充电状态的电池附近使用明火或产生火花。

8. 有燃油泄漏的车辆应在修好之后才能起动发动机；修理燃油系统时，例如拆卸喷油器应当断开蓄电池负极，防止发动机被意外起动。

记一记：防止火源的措施：_____

_____

_____

（七）用电安全

不正确地使用电气设备可能导致短路和火灾。因此，要学会正确使用电气设备并认真遵守以下防护措施：

1. 如果发现电气设备有任何异常，立即关掉开关，并向管理人员报告。

2. 如果发生短路或意外火灾，在灭火步骤之前应首先关掉电源开关。

3. 如有熔断器熔断应向上级汇报，因为熔断器熔断说明有某种电气故障。如发现不正确的布线和电气设备安装应向管理人员报告。

4. 下列行为应特别注意：

(1)千万不要用湿手接触任何电气设备，防止电击；

(2)千万不要触摸标有"发生故障"的开关；

（3）拔下插头时应拉插头本身，不要拉电线；

（4）在开关、配电盘、电机等附近不要使用易燃物，防止火花产生；

（5）电缆不可以通过潮湿或浸有油的地方，以及炽热的表面或者尖角附近；

（6）不要靠近断裂或摇晃的电线；

（7）必须按照用电设备的使用说明进行线路、开关、保险装置等安装。

记一记： 汽车维修车间接地用电设备：＿＿＿＿＿＿＿＿＿＿＿＿＿＿＿

＿＿＿＿＿＿＿＿＿＿＿＿＿＿＿＿＿＿＿＿＿＿＿＿＿＿＿＿＿＿＿＿＿＿

＿＿＿＿＿＿＿＿＿＿＿＿＿＿＿＿＿＿＿＿＿＿＿＿＿＿＿＿＿＿＿＿＿＿

（八）险情报告

险情信息的沟通与知晓十分重要，应互相交流大家在日常工作中所经历的险情。互相陈述身边的险情是如何发生的，目的是为了防止别人重蹈覆辙。同时，要分析导致这些危险情况发生的因素，以及采取适当措施来创造一个更安全的工作环境。险情项目主要有：脱开或将要脱开；撞上或将要撞上；夹住或将要夹住；跌倒或将要跌倒；提升工具断裂或将要断裂；爆炸或将要爆炸；被电击或将要被电击；起火或将要起火等。在遇到上述情况之一时，必须采取如下措施：

1. 首先，将情况及时汇报给管理人员。

2. 详细记录事情的发生经过。

3. 分析险情和采取应时措施，应让大家慎重认识险情。

4. 将记录清单放置在每个人都能够看得到的地方让所有人知晓。

（九）在工作场所，需要配备急救箱，员工须定期参加急救培训

如图 1-2-13 所示。

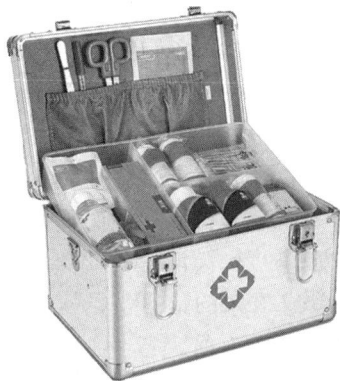

图 1-2-13　急救箱

记一记： 险情案例和急救项目：＿＿＿＿＿＿＿＿＿＿＿＿＿＿＿＿＿

＿＿＿＿＿＿＿＿＿＿＿＿＿＿＿＿＿＿＿＿＿＿＿＿＿＿＿＿＿＿＿＿＿＿

＿＿＿＿＿＿＿＿＿＿＿＿＿＿＿＿＿＿＿＿＿＿＿＿＿＿＿＿＿＿＿＿＿＿

三、环境保护

环境保护是当今经济发展十分重要的问题，汽车维修企业、员工必须树立环境保护意识，遵守环境保护相关的法律、法规、标准。

(一)环境保护相关法律、法规、标准及实施

1. 我国环境保护主要的法律、法规

(1)环境保护法(2017 年修正)

(2)清洁生产促进法(2012 年修正)

(3)水污染防治法(2017 年修正)

(4)大气污染防治法(2018 年修正)

(5)固体废物污染环境防治法(2018 年修正)

(6)海洋环境保护法(2017 年修正)

(7)环境噪声污染防治法(2018 年修正)

(8)环境影响评价法(2018 年修正)

(9)职业病防治法(2018 年修正)

(10)安全生产法(2014 年修正)

(11)消防法(2008 年修订)

(12)《危险货物品名表》(GB 12268)

(13)《危险化学品名表》(2002 年版)

(14)《废弃危险化学品污染环境防治办法》(2005 年)

(15)《危险化学品登记管理办法》(2012 年)

(16)《危险化学品经营许可证管理办法》(2015 年修正)

(17)《道路危险货物运输管理规定》(2005 年)

(18)《危险废物经营许可证管理办法》(2016 年修正)

(19)《危险废物转移联单管理办法》(1999 年)

2. 我国环境保护主要的标准

(1)《化学品安全技术说明书编写指南》(GB/T 17519—2013)

(2)《危险货物运输包装通用技术条件》(GB 12463—2009)

(3)《汽车涂料中有害物质限量》(GB 24409—2009)

3. 环境保护法规在汽车维修企业的实施

汽车维修企业承担着维护、修复机动车排放达标的重担,同时自身在生产过程中也会产生废油、水、气,以及废旧蓄电池、废旧轮胎、废旧涂料、废旧配件等固液体废物。如不加以规范,会对环境、对企业员工的健康造成很大的危害。国家相关法规规定汽车维修企业必须"有必要的环境保护措施",包括下面两个方面。

(1)环境保护制度。

①认真贯彻执行"预防为主、防治结合、综合治理"的环境保护方针,遵守《中华人民共和国环境保护法》《中华人民共和国大气污染防治法》等。

②定期对员工进行环境保护教育和培训。

③建立废弃物等有害物质的集中收集、有效处理和保持环境整洁的环境保护制度。包括危险物品的管理计划等。

④对"三废"处理、通风、吸尘、净化、消声等设施落实管理责任,确保运行良好。

⑤严禁非法转移和经营危险废物回收的行为。

⑥全面实施在用车辆的检查、维护制度,严格作业规范,确保车辆的排放和噪声达标。

(2)环境保护措施。

①建造符合标准、防雨防渗的固体废物,特别是危险废物的暂存设施;有害物质的存放区应界定清楚,必要时还应该隔离、控制。

②作业环境以及按生产工艺安装、配置的处理"三废"、通风、吸尘、净化、消声等设施,均应符合国家环保法规。

③油漆车间设有专用的废水排放及处理措施,采用干磨工艺,具有粉尘收集装置和除尘设备,并设有通风设备。

④维修车间或工位应有汽车尾气收集净化装置。

⑤维修作业严禁使用不合格的净化和消声装置。

⑥车辆竣工出厂前,要严格检查汽车尾气排放和噪声指标,不符合国家标准的严禁出厂。

记一记: 汽车维修车间主要的环境污染源:＿＿＿＿＿＿＿＿＿＿＿＿＿＿＿

＿＿＿＿＿＿＿＿＿＿＿＿＿＿＿＿＿＿＿＿＿＿＿＿＿＿＿＿＿＿＿＿＿＿＿＿＿＿

(二)《危险化学品安全管理条例》及管理要求

1.《危险化学品安全管理条例》。

中华人民共和国国务院令第 344 号颁布了《危险化学品安全管理条例》,2013 年 12 月 7 日中华人民共和国国务院令第 645 号公布,自 2013 年 12 月 7 日起施行第二次修正本。该条例规定:

(1)危险化学品的概念和范围。

本条例所称危险化学品,是指具有毒害、腐蚀、爆炸、燃烧、助燃等性质,对人体、设施、环境具有危害的剧毒化学品和其他化学品。

危险化学品目录,由国务院安全生产监督管理部门会同国务院工业和信息化、公安、环境保护、卫生、质量监督检验检疫、交通运输、铁路、民用航空、农业主管部门,根据化学品危险特性的鉴别和分类标准确定、公布,并适时调整。

(2)对危险化学品管理的要求。

危险化学品安全管理,应当坚持安全第一、预防为主、综合治理的方针,强化和落实企业的主体责任。

生产、储存、使用、经营、运输危险化学品的单位(以下统称危险化学品单位)的主要负责人对本单位的危险化学品安全管理工作全面负责。

危险化学品单位应当具备法律、行政法规规定和国家标准、行业标准要求的安全条件,建立、健全安全管理规章制度和岗位安全责任制度,对从业人员进行安全教育、法制教育和岗位技术培训。从业人员应当接受教育和培训,考核合格后上岗作业;对有资格要求的岗位,应当配备依法取得相应资格的人员。

2.使用化学品的规定。

使用危险化学品的单位,其使用条件(包括工艺)应当符合法律、行政法规的规定和国家标准、行业标准的要求,并根据所使用的危险化学品的种类、危险特性以及使用量和使用方式,建立、健全使用危险化学品的安全管理规章制度和安全操作规程,保证危险化学品的安全使用。

使用危险化学品从事生产并且使用量达到规定数量的化工企业(属于危险化学品生产企业的除外,下同),应当依照本条例的规定取得危险化学品安全使用许可证。

前款规定的危险化学品使用量的数量标准,由国务院安全生产监督管理部门会同国务院公安部门、农业主管部门确定并公布。

申请危险化学品安全使用许可证的化工企业,除应当符合(1)的规定外,还应当具备下列条件:

第一,有与所使用的危险化学品相适应的专业技术人员;

第二,有安全管理机构和专职安全管理人员;

第三,有符合国家规定的危险化学品事故应急预案和必要的应急救援器材、设备;

第四,依法进行了安全评价。

3. 职工的义务和权利。

(1)职工应遵守劳动安全卫生规章制度和安全操作规程,并应及时报告认为可能造成危害和自己无法处理的情况。

(2)职工应采取合理方法,消除或减少工作场所不安全因素。

职工对违章指挥或强令冒险作业,有权拒绝执行;对危害人身安全和健康的行为,有权检举和控告。

职工有权获得:工作场所使用化学品的特性、有害成分、安全标签以及安全技术说明书等资料;在其工作过程中危险化学品可能导致危害安全与健康的资料;安全技术的培训,包括预防、控制、及防止危险方法的培训和紧急情况处理或应急措施的培训;符合国家规定的劳动防护用品;法律、法规赋予的其他权利。

记一记: 职工的权力:_____

_____

_____

职工的义务:_____

_____

_____

(三)关于"VOC"

"VOC"(Volatile Organic Compound)指挥发性有机化合物,常见有苯、甲苯、二甲苯、苯乙烯、三氯乙烯等,所有有机溶剂均可视为"VOC"。在汽车维修作业中"VOC"的主要来源有油漆材料、汽车排放尾气、汽油及其他有机溶剂。

其主要危害环境和人体。如图 1-2-14 所示。

(1)对人体呼吸系统、心血管系统及神经系统有慢性危害,引发相关疾病。

(2)是酸雨、光雾等环境问题的主要元凶。

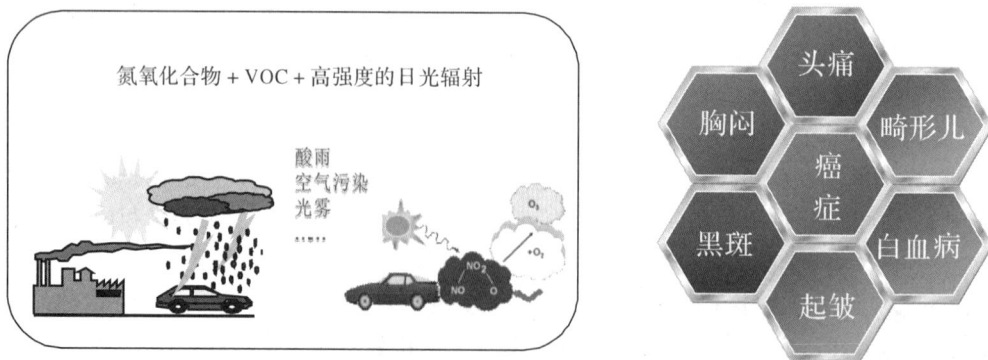

图 1-2-14 "VOC"危害

① VOC 破坏臭氧层。

VOC＋氮氧化物→臭氧(太阳光照条件下)。

② VOC 造成酸雨。如图 1-2-15 所示。

图 1-2-15　形成酸雨

记一记： 汽车维修作业中"VOC"的来源：_____

_____

(四)废弃物处理

汽车维修作业中会产生大量的废弃物,废弃物应按国家法律法规进行处理。

1. 所有废弃物必须分类处理。

2. 危险废弃物需由具备当地环保部门认可资质的废物处理中心,经由固体废物管理中心审批同意后进行处理并登记备案。

危险废弃物的储存、处理的管理：

(1)确保容器状况良好,不能有损坏,保证容器密封。

(2)不同种类废弃物分类储存,在容器罐上贴有清晰的标签。

(3)贮存易燃液体的地方不贮放其他易燃材料(木材、纸板等)。

(4)浸湿溶剂或油漆的废弃擦布、纸巾、刷子等必须放在金属密封容器内,容器必须有金属盖,金属盖有自动关闭装置,必要时容器内储存少量水。

记一记： 汽车维修作业产生的主要废弃物：_____

_____

_____

汽车维修环境保护对爱护家园、爱惜国家的重大意义：_____

_____

_____

【任务实施】

★ 活动一　个人防护用品的穿戴

一、作业计划(实训工单)

作业任务								
学生姓名		班级		日期		场地		时间	分钟
作业准备	设备、工量具及材料:							
自定义作业								
作业步骤	作业项目				作业检查/确认/记录		作业评估	
1								
2								
3								
4								
5								
作业安全								
作业计划审核	小组审核意见:　　　　　　　　　　　　组长签字:				教师审核意见:　　　　　　　　　　　　教师签字:			

二、作业准备

防护用品及说明书。

三、作业要求

1. 认识防护用品及用途。
2. 正确穿戴个人防护用品。

扫码看微课

工作安全

四、作业步骤及要点

1. 认识不同防护用品及其用途。
2. 穿戴个人防护用品。

(1)机电工的防护用品穿戴。

穿戴顺序：＿＿＿＿＿＿＿＿＿＿＿＿＿＿＿＿＿＿＿＿＿＿＿＿＿＿＿＿＿

＿＿＿＿＿＿＿＿＿＿＿＿＿＿＿＿＿＿＿＿＿＿＿＿＿＿＿＿＿＿＿＿＿＿＿

(2)钣金工的防护用品穿戴。

穿戴顺序：＿＿＿＿＿＿＿＿＿＿＿＿＿＿＿＿＿＿＿＿＿＿＿＿＿＿＿＿＿

＿＿＿＿＿＿＿＿＿＿＿＿＿＿＿＿＿＿＿＿＿＿＿＿＿＿＿＿＿＿＿＿＿＿＿

(3)涂装工的防护用品穿戴。

穿戴顺序：＿＿＿＿＿＿＿＿＿＿＿＿＿＿＿＿＿＿＿＿＿＿＿＿＿＿＿＿＿

＿＿＿＿＿＿＿＿＿＿＿＿＿＿＿＿＿＿＿＿＿＿＿＿＿＿＿＿＿＿＿＿＿＿＿

3. 整理防护用品。

★ 活动二 参观汽车维修企业生产车间

一、作业计划(实训工单)

作业任务								
学生姓名		班级		日期		场地	时间	分钟
作业准备	设备、工量具及材料：							
自定义作业								
作业步骤	作业项目				作业检查/确认/记录			作业评估
1								
2								
3								
4								
5								
作业安全								
作业计划审核	小组审核意见： 组长签字：				教师审核意见： 教师签字：			

二、作业准备

1. 联系汽车维修企业或 4S 店。

2. 记录本。

三、作业要求

熟悉汽车维修企业安全生产的内容和措施。

四、作业步骤及要点

1. 记录企业安全管理制度以及安全操作规范：

_____

2. 记录员工的个人安全防护的穿戴：

_____

3. 记录车间的布置和各种标志：

_____

4. 观察安全工作的措施：

_____

5. 讨论车间存在的安全隐患：

_____

【任务检测】

一、选择题

1. 危害人体健康的因素主要有：（　　　）

A. 维修作业中产生的废物的危害

B. 有害的气体、尘粒物的危害

C. 作业中产生的噪声、振动、温度、压力的危害

D. 影响身体处于正常或合适位置和运动的环境条件

2. 以下情况建议不戴手套：（　　　）

A. 在车内进行检查时应保持手的清洁,建议不戴手套

B. 发动机机舱内的检查

C. 操作旋转的工具、设备或工作在一个有旋转运动的地方时,不要戴手套,如气动扳手、钻床、砂轮机等

D. 在使用量具和检测仪器时不戴手套,应保持手的清洁,保证测量的精度

3. 下列正确做法的有：（　　　）

A. 禁止在车间抽烟

B. 易燃物体附近,不要使用明火

C. 不要将可燃性废机油和汽油等丢弃到地沟里

D. 拆装喷油器时应当断开蓄电池负极,防止发动机被意外起动

二、判断题

1. 作业时要严格按照维修手册进行规范操作。避免发生不按操作规范和技术规范作

汽车维修基本技能

业造成的事故。 （　　）

    2. 工作时可以穿工作鞋，也可以穿运动鞋或皮鞋。 （　　）

    3. 发现安全隐患时应该向管理员报告。 （　　）

    4. 喷涂时必须穿戴防毒面具。 （　　）

    5. 使用风动扳手安装轮胎时必须戴棉手套。 （　　）

    6. 在灭火前，应首先关掉电源开关。 （　　）

    7. 不要把工具、零件等物品留在有可能踩到或碰到的地方。 （　　）

【任务拓展】

扫码学知识

汽车使用操作常识

【任务评价】

班级： 　　　　　　姓名： 　　　　　　指导教师：

序号	评分项	评分内容		配分	评分要求	自评	互评	师评
1	A 思想政治与情感素养养成考核（20分）	A1 出勤/纪律/态度/行为规范及其表现		5	违规1次扣2分			
		A2 劳动精神、工匠素养和社会主义核心价值观的养成		10	综合考核为"优"得10分、"良"得8分、"中"得6分、"差"不得分			
		A3 职业素养：安全防护、"5S"/"EHS"、物料检查、安全使用和存放保养		5	未完成1项扣2分，扣完为止			
2	B 知识考核（35分）	B1 课堂学习（完成"记一记"）		5	综合考核为"优"得5分、"良"得4分、"中"得3分、"差"不得分			
		B2 作业完成		5	未完成扣5分			
		B3 知识测验		20	实际测验成绩的20%计			
		B4 拓展知识学习		5	未完成扣5分			
3	C 技能考核（45分）	C1 资讯收集和作业计划、决策（实训工单）		4	未完成扣4分			
		C2 作业准备		4	未完成1项扣1分，扣完为止			
		C3 活动一步骤	C3-1 认识防护用品及其用途	4	未完成扣4分			
			C3-2 穿戴机电、钣金和涂装工防护用品	9	未完成1项扣3分，扣完为止			
			C3-3 整理防护用品	4	未完成扣4分			
		C4 活动二步骤	C4-1 记录企业安全管理制度及规程	2	未完成扣2分			
			C4-2 观察员工的安全防护穿戴	2	未完成扣2分			
			C4-3 记录车间的布置和标识	2	未完成扣2分			
			C4-4 观察安全措施和存在的安全隐患	4	未完成扣4分			
		C5 作业质效判断和分析（完成实训工作页/实训报告）		5	未完成扣5分			
		C6 拓展技能学习		5	未完成扣5分			
	总分			100				

【任务反思】

序号	优点	存在问题	解决方案

教师签字：

汽车维修基本技能

项目二 螺纹紧固件

任务一　螺纹紧固件及强度等级

【任务目标】

目标类型	目标要求
1. 认知目标	(1)认识螺纹紧固件的作用、类型； (2)解释螺纹紧固件的强度等级。
2. 技能目标	达到汽车维修中级工如下技能要求： (1)识别不同的螺纹紧固件的类型和特点； (2)识别不同螺栓的强度等级； (3)了解汽车上使用的塑性螺栓。
3. 情感目标	(1)养成保护螺纹紧固件的良好习惯和"5S"意识； (2)具有螺纹紧固件安全使用意识； (3)养成精益求精的工匠意识，培养劳动精神。

【任务描述】

汽车上许多零部件的连接都是采用螺纹连接的方式。螺纹紧固件可以方便地进行拆卸、装配和更换，也能有效地连接。认识常用螺纹紧固件的类型特征是十分重要的。

【任务准备】

一、螺纹紧固件的作用和类型

(一)作用

螺纹紧固件能把汽车各连接件可靠地连接、紧固，保证被连接件夹紧，避免其受力产生相对位移。如图 2-1-1 所示。

螺纹紧固件是靠螺纹连接的。目前标准螺纹紧固件多采用公制螺纹型面，用"M"表示。分粗牙螺纹和细牙螺纹，其表示方法如"M8"表示粗牙公称螺纹直径为 8 mm，"M8×1"表示细牙公称螺纹直径为 8 mm，螺距为 1 mm。

螺纹紧固件一般是右旋螺纹，特殊地方需要左旋螺纹。

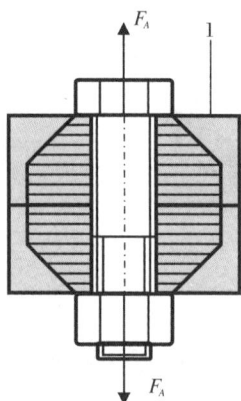

1-中心夹紧和中心承载螺栓

图 2-1-1　螺栓连接的受力

图 2-1-2　螺纹紧固件类型

小提示：粗牙螺纹多用于要求快速拆装的位置，并有紧固力大的特点；而细牙螺纹多用于需要较大自锁力和抗震性好的地方。

记一记："M12"的公称直径为：＿＿＿＿＿＿＿mm。

（二）类型

汽车上根据不同用途和条件采用不同螺纹紧固件，如螺栓、螺钉、螺柱等。如图 2-1-2 所示。

螺纹连接是一种使用广泛的可拆卸的固定连接，它具有结构简单、装拆方便、连接可靠、具有自锁性等优点。见表 2-1-1。

表 2-1-1　常用螺纹紧固件的特点

类型	螺栓连接	双头螺柱连接	螺钉连接	紧定螺钉连接
结构图				
特点	被连接件的孔中不切制螺纹，装拆方便。螺栓与孔之间有间隙，由于加工简便、成本低，所以应用最广	使用两端均有螺纹的螺柱，一端旋入并紧固在较厚被连接件的螺纹孔中，另一端穿过较薄被连接件的通孔。适用于被连接件较厚，要求结构紧凑和经常拆装的场合	螺钉直接旋入被连接件的螺纹孔中，结构较简单，适用于被连接件一端较厚，或另一端不能装螺母的场合。但经常拆装会使螺纹孔磨损，导致被连接件过早失效，所以不适用于经常拆装的场合	将紧定螺钉拧入一零件的螺纹孔中，其末端顶住另一零件的表面，或顶入相应的凹坑中。常用于固定两个零件的相对位置，并可传递不大的力或转矩

小提示：不同的螺纹紧固件，拆装的工具是不一样的。

汽车维修基本技能

二、螺栓和螺母

汽车零部件的连接最常用的是螺栓连接。螺栓连接一般是螺栓和螺母配合使用。如图 2-1-3 所示。

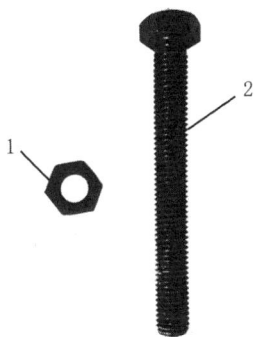

图 2-1-3　螺母和螺栓

1-螺母；2-螺栓

（一）螺栓

1. 螺栓的各部分名称,可以用来标识其尺寸和强度,便于在维修中根据需要进行选用。如图 2-1-4 所示。

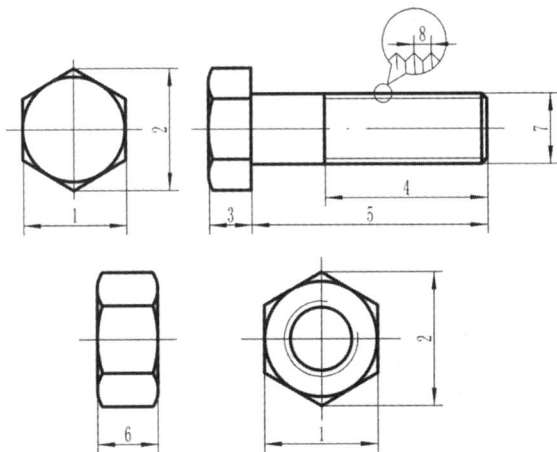

图 2-1-4　螺栓各部分名称

1-跨面宽度；2-跨角宽度；3-头部高度；4-螺纹长度；5-名义长度；6-螺母高度；7-螺纹大径；8-螺距

下面以 M8×1.25－4T 为例说明:"M"表示公制螺纹(如"S"表示小螺纹,"UNC"表示统一粗牙螺纹);"8"表示螺纹大径;"1.25"表示螺距;"4T"表示强度等级,一般标注在螺栓的头部。

2. 螺栓类型。

(1)六角头螺栓。这是应用最广的类型,有的在螺栓头下有法兰盘、垫圈,可以使其与工件的接触面积加大,分散接触压力,保护零件。同时垫圈还有一定的弹性可以防止松动。

记一记: 汽车上使用六角头螺栓的部件有:＿＿＿＿＿＿＿＿＿＿＿＿＿＿＿＿＿

＿＿＿＿＿＿＿＿＿＿＿＿＿＿＿＿＿＿＿＿＿＿＿＿＿＿＿＿＿＿＿＿＿＿＿＿＿＿＿

(2)双头螺栓。螺栓两头都有螺纹,可以分别为粗牙和细牙,便于安装。主要用于将各零件定位,或使其装配简化。

小提示: "双螺母法"拆装双头螺栓,如图2-1-5所示。先将两个螺母拧入并用两个扳手锁紧,当固定上面螺母按拧松方向转动下面螺母时,螺栓被拆下;反之,当固定下面螺母按拧紧方向转动上面螺母时,螺栓被装入。

记一记: 汽车上使用双头螺栓的部件有:＿＿＿＿＿＿＿＿＿＿＿＿＿＿＿＿＿＿

＿＿＿＿＿＿＿＿＿＿＿＿＿＿＿＿＿＿＿＿＿＿＿＿＿＿＿＿＿＿＿＿＿＿＿＿＿＿＿

(3)"U"形螺栓。两端有螺纹呈"U"形。如用在钢板弹簧与车桥的连接口的螺栓。

图2-1-5 双头螺栓的拆装

记一记: 汽车上使用"U"形螺栓的部件有:＿＿＿＿＿＿＿＿＿＿＿＿＿＿＿＿

＿＿＿＿＿＿＿＿＿＿＿＿＿＿＿＿＿＿＿＿＿＿＿＿＿＿＿＿＿＿＿＿＿＿＿＿＿＿＿

(4)塑性区螺栓。这是目前运用越来越多的特殊螺栓。其特点是能提供加强的轴向张力和稳定性,防止松动和震动的能力强。如发动机的缸盖螺栓,多属十二角花形或内十二角花形螺栓。如图2-1-6所示。

图2-1-6 塑性区螺栓

小提示: 任何紧固件在紧固时就如"受载弹簧",会产生弹簧效应。一般螺栓可以拉伸到其弹性极限的70%。过小紧固,力不够;过度紧固,会使螺纹变形和拧动困难。但是,对于塑性区螺栓是拧紧到超出弹性区范围,此范围的大小与螺栓轴向拉力和旋转角成正比增加,然后在塑性区紧固时只有螺栓旋转角改变,而轴向拉力不会变。其防松防震能力加强。

记一记: 汽车上使用塑性区螺栓的部件有:＿＿＿＿＿＿＿＿＿＿＿＿＿＿＿＿

3. 螺栓强度等级。在螺栓、螺母的选用上必须依据螺栓的强度等级。如图 2-1-7 所示。

(1)表示方法。螺纹紧固件的强度等级由中间用小数点分开的两个数字组成,第一个数表示最小抗拉强度(N/mm^2)的 1%,第二个数表示最小屈服点(或 0.2% 屈服强度)与最小抗拉强度之比的 10 倍。两个数的乘积为最小屈服强度的 1/10。标准螺母的强度等级用一个数字表示,其等于同一机械强度级的螺纹紧固件最小抗拉强度的 1%。

(2)标识方法。螺栓、螺母的强度等级标识在它们的头上,多以数字表示。在使用中配对的螺栓、螺母强度等级应该一致,如螺栓 10.9 级,螺母 10 级。

图 2-1-7 螺栓强度标记

4. 螺母、垫圈。螺栓往往与螺母、垫圈配合使用。

(1)螺母。螺母以内螺纹与螺栓外螺纹配合形成紧固件。其强度等级应该与对应的螺栓相一致。其类型有:六角形螺母、盖螺母、开槽螺母(可插入开口销防松动)等。如图 2-1-8 所示。

图 2-1-8 螺母的类型

小提示: 螺母中有一种自锁螺母,多用在传动部件处,是利用其螺母形状和螺纹发生部分变形造成锁止,从而防止松动 ,但是,在维修作业中必须更换。

(2)垫圈。用在螺栓头下或螺母下,分平垫(形成均匀的紧固力,保护工件)、弹垫和波形垫、牙嵌式垫圈(属于锁止垫圈,防止松动),如图 2-1-9 所示;对于与螺栓、螺母配合使用起防松作用的还有开口销、锁紧片等。

图 2-1-9 垫圈

小提示：一般在维修中，垫圈、开口销、锁紧片应该更换。

记一记：汽车上使用开口销的部件有：_____

_____

汽车上使用锁紧片的部件有：_____

_____

汽车维修作业精准选用螺栓、螺母的目的：_____

_____

_____

【任务实施】

螺纹紧固件的认识

一、作业计划(实训工单)

作业任务								
学生姓名		班级		日期		场地	时间	分钟
作业准备	设备、工量具及材料：							
自定义作业								
作业步骤	作业项目					作业检查/确认/记录		作业评估
1								
2								
3								

汽车维修基本技能

4			
5			
作业安全			
作业计划审核	小组审核意见： 组长签字：		教师审核意见： 教师签字：

二、作业准备

1. 不同种类螺纹紧固件。

2. 发动机总成。

3. 扳手、起子等工具，螺纹规、游标卡尺等量具。

4. 润滑油、毛巾、工作台等。

扫码看微课

螺纹紧固件及强度等级

三、作业要求

1. 识别不同的螺纹紧固件及特点。

2. 区别粗、细牙螺纹和用途特点。

3. 识别螺栓和螺母的强度等级。

4. 正确地选配螺栓和螺母等紧固件。

5. 认识塑性域螺栓。

四、作业步骤及要点

1. 作业准备。

检查、清洁螺纹紧固件、发动机总成及螺纹孔、工具和量具、工作台。

2. 识别不同的螺纹紧固件。

包括_____。

3. 测量螺距、大径、长度等，区分粗、细牙螺纹。

螺距_____ mm，大径_____ mm，长度_____ mm。

4. 识别强度等级标记。

强度等级_____。

5. 螺栓和螺母、螺栓和螺纹孔等紧固件进行选配，并进行拧紧、拧松操作。如图 2-1-10、图 2-1-11 所示。

拆装工具_____，型号_____。

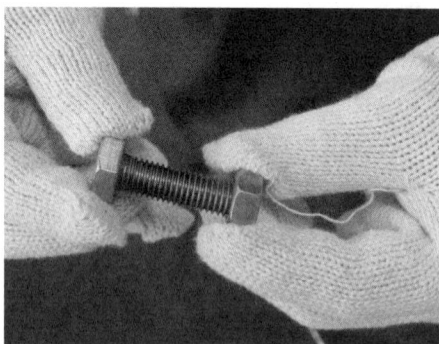

图 2-1-10　螺栓和螺母选配

图 2-1-11　螺母、螺栓拆装

小提示： ①螺栓和螺母在安装前应对螺纹进行适当的润滑。

②应用手先拧入 2～3 牙螺纹后再用工具。

6. 识别塑性区螺栓。在缸盖上进行简单拆装训练。如图 2-1-12 所示。

图 2-1-12　塑性区螺栓拆装

小提示： 塑性区螺栓的安装一定要参考维修手册进行。

拆装工具 _____，力矩_____ N·m。

7. 检查、清洁和整理("5S")。

【任务检测】

一、填空题

1. 螺纹紧固件是把汽车各连接件可靠地（　　　）、紧固和经常（　　　），保证被连接件夹紧，避免其受力产生相对（　　　）。它不同于其他紧固件的地方是易于（　　　）和拆卸。

2. "M10"表示（　　　　　　）。

3. 螺纹有粗牙和（　　　）之分。大多为（　　　）旋，少数为（　　　）旋。

4. 螺栓的类型主要有（　　　）、（　　　）、（　　　）、（　　　）等。

二、判断题

1. 螺栓、螺母的选用上必须依据螺栓的强度等级。　　　　　　　　（　　　）

2. 配对使用的螺栓、螺母强度等级可以不一致。　　　　　　　　　（　　　）

3. 一般在维修中，垫圈、开口销、锁紧片应该更换。　　　　　　　（　　　）

4. 塑性区螺栓防止松动和震动能力强。多属十二角花形或内十二角花形螺栓。

　　　　　　　　　　　　　　　　　　　　　　　　　　　　　（　　　）

【任务拓展】

扫码学知识

螺纹紧固件的锁止装置

【任务评价】

班级：　　　　　　　姓名：　　　　　　　　指导教师：

序号	评分项	评分内容		配分	评分要求	自评	互评	师评
1	A 思想政治与情感素养养成考核（20分）	A1 出勤/纪律/态度/行为规范及其表现		5	违规 1 次扣 2 分			
		A2 劳动精神、工匠素养和社会主义核心价值观的养成		10	综合考核为"优"得 10 分、"良"得 8 分、"中"得 6 分、"差"不得分			
		A3 职业素养：安全防护、"5S"/"EHS"、物料检查、安全使用和存放保养		5	未完成 1 项扣 2 分，扣完为止			
2	B 知识考核（35分）	B1 课堂学习（完成"记一记"）		5	综合考核为"优"得 5 分、"良"得 4 分、"中"得 3 分、"差"不得分			
		B2 作业完成		5	未完成扣 5 分			
		B3 知识检测		20	实际检测成绩的 20% 计			
		B4 拓展知识学习		5	未完成扣 5 分			
3	C 技能考核（45分）	C1 资讯收集和作业计划、决策（实训工单）		5	未完成扣 5 分			
		C2 作业准备		2	未完成 1 项扣 1 分，扣完为止			
		C3 作业步骤	C3-1 检查、清洁	2	未完成扣 1 分，扣完为止			
			C3-2 识别不同的螺纹紧固件	5	未完成扣 5 分			
			C3-3 测量螺距、大径、长度等，区分粗、细牙螺纹	5	未完成扣 5 分			
			C3-4 识别强度等级标记	5	未完成扣 5 分			
			C3-5 螺栓和螺母、螺栓和螺纹孔等紧固件进行选配，并进行拧紧、拧松操作	5	未完成扣 5 分			
			C3-6 塑性区螺栓的认识与拆装	5	未完成扣 5 分			
			C3-7 检查、清洁和整理	2	未完成扣 2 分			
		C4 作业质效判断和分析（完成实训工作页/实训报告）		5	未完成扣 5 分			
		C5 拓展技能学习		4	未完成扣 4 分			
	总分			100				

【任务反思】

序号	优点	存在问题	解决方案
教师签字：			

任务二　螺栓、螺母的拆装

【任务目标】

目标类型	目标要求
1.认知目标	(1)认识螺纹紧固件损伤和失效形式； (2)了解螺栓拆装常识。
2.技能目标	达到汽车维修中级工如下技能要求： (1)完成不同螺纹紧固件的拆装； (2)完成塑性区螺栓的拆装。
3.情感目标	(1)养成保护螺纹紧固件的良好习惯和"5S"意识； (2)养成安全拆装螺纹紧固件的意识； (3)养成精益求精的工匠意识，培养劳动精神。

【任务描述】

　　汽车维修作业离不开对螺纹紧固件的拆装。正确的拆装方法可以保证装配质量，提高工效，避免损伤，节约维修成本。不同的螺纹紧固件在不同的条件下，其拆装是不一样的。下面就螺栓拆装的注意要点进行说明。

【任务准备】

一、螺栓、螺母的损伤与失效

　　螺纹紧固件在使用中，往往会出现下列几种情况，如图 2-2-1 所示。

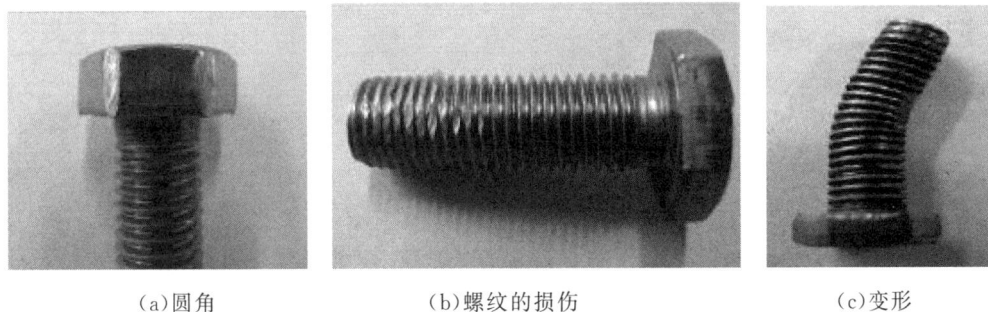

(a)圆角　　　　　(b)螺纹的损伤　　　　　(c)变形

图 2-2-1　螺栓、螺母的损伤与失效

　　1. 因螺栓头部、螺母的六角花形的棱边或螺钉的头部一字、十字形槽磨损变形，出现所谓的螺栓"圆角"现象而失效。所以，工具的选用及正确的操作是十分重要的。如图 2-2-1(a)所示。

　　2. 螺栓头的内圆角过渡区因为损伤会形成应力集中而导致断裂。应保护内圆角过渡区,减少其损伤。如去掉毛刺、加装垫圈等。

小提示： 加装垫圈时,应使冲压光滑面朝螺栓,毛边面朝工件。

3. 疲劳断裂是最常见的形式。拧得过松、过紧,拧入不匹配的螺纹孔或拧紧过长的螺栓等都容易造成损伤或断裂。

4. 螺纹的损伤。会导致拧动困难,装配质量差。如图2-2-1(b)所示。

小提示： 螺纹已损伤的螺栓、螺母严禁再使用。

5. 螺栓变形过大,出现弯、扭的变形或长度增加、直径变小。如图2-2-1(c)所示。

记一记： 螺栓损伤的形式：_____

_____

螺纹损伤的形式：_____

_____

二、拆装螺栓的注意事项

1. 安装前必须要清洁、吹干螺栓、螺纹孔等。特别是螺纹孔里不要有油水、杂质,否则会造成拧紧时孔内压力过大,破坏零部件。如图2-2-2所示。

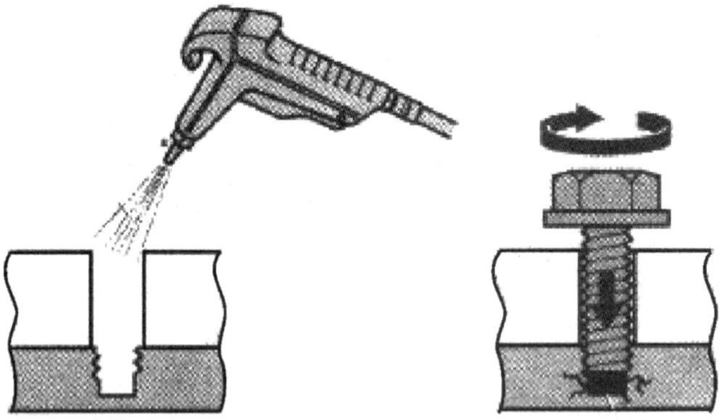

图2-2-2 清洁、吹干螺栓、螺纹孔

记一记： 佩戴防护用品包括：_____

_____

2. 应在安装前用少量润滑油润滑螺栓顶部螺纹或螺纹孔的螺纹,拧入时先用手旋入少许(2～3牙),再用工具拧紧。

3. 不同的螺栓、螺母等紧固件应该选择合适的工具进行拆装。

小提示： 对于有扭矩标准值要求的螺栓、螺母,必须用扭力扳手最终拧紧。如图2-2-3所示。

记一记： 扭力扳手分为：_____

_____

图 2-2-3 扭力扳手拧紧检查

4. 对于一个部件有多个螺栓、螺母安装时,应遵守下列原则,以提高工效,防止损伤和安全事故的发生。

(1)拆装顺序。一般而言,成组螺栓、螺母应该按一定的顺序进行拆装,如图 2-2-4。在同一平面上的矩形部件,如缸盖螺栓、曲轴主轴承螺栓等,可按"紧中松边"原则下有顺序的进行。

← **正时皮带侧**

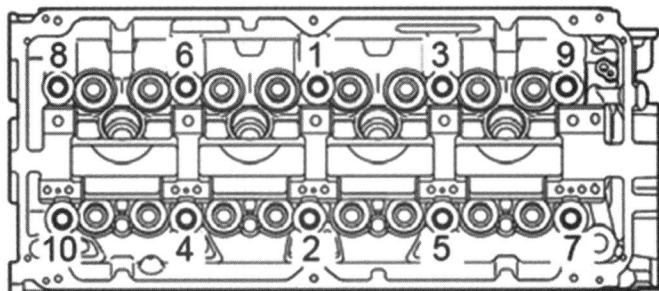

图 2-2-4 成组螺栓、螺母拆装顺序

小提示: ①拆装时应该分 2~3 次完成,每次均匀、少许地松动和紧固以防变弯。对于有特别要求的部件,螺栓、螺母必须按维修手册进行。

②螺母紧固后,螺栓末端应露出螺母外 1.5~5 个螺距。

(2)拆装螺栓时要防止部件的掉落。如在车上拆装变速器、轮胎等。拆下时应慢慢松动,在有保护条件下拆下最后一个螺栓;在安装时,在有保护条件下先整体部件对正,然后预紧定位,最后再紧固。如图 2-2-5 所示。

5. 塑性区螺栓的拆装与普通螺栓不一样,必须按照维修手册进行。以国产长城汽车 14 款风骏 4G69 发动机缸盖螺栓拧紧为例,方法如下:如图 2-2-6 所示。

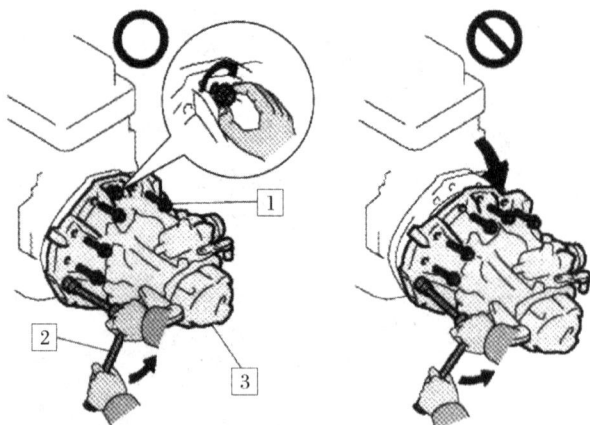

图 2-2-5　防止部件掉落方法

1-工具;2-螺栓;3-变速器盖

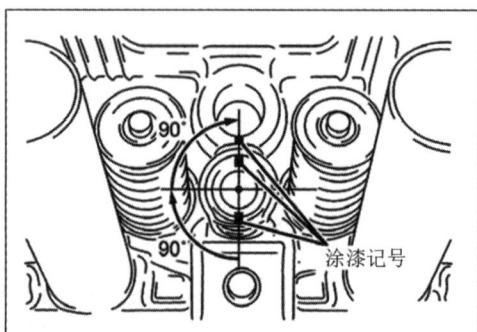

图 2-2-6　塑性区螺栓拧紧方法

(1)使用专用工具扭力扳手锁紧螺栓至规定力矩,依图 2-2-4 所示顺序锁紧。拧紧力矩:(78±2)N·m。

(2)依锁紧相反顺序,完全松开所有螺栓。

(3)再次锁紧松开的螺栓,依图 2-2-4 所示顺序锁紧至规定力矩。拧紧力矩:(20±2)N·m。

(4)横跨各螺栓头与气缸盖划一涂漆记号。

(5)依图 2-2-6 所示顺序锁紧气缸盖螺栓 90 度。

小提示: ①如果螺栓旋转少于 90 度,合适的紧度可能无法达到,请仔细的转动各螺栓至正确的 90 度。

②如果螺栓过度锁紧,完全松开螺栓,然后从锁紧程序步骤 1,重做锁紧螺栓。

(6)以步骤 5 相同顺序,另外再锁紧螺栓 90 度,并且检查气缸盖螺栓上的涂漆记号与气缸盖涂漆记号对正。

记一记: 查看维修手册,该螺栓规定扭矩为_____N·m。

【任务实施】

发动机缸盖螺栓拆装

一、作业计划(实训工单)

作业任务								
学生姓名		班级		日期		场地	时间	分钟
作业准备	设备、工量具及材料:							
			自定义作业					
作业步骤		作业项目			作业检查/确认/记录		作业评估	
1								
2								
3								
4								
5								
作业安全								
作业计划审核	小组审核意见: 组长签字:				教师审核意见: 教师签字:			

二、作业准备

1. 发动机总成。
2. 扳手、起子等工具,游标卡尺等量具 。
3. 润滑油、毛巾等,工作台。

三、作业要求

能正确完成发动机缸盖螺栓拆装。

四、作业步骤及要点(以国产长安 JL465Q 发动机为例)

1. 作业准备。检查、清洁发动机总成、工具、量具、工作台。如图 2-2-7 所示。

扫码看微课

螺栓、螺母的拆装

2. 拆下缸盖螺栓。

（1）选用指针式扭力扳手，并清洁。如图 2-2-8 所示。

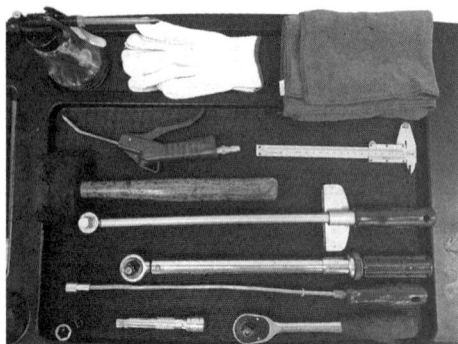

图 2-2-7　准备工作

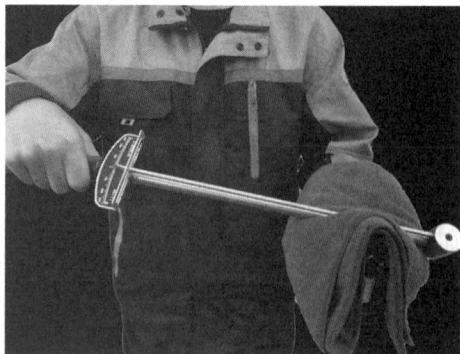

图 2-2-8　清洁指针式扭力扳手

小提示： 工具、量具使用前后应清洁。

（2）选用套筒、接杆。如图 2-2-9 所示。

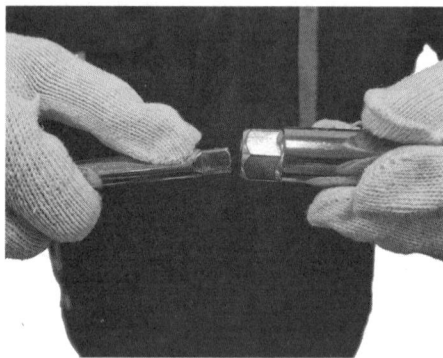

图 2-2-9　选用套筒、接杆

小提示： 有的车型必须选用专用套筒。

接杆类型_____，套筒型号_____。

（3）用指针式扭力扳手分 2～3 次，按图中 10→1 的顺序拧松缸盖螺栓。如图 2-2-10 所示。

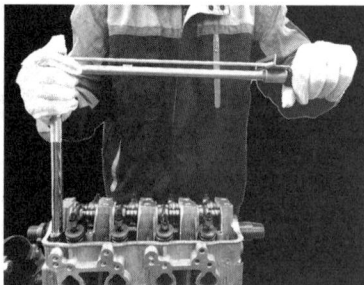

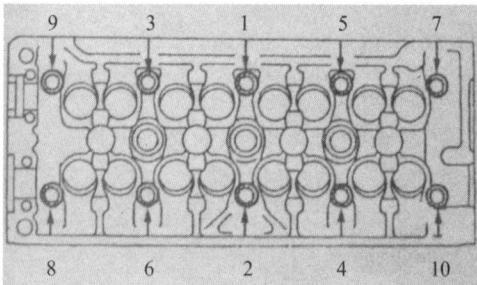

图 2-2-10　按顺序拧松

小提示： 大扭力拧松多选用指针式扭力扳手，不用预置式扭力扳手和棘轮扳手。

第一次扭矩为_____ N·m，第二次扭矩为_____ N·m，第三次扭矩为_____

N·m。

（4）用棘轮扳手、长接杆拧松。如图 2-2-11 所示。

图 2-2-11　棘轮扳手、长接杆拧松

（5）取出缸盖螺栓、垫片。可采用吸铁棒。如图 2-2-12 所示。

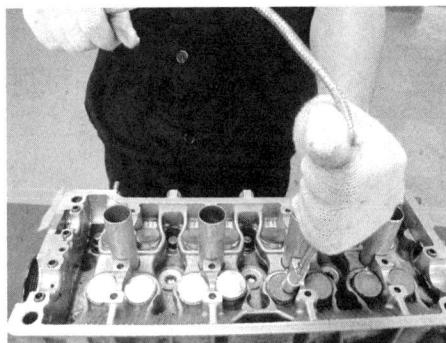

图 2-2-12　取出缸盖螺栓、垫片

3. 清洁缸盖、螺栓和螺纹孔。按顺序摆放好螺栓。如图 2-2-13 所示。

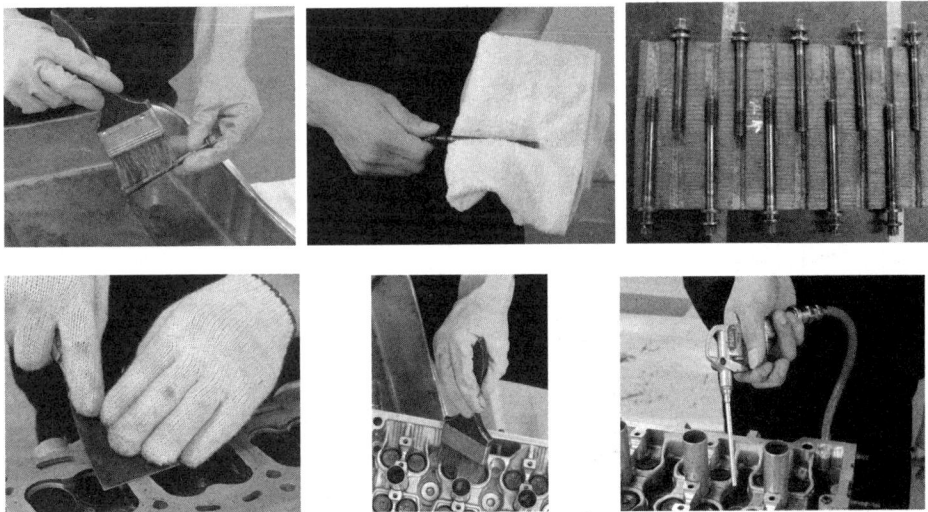

图 2-2-13　清洁、吹干

小提示： ①如果用煤油等溶剂型洗液时，必须戴上防溶剂手套。
②用压缩空气吹尘时不要飞溅，防止伤害眼睛。

4. 检查螺栓,测量缸盖螺栓长度和张紧力处的直径。如图 2-2-14 所示。

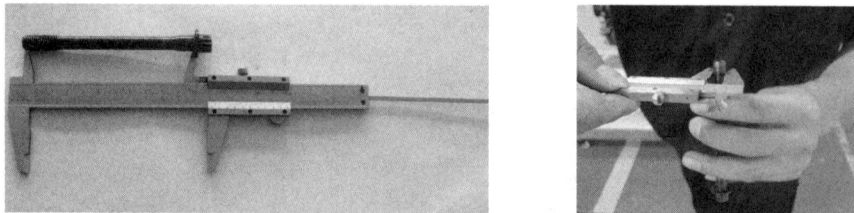

图 2-2-14 测量螺栓

螺栓长度为_____ mm,螺栓张紧处直径为_____ mm。

5. 安装缸盖螺栓。

(1)润滑前端螺纹,用手将螺栓装入少许(2~3 牙),如图 2-2-15 所示。

图 2-2-15 润滑螺纹　　　　　图 2-2-16 用棘轮扳手、数字式扭力扳手预拧紧

(2)螺栓的预紧。先用 14 mm 套筒与接杆连接后将缸盖螺栓初步旋紧,后用棘轮扳手拧紧,再用预制式扭力扳手拧紧,第一步:按图 2-2-10 中 1→10 的顺序,先拧紧至 30 N·m,后拧紧至 50 N·m;第二步:按图 2-2-10 中 1→10 的反方向顺序,先松开至 0 N·m,后按图 2-2-10 中 1→10 的顺序,拧紧至 50 N·m;第三步:最后按图 2-2-10 中 1→10 的顺序,拧紧至规定力矩 66 N·m。如图 2-2-16 所示。

小提示: ①损伤螺栓不可再用,必须成组更换。

②拆下时应对螺栓作顺序记号,安装时按记号装入,不要混淆。

螺栓规定扭矩为_____ N·m。

(3)用指针式扭力扳手按图 2-2-10 中 1→10 的顺序,采用规定力矩 66 N·m 拧紧缸盖螺栓。如图 2-2-17 所示。

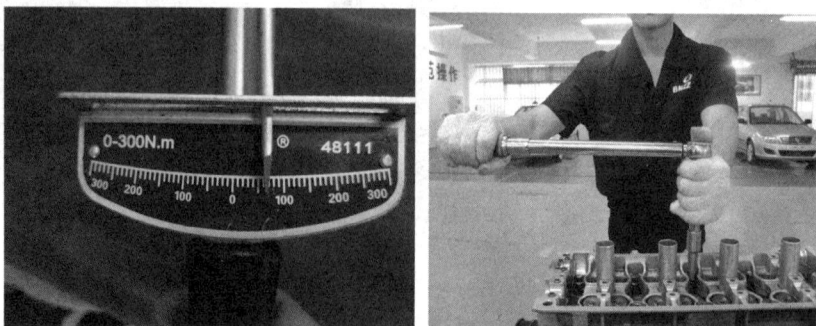

图 2-2-17 用预置式扭力扳手拧紧

小提示： ①可利用点漆或用转角扳手转动缸盖螺栓的方法。

②塑性区螺栓的拆装应按维修手册进行。

6. 清洁、整理("5S")。清洁、整理工具、量具、部件、工作台等，如图2-2-18所示。

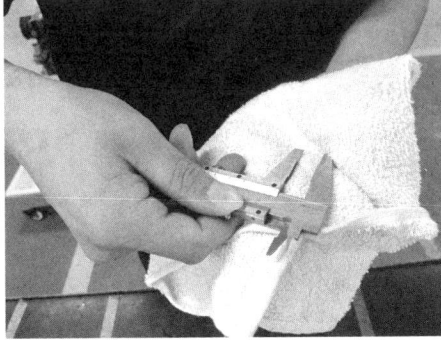

图2-2-18　清洁、整理

清洁量具有_____,清洁工具有_____。

正确拆装螺栓、螺母的技术要点：_____

_____

_____

【任务检测】

一、填空题

螺栓的损伤常见有(　　)、(　　)、(　　)、(　　)。

二、判断题

1. 安装螺栓时可以随便加装垫圈。　　　　　　　　　　　　　　　　　　　　(　)
2. 强行安装螺纹已损伤的螺栓会造成更大的伤害和不能保证正常的连接。　(　)
3. 螺纹孔里有油水、杂质会造成拧紧时孔内压力过大,破坏零部件。　　　　(　)
4. 选择合适的工具拆装螺栓十分重要。　　　　　　　　　　　　　　　　　(　)
5. 轮胎螺栓可以随便拧紧,不需要用扭力扳手检查。　　　　　　　　　　　(　)
6. 离合器盖、轮胎螺母,应以"对角线交叉"进行拆装。　　　　　　　　　　(　)
7. 同一平面上的多个相同螺栓应分2～3次均匀、少许地松动和紧固。　　　(　)
8. 拆装螺栓时部件的掉落是十分危险的,必须要有正确的保护措施。　　　　(　)
9. 塑性区螺栓的拆装与普通螺栓不一样,必须严格按照维修手册进行。　　　(　)

三、选择题

下列螺栓安装方法正确的有:(　　　　)

A. 清洁、吹干净
B. 少量润滑油润滑螺栓顶部
C. 先用手旋入少许(2～3牙)
D. 选用正确的工具按规定方法拧紧

【任务拓展】

扫码学知识

圆角和锈死螺栓拆卸方法

【任务评价】

班级：　　　　　　　姓名：　　　　　　　指导教师：

序号	评分项	评分内容		配分	评分要求	自评	互评	师评
1	A 思想政治与情感素养养成考核（20分）	A1 出勤/纪律/态度/行为规范及其表现		5	违规1次扣2分			
		A2 劳动精神、工匠素养和社会主义核心价值观的养成		10	综合考核为"优"得10分、"良"得8分、"中"得6分、"差"不得分			
		A3 职业素养：安全防护、"5S"/"EHS"、物料检查、安全使用和存放保养		5	未完成1项扣2分，扣完为止			
2	B 知识考核（35分）	B1 课堂学习（完成"记一记"）		5	综合考核为"优"得5分、"良"得4分、"中"得3分、"差"不得分			
		B2 作业完成		5	未完成扣5分			
		B3 知识检测		20	实际检测成绩的20%计			
		B4 拓展知识学习		5	未完成扣5分			
3	C 技能考核（45分）	C1 资讯收集和作业计划、决策（实训工单）		5	未完成扣5分			
		C2 作业准备		5	未完成1项扣1分，扣完为止			
		C3 作业步骤	C3-1 检查、清洁	3	未完成扣1分，扣完为止			
			C3-2 拆下缸盖螺栓	5	未完成扣5分			
			C3-3 清洁缸盖、螺栓和螺纹孔	5	未完成扣5分			
			C3-4 检查螺栓，测量缸盖螺栓长度和张紧力处的直径	5	未完成扣5分			
			C3-5 安装缸盖螺栓	5	未完成扣5分			
			C3-6 检查、清洁和整理	5	未完成扣5分			
		C4 作业质效判断和分析（完成实训工作页/实训报告）		5	未完成扣5分			
		C5 拓展技能学习		5	未完成扣5分			
总分				100				

【任务反思】

序号	优点	存在问题	解决方案

教师签字：

47

项目三
汽车维修常用工具的使用

任务一　手动工具的使用

【任务目标】

目标类型	目标要求
1.认知目标	(1)认识常用手动工具作用、类型; (2)描述常用手动工具选用和使用方法。
2.技能目标	达到汽车维修中级工如下技能要求: (1)识别常用手动工具不同类型; (2)正确选用常用手动工具; (3)运用常用手动工具进行规范操作。
3.情感目标	(1)养成爱护工具和"5S"的意识; (2)具备安全使用手动工具的意识; (3)养成追求精益求精的工匠精神,培养劳动精神。

【任务描述】

在汽车维修中有大量的零部件或总成拆装作业,不使用维修工具是不可能的。合理地选用工具,正确地使用工具不但可以提高作业效率,延长工具的使用寿命,更是顺利完成维修作业,保证维修质量和工作安全所必需的。

【任务准备】

汽车维修作业中使用的工具有许多种类,包括手动类工具、电气动类工具、钳工工具和一些专用工具等。下面主要介绍手动工具中的扳手类、套筒类、钳子类、螺丝刀类工具。

一、扳手类工具

1. 扳手类工具的作用。主要用于拆装带有螺纹的零件,如螺栓、螺母等。它是汽车维修作业中最为常用的一类。

2. 扳手类工具分类。扳手的种类、规格很多,一般分为开口扳手、梅花扳手、组合扳手、活动扳手、内六角扳手等。如图 3-1-1 所示。

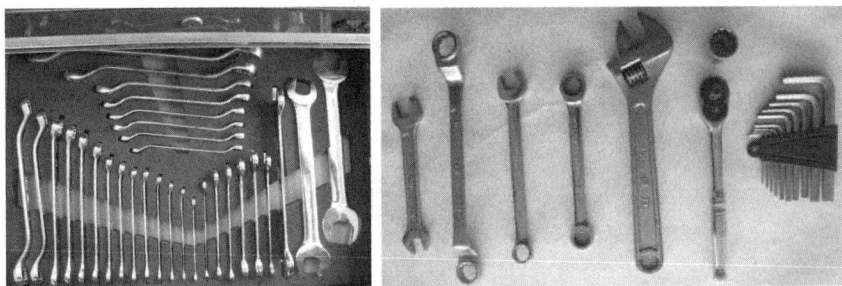

图 3-1-1　扳手分类

它的规格尺寸也有多种。扳手的尺寸是和螺栓头或螺母的尺寸相匹配的。如扳手上表示为 17 mm,则此扳手可以拆卸的螺栓或螺母棱角正对面间的距离为 17 mm。当然,扳手的实际尺寸应比它的公称尺寸要稍微大一些,使扳手刚好可以贴合在螺栓、螺母上。如图 3-1-2 所示。

图 3-1-2　扳手与螺栓的尺寸相配合

一般工具大多有公、英制两种尺寸单位。公制扳手最为常见的是用毫米(mm)表示,一套公制扳手的尺寸范围多在 6～32 mm 之间,以 1 mm、2 mm、3 mm 间隔为 1 级。英制扳手采用分数形式的英寸(in)表示,一套英制扳手的尺寸范围多在 1/4～1 in,以 1/16 in 为一级。

小提示: 公制和英制扳手如果互换使用,将导致扳手尺寸与螺栓、螺母尺寸的不匹配。

记一记: 常用的扳手类型有:_____

_____

下面就常用的扳手类型进行简要说明。

(一)开口扳手

多用在不能用套筒扳手或梅花扳手拆装螺栓、螺母的位置。如图 3-1-3 所示。

1. 功用特点。开口扳手一般不能用于较大力矩螺栓、螺母的拆装,也不能显示力矩大小,所以不能用于最终扭紧。

2. 结构特点。开口扳手的头部成"U"形的钳口。钳口的两个侧面用来套住螺栓或螺母六角的两个对面。其钳口与手柄有一定的角度相连,使操作人员在转动扳手时能在有限空间中进一步旋转。

3. 损伤形式。如用于较大力矩螺栓、螺母的拆装,安装扳手的位置不当,使用时间过久钳口磨损大,材质和加工的缺陷等使其开口张开变形,容易在拆装中打滑。

图 3-1-3　开口扳手拆装油管接头

小提示： 螺栓、螺母圆角也会造成扳手打滑。

4. 使用的注意事项。不可敲击扳手，也不可在其套上管子使用，平时保持清洁。

记一记： 常用的开口扳手规格是：_____

_____

(二)梅花扳手

1. 功用特点。用于补充拧紧和类似的操作中，可对螺栓、螺母施加大扭矩，并方便对凹陷空间的螺栓、螺母进行拆装。

2. 结构特点。

(1)梅花扳手端部呈双六角形的梅花状，这很容易套住螺栓、螺母，并方便在一个有限空间中重新安装操作。同时，不容易损坏螺栓、螺母，可以施加大扭矩。

(2)由于其轴是有角度的，便于对凹陷空间的螺栓、螺母进行拆装。

3. 损伤形式及使用注意事项。

(1)减轻磨损。梅花扳手双六角形磨损后套不住螺栓、螺母，造成打滑。

(2)不可敲击扳手，也不可在其套上管子使用。

(3)保持清洁。

小提示： 梅花棘轮扳手是在梅花扳手的花环部加装了棘轮装置，可快速拆装螺栓、螺母，类似于棘轮扳手和套筒组合的功能，更加适合于在狭窄的空间处使用。

记一记： 常用的梅花扳手规格是：_____

_____

(三)组合扳手

也叫两用扳手，其一端为开口，另一端为梅花，在使用上更加方便。在使用中要遵从：当拧松螺栓、螺母时，应先用梅花端，再用开口端；当拧紧时则可以先用开口端，最后拧紧时再用梅花端。

(四)活动扳手

1. 功能特点。适用于尺寸不规则的螺栓、螺母，可用来代替多个尺寸的扳手。

2. 结构特点。活动扳手由固定钳口和可调钳口两部分组成。开口的开度大小由其调节螺栓来调整。

3. 使用注意事项。

(1)使用时必须调整好活动钳口，使钳口和螺栓、螺母的对面贴紧无松旷感。同时，要使

汽车维修基本技能

固定钳口受拉力,活动钳口受推力,这样才不容易使钳口变大,不会造成螺栓、螺母的棱角损伤和扳手损坏。如图3-1-4所示。

(2)不可用在对较大扭矩的螺栓、螺母的拆装上。由于钳口不是完全固定的,在较大力矩下易损坏螺栓、螺母棱边。

(3)保持活动扳手的清洁和调节螺杆的润滑。

图 3-1-4　活动扳手的使用

记一记: 常用的活动扳手规格是:_____

_____

(五)内六角扳手

1. 功能特点。用于拆装内六角和花形内六角螺栓。多用在扭矩较小的地方。

想一想: 旋具套筒可以拆装内六角螺栓吗?

2. 结构类型。常见的"L"形和"T"形。"T"形多用于快速操作。"L"形的长端制成球形,便于狭小角度空间的操作。

3. 注意事项。

(1)尺寸大小应与内六角螺栓相符。

(2)不允许在内六角扳手上施加过大的扭矩或进行加长,否则易使扳手扭曲变形和断裂。

记一记: 常用的内六角扳手规格是:_____

_____

二、套筒类工具

这类工具应用十分广泛。它是利用一套套筒和与之配合使用的带方榫手柄的配合工具完成对螺栓、螺母的拆装。套筒扳手是最为方便、灵活和安全的工具,最不易损坏螺栓、螺母。

(一)套筒

1. 功用特点。套筒是用来很好地套住螺栓、螺母,配合其配套工具一起进行拆装。

2. 结构特点。呈短筒状,钳口端内部呈六角形或十二角形,容易套住螺栓;另一端制成方形孔,此孔与手柄等的方榫配合。如图3-1-5所示。

图 3-1-5　套筒

3. 分类和规格。

（1）按尺寸大小来分：按套筒的尺寸大小分为不同的型号，如 14 mm、17 mm 等。能拆装与之对应尺寸的螺栓、螺母。如图 3-1-6 所示。

图 3-1-6　套筒的型号

（2）按花纹来分：分为六角和十二角形等。如图 3-1-7 所示。

（3）按套筒的方榫孔大小分成三个系列，并配合相应的方榫使用，即 6.3 mm、10 mm、12.5 mm系列。如图 3-1-7 所示。

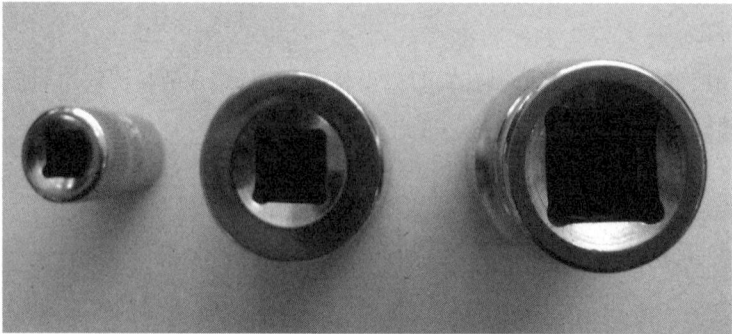

图 3-1-7　方榫孔大小

（4）按套筒深度来分：分为深和浅两类。深的往往用于螺栓突出的螺帽，如火花塞套筒等。如图 3-1-8 所示。

图 3-1-8　套筒长短

记一记：常用的套筒规格是：_____

下面对有特殊用途或结构特征的套筒进行简要说明。

（1）风动套筒。专门用于配套风动扳手使用。如拆卸轮胎螺母的风动套筒,其壁由特殊的铬钢合金制成,壁加厚,强度降低,韧性增加,以适应恶劣的工作环境。如图 3-1-9 所示。

小提示：风动扳手只能选用风动套筒,不可选用普通套筒。因为风动扳手在工作时会产生较大的瞬间冲击力,易造成套筒的损坏。

图 3-1-9　风动套筒

记一记：风动扳手主要用于：_____

（2）花形套筒。分六角和十二角花形套筒两种。

内六角套筒与螺栓、螺母接触面大,容易受力,不易损坏螺栓、螺母棱边;而十二角花形套筒方便套住螺栓、螺母,适合在狭小空间完成对螺栓的拆卸,但其不能拆卸棱边损伤的或大扭矩的螺栓、螺母,易损坏棱边或产生滑脱现象。

（3）旋具套筒。旋具套筒现在应用越来越多,它与手柄配合使用,组成类似螺丝刀或六角扳手等,用来拆卸不同的螺栓或较大扭矩的小螺钉等。如图 3-1-10 所示。

图 3-1-10　旋具套筒

4. 注意事项。

(1)套筒选用必须与螺栓、螺母的尺寸、形状及其特征相符合,否则易导致套筒打滑或受损,也会导致对螺栓、螺母的损伤。

(2)不可使用磨损较大或已破损的套筒。

(3)严禁强行将套筒套在螺栓、螺母上。

(4)保持套筒的清洁。

记一记: 六角花型套筒主要有:＿＿＿＿＿＿＿＿＿＿＿,十二角花型套筒主要有

＿＿＿＿＿＿＿＿＿＿。

(二)套筒的配套工具

套筒的配套工具有许多种,适合不同的作业场合。下面介绍几种常用的配套工具。

1. 扭力扳手。如图 3-1-11 所示。

指针式扭力扳手　　　　　　　　　　预置式扭力扳手

图 3-1-11　扭力扳手

(1) 功用:适合于对有规定扭矩要求的螺栓、螺母的拆装。具有两个特点:一是适合较大的扭矩,二是能显示扭矩值的大小。如对曲轴轴承盖螺栓、缸盖螺栓的拆装等。

(2) 类型:分为指针式和预置式。

(3)使用注意事项。

指针式结构简单,其使用时应注意:

①一般使用到扭力扳手上刻度的 50%～70%量程,以便施加均匀的力。

②不要骤然用力过大,否则不容易获得准确测量值。

③不要使指针变形,使用前指针应对零。

预置式的应用越来越多,按扭力大小分为多种规格适合不同的场所。它有一个扭力大小

刻度线,可以通过旋转手柄对扭力进行设置。当使用中扭力达到预定值时会发出"咔嗒"声。

小提示: 当使用时扭力超过预定值会造成对扭力扳手的损伤,也易损坏螺母、螺栓。

扭力扳手一般与其他扳手配合使用,拧紧前可用其他扳手预拧紧,再用扭力扳手拧紧;拧松前则可先用扭力扳手拧松,再用其他扳手拆下,这样可以提高工作效率。

小提示: 使用前后应对扭力扳手进行清洁维护。

记一记: 预置式扭力扳手主要有:_____

_____

2. 棘轮扳手。如图 3-1-12 所示。

多应用在较小扭矩或有限空间处的快速作业场所,其头部安装有棘轮装置,可以进行单向的快速扳转。另外,可通过调整锁紧装置改变旋向,满足顺、逆时针方向的扳转。

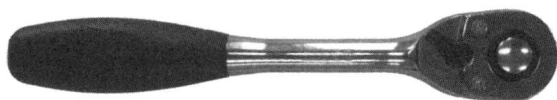

图 3-1-12 棘轮扳手

记一记: 棘轮扳手的使用特点:_____

_____

3. 接杆、滑杆、摇杆、接头。如图 3-1-13 所示。

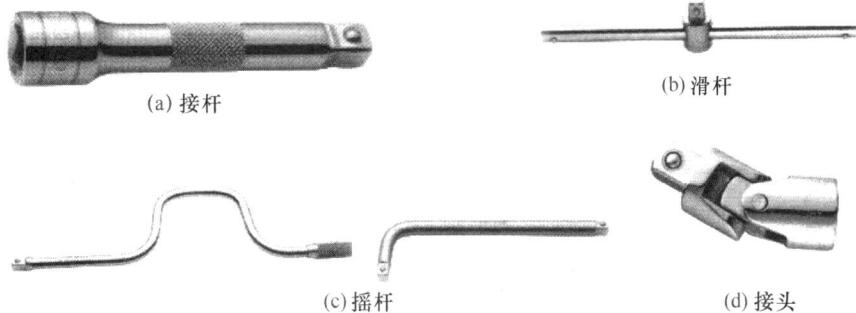

(a)接杆

(b)滑杆

(c)摇杆

(d)接头

图 3-1-13 接杆、滑杆等

(1)接杆。有不同尺寸、不同大小的接杆可供选择。它是加装在套筒与配套手柄之间,用于不适合安装配套手柄之处,有调节手柄高度便于操作的作用。

(2)滑杆。通过滑动改变方榫在杆上的位置以用在不同的场所,如活动方榫靠在一端,成"L"形时,有类似扭力扳手的作用,可拆卸较大力矩;当活动方榫处在中间成"T"形时,两手配合施力,可以快速转动。但都需在较大空间处操作。

(3)摇杆。适合扭矩较小时快速的拆装。

(4)接头。包括可弯式接头、万向接头、套筒转换接头、三用接头等,便于操作。

记一记: 接杆、滑杆、摇杆和接头的使用特点:_____

_____

1. 扳手选用原则。一般而言,先选套筒扳手,后选梅花扳手,再选开口扳手,最后选活动扳手。

2. 扳手选用依据。

(1)依据螺栓、螺母的尺寸大小、花纹、深浅等特点。

(2)依据紧固件的力矩大小。

(3)依据安装位置和操作空间。

记一记: 扳手选用的基本原则:_____

_____

_____

三、钳子类工具

汽车维修作业常用到不同的钳子,不同的钳子其功用有异,应合理选用和正确使用。常用的钳子有尖嘴钳、钢丝钳、鲤鱼钳、卡簧钳、剪钳、大力钳等。如图 3-1-14 所示。

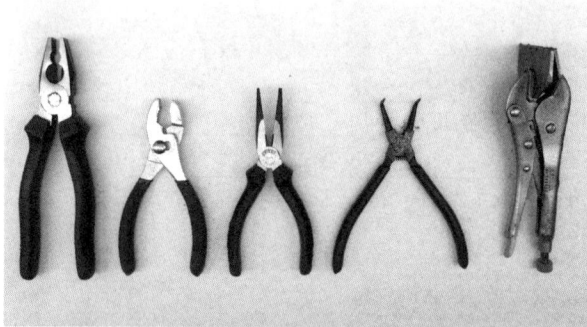

图 3-1-14 钳子

1. 尖嘴钳。用于在密封的空间或狭小空间操作,或夹紧小零件用。其钳子呈细长状,能在密封空间或狭小空间内夹取零件;同时还有一个朝向颈部的刀片,可用来切割、剥取细导线。

小提示: ①切勿对钳子头部施加过大力矩,否则易使钳口变形成"U"形,不能做精密工作。

②不能用钳口撬扳物件,易使钳口处变形或断裂。

2. 钢丝钳。用来夹持零件或切割金属丝等。

3. 鲤鱼钳。用来挟持拉动零件,弯曲或扭转工件的钳子。其支点上的孔可以调节,使钳口的开度发生变化以满足挟持不同工件的需要。也可用其颈部切断细小金属件。

小提示: 用钳子夹紧工件时会对工件造成损伤,需用防护布等进行保护。

4. 大力钳。主要用于工件夹紧。它具有两杠杆作用,能通过钳爪给工件施加一个较大的夹紧力而锁紧不易松动。

5. 剪钳。用于切割、剥取细金属导线。但注意不可切割粗硬的导线,易造成刀口损伤。

6. 卡簧钳。专门用来拆卸和安装卡簧的工具。分为直嘴和弯嘴两种结构形式,也分为轴用和孔用两种形式。

钳子使用注意要点：

（1）不可用钳子敲击、撬动物体，易造成钳子的损坏。

（2）不可用钳子来拧紧或松动螺栓、螺母，会造成螺栓、螺母棱边损坏。

（3）应保护好钳子柄上的绝缘层，维护钳子的扳动灵活。

记一记：汽车维修常用钳子的类型及特点：＿＿＿＿＿＿＿＿＿＿＿＿＿＿＿＿

＿＿＿＿＿＿＿＿＿＿＿＿＿＿＿＿＿＿＿＿＿＿＿＿＿＿＿＿＿＿＿＿＿＿＿＿

四、螺丝刀类工具

汽车上有许多零部件是用螺钉来连接的，这就要求在维修中使用螺丝刀类工具。螺丝刀又名起子或改锥。如图 3-1-15 所示。

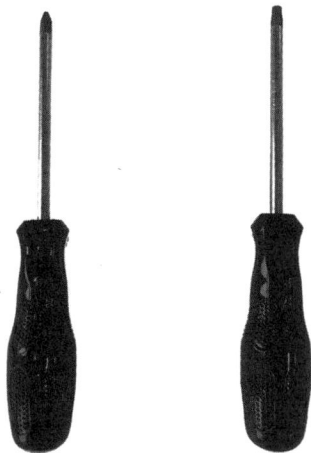

图 3-1-15　螺丝刀

1. 作用：螺丝刀类工具多用来拆装头部呈"一"字形或"十"字形的螺钉、螺栓等。但其旋扭力矩较小。

2. 分类：一般按其尖端部的形状来分，有"一"字形螺丝刀、"十"字形和"米"字形螺丝刀；按其尺寸大小来分，如 1、2、3 号螺丝刀或更小尺寸的螺丝刀；按其不同结构和功用特性分为普通螺丝刀和特殊螺丝刀等。下面介绍几种特殊螺丝刀。

3. 特殊螺丝刀。由于结构不同，其往往具有特殊的用途。

（1）方柄螺丝刀。用在需要大力矩拧动的地方，可使用开口扳手配合使用以增大力矩。如图 3-1-16 所示。

图 3-1-16　方柄螺丝刀

（2）短柄螺丝刀。柄短而适用于有限空间的操作。如图 3-1-17 所示。

图 3-1-17 短柄螺丝刀

（3）穿透螺丝刀。其中间的金属杆贯穿至手柄尾部，可承受尾部的敲击，加强对螺钉的冲击效果，有助于螺钉松动。多用于对不易松动的螺钉、螺栓的拆卸。如图 3-1-18 所示。

图 3-1-18 穿透螺丝刀

小提示：除穿透螺丝刀、冲击螺丝刀外，其他螺丝刀切勿在尾部撞击，否则损伤螺丝刀本身。

（4）精密螺丝刀。尺寸型号较小，用于拆装小零件。多用于汽车电器设备维修作业中。如图 3-1-19 所示。

（5）冲击螺丝刀 。也叫锤击式加力螺丝刀。主要用于拆卸生锈或过紧不易松动的螺钉。使用中它是利用瞬间冲击力松动螺钉而完成拆卸的。如图 3-1-20 所示。

小提示：使用时一定要注意锤击时的旋转方向。如将手柄逆时针旋到底则锤击时其旋转方向为顺时针，反之亦然。

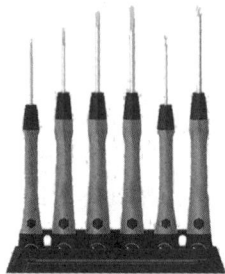

图 3-1-19 精密螺丝刀

图 3-1-20 冲击螺丝刀

4. 注意事项。

（1）选用时保证螺丝刀尖端尺寸、形状与螺钉头部尺寸、形状相匹配。一方面切勿将过厚、过大的螺丝刀强行插入螺丝钉头部，另一方面应使螺丝刀插入螺钉头部时没有松动感，否则容易损伤螺丝刀本身或螺钉头部。如图 3-1-21 所示。

（2）应该按用途选用螺丝刀。

（3）除特殊螺丝刀外，切勿用钳子夹持施加力矩或用锤冲击尾部，否则会导致螺丝刀或螺钉的损坏。

（4）不可用螺丝刀撬动物体。

无间隙

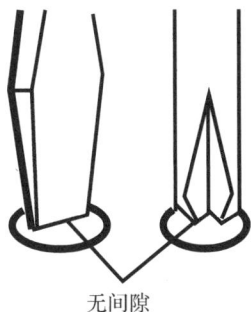

图 3-1-21　螺丝刀尖端与螺钉头部的匹配

记一记：汽车维修常用螺丝刀的类型及特点：_____

_____

手动工具操作的技术要点：_____

_____

_____

【任务实施】

常用汽车维修手动工具的使用方法

★ 活动一　扳手类工具使用

一、作业计划(实训工单)

作业任务							
学生姓名		班级		日期		场地	时间	分钟
作业准备	设备、工量具及材料：						
	自定义作业						
作业步骤	作业项目				作业检查/确认/记录		作业评估
1							
2							
3							
4							
5							
作业安全							
作业计划审核	小组审核意见：			教师审核意见：			
	组长签字：			教师签字：			

二、作业准备

1. 不同规格、类型螺栓和螺母。
2. 不同规格、类型扳手工具。
3. 发动机总成。
4. 工作台、润滑油、抹布等。

三、作业要求

1. 熟悉不同规格、类型扳手。
2. 合理选用扳手。
3. 正确操作不同的扳手。

四、作业步骤及要点

1. 作业准备。

(1)螺栓、螺母、螺纹孔的清洁、检查。

(2)螺栓、螺母的选择。

(3)螺栓、螺母的润滑。在安装前应润滑螺栓、螺母前端少许。也可用少量润滑油润滑螺纹孔。

(4)扳手的清洁、检查。

2. 扳手的认识。

3. 扳手的选用。选用扳手及规格为:_____

_____

(1)按螺栓、螺母特征选用扳手,尺寸必须与螺栓、螺母尺寸相符,配合无间隙、无松动感。螺母规格为_____。

(2)要有安装和操作的空间。

(3)依据紧固件的力矩大小。规定力矩为_____N·m。

(4)选用扳手应按照"先套筒扳手,后梅花扳手,再开口扳手,最后活动扳手"原则。

小提示: 损坏变形的扳手或螺栓、螺母不能使用。

选用扳手及规格为:_____

_____

4. 开口扳手使用。

(1)安装开口扳手。将开口完全套住螺栓、螺母,夹住六角的两个对面而无明显松动感,靠低放平。

(2)动作要领。左手护住扳手与螺栓、螺母处,右手大拇指抵在扳手柄上面,四指紧握住手柄向自己身边施力拉扳,拉扳到极限位置后取出扳手,重新套住重复上述动作。重复多次并感觉螺栓、螺母的松紧程度。如图3-1-22所示。

小提示: 开口扳手不可当作撬棍使用,不可以在扳手上加套管使用,不可以对扳手进行锤击。

（3）油、气管接头螺母的拆装。为防止零件转动,应用两个开口扳手配合使用,其中一个固定,另一个进行松紧。如图 3-1-23 所示。

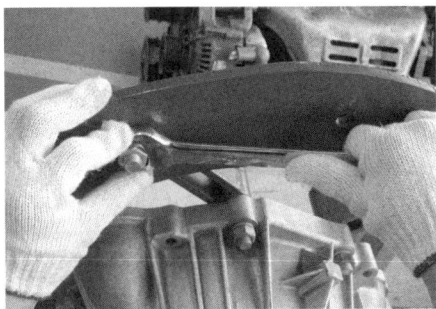

图 3-1-22　开口扳手的使用

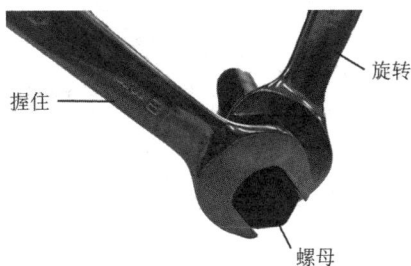

图 3-1-23　拆装油、气管接头螺母

转动角度范围为：_____

5. 梅花扳手使用。

（1）安装梅花扳手。将梅花环完全套住螺栓、螺母,夹住无明显松动感,靠低放平完全包住。

（2）动作要领。一手护住扳手与螺栓、螺母连接处,便其二者配合,另一手握住扳手另一端施力向身边拉扳。拉扳到极限位置（一般 30°左右）后取出再重复上述操作。如图 3-1-24 所示。

图 3-1-24　梅花扳手的使用

（3）梅花棘轮扳手操作方法。将梅花棘轮扳手完全套在螺栓、螺母上,护住扳手与螺栓、螺母连接处,便其二者配合,另一手握住扳手另一端施力向身边拉扳。拉扳到极限位置（一般 30°左右）后退回去,再进行拉扳。如此重复进行操作。

小提示： 不可用梅花棘轮扳手拆装较大力矩螺栓、螺母。

转动角度范围为：_____

6. 组合扳手使用。一般可以先用梅花端拧松,再用开口端完全拆下螺栓、螺母;先用开口端拧紧,再用梅花端完全拧紧螺栓、螺母。

7. 活动扳手使用。

（1）调整、安装活动扳手。调节调整螺栓,使钳口和螺栓、螺母六角的两个对面贴紧无松动感,放平套住螺栓、螺母。同时要使固定钳口受拉力,活动钳口受推力。如图 3-1-25 所示。

图 3-1-25 安装活动扳手

图 3-1-26 活动扳手操作

(2)动作要领:左手护住活动扳手与螺栓、螺母处,右手在尾端杆部施力向自己身边拉扳,拉扳到极限位置后取出扳手,重复上述动作。不能转动 360°。如图 3-1-26 所示。

转动角度范围为:_____

_____

8. 内六角扳手使用。

(1)选用、安装内六角扳手。选取与螺栓内六角形状与大小相一致的内六角扳手,安装时应与螺栓放正成一线。

(2)动作要领。先用"L"形内六角扳手,左手持扳手长端拉扳,右手握住扳手与螺栓、螺母处压住。拉扳到极限位置后取出扳手,重新套住重复上述动作。当完全松动后,可以用"T"形内六角扳手快速扳动。如图 3-1-27 所示。

图 3-1-27 内六角扳手的操作

小提示: 扳手在操作时,一般是朝自己身边进行拉扳。否则会造成扳手脱手受伤。

转动角度范围为:_____

_____

9. 整理、清洁扳手和工作台,润滑活动扳手调节螺栓等。

★ **活动二　套筒类工具使用**

一、作业计划(实训工单)

作业任务								
学生姓名		班级		日期		场地	时间	分钟
作业准备	设备、工量具及材料：							
自定义作业								
作业步骤	作业项目				作业检查/确认/记录		作业评估	
1								
2								
3								
4								
5								
作业安全								
作业计划审核	小组审核意见：　　　　　　　　　　组长签字：				教师审核意见：　　　　　　　　　教师签字：			

二、作业准备

1. 不同规格、类型螺栓、螺母。
2. 不同规格、类型套筒扳手和配套工具。
3. 发动机等总成。
4. 工作台、润滑油、抹布等。

三、作业要求

1. 熟悉不同规格、类型套筒扳手和配套工具。
2. 合理选用套筒扳手和配套工具。
3. 正确操作不同的套筒扳手和配套工具。

四、作业步骤及要点

1. 作业准备。

(1)螺栓、螺母、螺纹孔的清洁、检查。

(2)螺栓、螺母的选择。

(3)螺栓、螺母的润滑。在安装前应润滑螺栓、螺母、螺纹。

(4)套筒扳手和配套工具的清洁、检查。

2. 认识不同规格、类型套筒扳手和配套工具。

3. 套筒扳手和配套工具的选配。

(1)依据螺栓、螺母的尺寸大小、花纹、深浅等特点。螺栓、螺母类型_____，尺寸大小

_____。

(2)依据紧固件的力矩大小。规定扭矩为_____ N·m。

(3)依据安装位置和操作空间。

4. 扭力扳手使用。

(1)清洁、检查扭力扳手、套筒、接杆。如图 3-1-28 所示。

(2)打开锁止机构。如图 3-1-29 所示。

图 3-1-28　检查、清洁

图 3-1-29　打开锁止机构

(3)调整、设置力矩大小。读数方法和外径千分尺的读数相同。如图 3-1-30 所示。设置扭矩为_____ N·m。

(4)锁止。锁止的方向和打开锁止机构的方向相反。

(5)选择套筒、接杆等并安装。如图 3-1-31 所示。选用套筒型号为_____。

图 3-1-30　调整、设置力矩

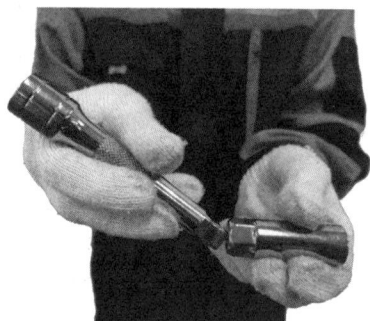

图 3-1-31　选择套筒、接杆

(6)调节棘轮机构。如图 3-1-32 所示。

(7)将套筒安装到螺栓、螺母上套正。

(8)操作动作。弓步站立,左手按在锁紧头部,右手握住手柄部往身体方向拉扳。如图3-1-33所示。

小提示: ①不可以往身体外方向推,防止滑脱引起的伤害。

②转动不大于120°的角度,当听到"咔嗒"声时证明已经达到设定力矩,应停止拉扳。切勿在达到设定力矩后再继续拉扳,这样会造成对扳手和螺栓、螺母的损坏。

图 3-1-32 调节棘轮机构

图 3-1-33 扭力扳手操作动作

转动角度范围为:_____

_____

(9)取下套筒、接杆,打开锁止机构,调整扭力扳手到最小值。如图3-1-34所示。设置扭矩为_____ N·m。

图 3-1-34 取下套筒、接杆

(10)清洁扭力扳手、套筒、接杆等,放回工具盒、柜里。

5. 棘轮扳手使用。

小提示: 棘轮扳手不可以拆装较大力矩的螺栓、螺母。

(1)清洁、检查棘轮扳手、套筒等。

(2)连接套筒。右手按住棘轮扳手锁止按钮,安装套筒,然后松开检查连接是否正常。如图3-1-35所示。选用套筒型号为_____。

(3)调整、扳动滑动手柄,有拧紧和旋松两个方向。将套筒安装到螺栓、螺母上套正。如图3-1-36所示。

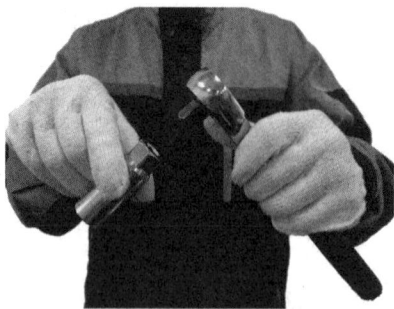

图 3-1-35　连接套筒

图 3-1-36　调整滑动手柄

(4)操作动作。弓步站立,左手护住连接处,右手握住手柄部往身体方向拉扳。一般在30°～45°范围内来回摆动,不允许旋转360°。如图3-1-37所示。旋转方向_____,旋转角度_____。

图 3-1-37　棘轮扳手操作

(5)右手按住棘轮扳手锁止按钮,取下套筒。

(6)清洁棘轮扳手、套筒等,放回工具盒、柜里。

6.接杆、摇杆、滑杆、接头的使用。如图3-1-38所示。

图 3-1-38　摇杆等的操作

7.拧紧扭矩的"感觉"训练。

(1)先用扭力扳手拧紧螺栓或螺母到 10 N·m。

(2)再用梅花扳手拧紧螺栓或螺母到 10 N·m。

(3)多次重复上述操作,直到能体会用梅花扳手拧紧螺栓或螺母的扭力大小。

(4)破坏性试验。用尽可能大扭矩拧紧螺栓或螺母,直到螺纹出现损坏,体验去除螺纹的感觉。最大扭矩_____ N·m。

8.整理、清洁。

★ 活动三 钳子类工具使用

一、作业计划(实训工单)

作业任务								
学生姓名		班级		日期		场地	时间	分钟
作业准备	设备、工量具及材料:							
自定义作业								
作业步骤	作业项目				作业检查/确认/记录		作业评估	
1								
2								
3								
4								
5								
作业安全								
作业计划审核	小组审核意见:　　　　　　　　　　　组长签字:				教师审核意见:　　　　　　　　　　教师签字:			

二、作业准备

1. 尖嘴钳、钢丝钳、鲤鱼钳、大力钳、剪钳、卡簧钳。

2. 工件:薄铁皮、钢丝、导线、线束、发动机水管夹箍、小零件等。

3. 工作台、润滑油、抹布等。

三、作业要求

1. 认识不同的钳子的特点。

2. 正确选用和使用钳子。

四、作业步骤及要点

1. 作业准备。清洁、检查。包括钳子、工件、工作台等。

2. 尖嘴钳的使用。如图 3-1-39 所示。

（1）夹取小零件 。夹取零件名称_____。

（2）切割小导线。切割导线直径_____ mm。

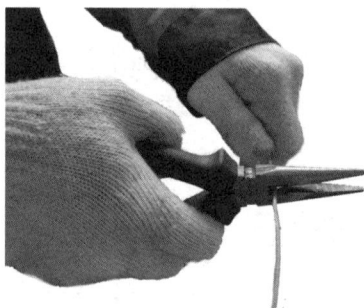

图 3-1-39 尖嘴钳的使用

3. 钢丝钳的使用。如图 3-1-40 所示。

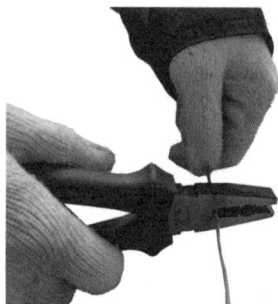

图 3-1-40 钢丝钳的使用

（1）夹持工件。夹持工件名称_____。

（2）切割金属丝。切割金属丝直径_____ mm。

4. 鲤鱼钳的使用。如图 3-1-41 所示。

（1）夹持工件,控动工件,弯曲、扭转工件。如拆卸水管夹箍。夹持工件名称_____。

（2）切割细导线。切割导线直径_____ mm。

5. 大力钳的使用。钢片的夹紧。如图 3-1-42 所示。

图 3-1-41 鲤鱼钳的使用

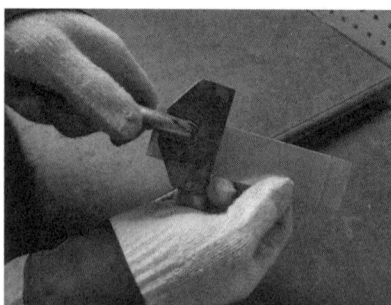

图 3-1-42 大力钳的使用

6. 剪钳的使用。切割导线,剥取导线。如图 3-1-43 所示。切割导线直径_____ mm。

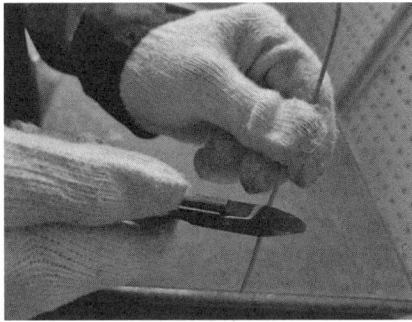

图 3-1-43　剪钳的使用

7. 卡簧钳的使用。拆卸活塞环或卡簧。如图 3-1-44 所示。拆卸零件名称_____。

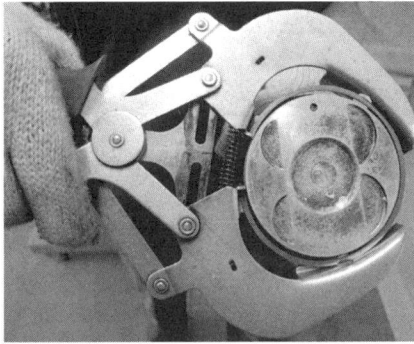

图 3-1-44　卡簧钳的使用

8. 整理、清洁钳子和工作台,润滑钳子活动部位。

★ **活动四　螺丝刀类工具使用**

一、作业计划(实训工单)

作业任务								
学生姓名		班级		日期		场地	时间	分钟
作业准备	设备、工量具及材料:							
自定义作业								
作业步骤	作业项目				作业检查/确认/记录		作业评估	
1								
2								
3								
4								
5								
作业安全								
作业计划审核	小组审核意见: 　　　　　　　组长签字:				教师审核意见: 　　　　　　　教师签字:			

二、作业准备

1."一"字形、"十"字形等不同规格螺丝刀。

2. 工件。

3. 螺栓、螺钉。

4. 工作台、润滑油、抹布等。

三、作业要求

1. 认识不同的螺丝刀。

2. 正确选用和使用螺丝刀。

四、作业步骤及要点

1. 作业准备。

(1)螺钉、螺丝刀清洁、检查。

（2）工件、工作台清洁。

2. 螺丝刀的选用。选用螺丝刀型号为_____。

3. 螺丝刀拆装操作要领（如图3-1-45）。

（1）将螺丝刀插入螺钉头部，用手握住螺丝刀，手心抵住手柄尾部。

（2）保持螺丝刀与螺钉尾端同轴成直线，并压紧，边用力边转动。旋转方向_____，旋转角度_____。

小提示： 刚拆卸时或要拧紧时螺丝刀的压力应稍大，必须压住。

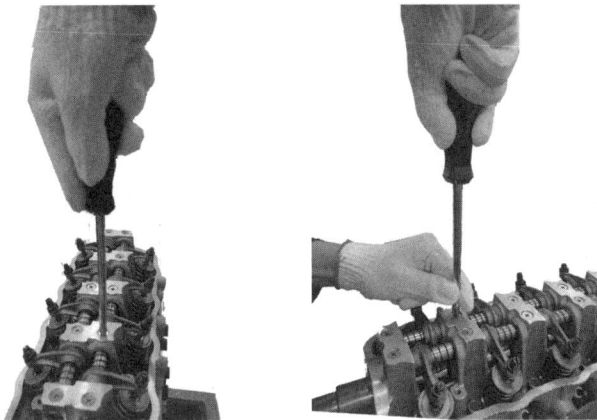

图 3-1-45　螺丝刀操作

4. 清洁、整理。

【任务检测】

一、填空题

1. 常用的手动工具有（　　　　）、（　　　　）、（　　　　）等。

2. 工具大多有（　　　　）、（　　　　）两种尺寸单位。

3. 用来拆装轮胎的套筒叫（　　　　）。

4. 扭力扳手分（　　　　）和（　　　　）两种。

5. 螺丝刀按其头部形状常分为（　　　　）、（　　　　）两种。

二、判断题

1. 选用扳手应按照"先套筒扳手，后开口扳手，再梅花扳手，最后活动扳手"原则。

（　　）

2. 公制扳手可以拆装英制螺栓、螺母。　　　　　　　　　　　　　　　　　（　　）

3. 螺丝刀尖端尺寸、形状与螺钉头部尺寸、形状应相匹配。　　　　　　　　（　　）

4. 螺丝刀可以用来当撬棍使用。　　　　　　　　　　　　　　　　　　　　（　　）

5. 尖嘴钳用于在密封的空间或狭小空间操作，或夹紧小零件。　　　　　　　（　　）

【任务拓展】

扫码学知识

工具箱与工具车

【任务评价】

班级： 　　　　　姓名： 　　　　　指导教师：

序号	评分项	评分内容		配分	评分要求	自评	互评	师评
1	A 思想政治与情感素养养成考核（20分）	A1 出勤/纪律/态度/行为规范及其表现		5	违规1次扣2分			
		A2 劳动精神、工匠素养和社会主义核心价值观的养成		10	综合考核为"优"得10分、"良"得8分、"中"得6分、"差"不得分			
		A3 职业素养：安全防护、"5S"/"EHS"、物料检查、安全使用和存放保养		5	未完成1项扣2分，扣完为止			
2	B 知识考核（35分）	B1 课堂学习（完成"记一记"）		5	综合考核为"优"得5分、"良"得4分、"中"得3分、"差"不得分			
		B2 作业完成		5	未完成扣5分			
		B3 知识检测		20	实际检测成绩的20%计			
		B4 拓展知识学习		5	未完成扣5分			
3	C 技能考核（45分）	C1 资讯收集和作业计划、决策（实训工单）		5	未完成扣5分			
		C2 作业准备		5	未完成1项扣1分			
		C3 作业步骤	C3-1 检查、清洁	5	未完成扣5分			
			C3-2 扳手类工具认识、选用与使用	5	未完成扣5分			
			C3-3 套筒类工具认识、选用与使用	5	未完成扣5分			
			C3-4 钳子类工具认识、选用与使用	5	未完成扣5分			
			C3-5 螺丝刀类工具认识、选用与使用	5	未完成扣5分			
			C3-6 检查、清洁和整理	4	未完成扣4分			
		C4 作业质效判断和分析（完成实训工作页/实训报告）		3	未完成扣3分			
		C5 拓展技能学习		3	未完成扣3分			
总分				100				

【任务反思】

序号	优点	存在问题	解决方案

教师签字：

任务二 电、气动工具的使用

【任务目标】

目标类型	目标要求
1.认知目标	(1)认识电、气动工具的功用、类型； (2)描述电、气动工具的选用及使用方法。
2.技能目标	达到汽车维修中级工如下技能要求： (1)正确选用电、气动工具； (2)运用电、气动工具进行规范操作。
3.情感目标	(1)养成爱护工具的良好习惯； (2)注意电、气动工具操作安全； (3)养成追求精益求精的工匠精神,培养劳动精神。

【任务描述】

在汽车维修作业中,只用手动工具是不够的,往往都会使用电、气动工具。如电钻、风动扳手等。使用电、气动工具往往可以提高作业效率,降低劳动强度。但操作不当也存在很大的安全隐患。

【任务准备】

一、电动工具

(一)电动工具的功用、种类及特点

电动工具是利用电力驱动,主要用于工件的钻削、切割、打磨等。汽车维修中常见的是电钻,主要包括台钻、手电钻两种,用于对工件的钻削。

1. 台钻。

台钻的安装是固定的,不便移动,但其加工精度高,有易于控制的特点。如图3-2-1所示。

2. 手电钻。

汽车维修作业中使用最多的是手电钻。其便于携带、使用方便,但也有加工精度不高、不易控制等特点。它包括手提式、手枪式两种,电源分外加电源和内置电池形式。其内部主要有电机和减速机构。另外,手电钻一般都有转速调整装置,一般设有两种转速,也有转速在一定范围内可进行任意调整的。如图3-2-2所示。

看一看:手电钻铭牌上的信息表示什么?

3. 钻头。

与电钻配合使用的是钻头,一般用麻花钻,其由柄部、工作部分组成。

（1）柄部。用来装夹钻头，并传递力矩。

（2）工作部分。包括切削和导向两部分。切削部分是由横刃和2个主刀刃起切削作用。导向部分为对称的两条螺纹槽，起着导向、排削和输送冷却液的作用。

图 3-2-1　台钻

图 3-2-2　手电钻

看一看：柄部上的标志表示什么？

记一记：其他汽车维修用电动工具有：_____

_____

(二)电动工具安全使用要点和维护

1. 用电安全。

使用电动工具必须坚持安全用电，否则会造成严重的后果。

（1）电动工具必须使用三相插头，并保证插座已接好保护零线。另外，一定要有电源开关来控制。

小提示：电动工具插头插好后，再打开电源开关通电；停止使用电动工具时应该先关电源开关再取下电动工具插头。

（2）电动工具的插头与电线必须保证完好无损，无破损、脱落，无金属丝外露。电线的规格必须符合相关技术要求。

小提示：线路漏电是十分危险的。

（3）工作环境的要求。使用电动工具时必须保证环境整洁、干燥无水油，避免与水接触。

2. 严格按照产品使用说明书的安全操作规程使用。

3. 电动工具的维护。

应定期进行电动工具的安全检查，确保使用的安全。包括对其清洁维护，插头、线路的完好检查，工作状态正常检查等。

记一记：列出一种电动工具使用说明书中的安全操作事项：_____

_____

_____

二、气动工具

(一)气动工具的功用、种类及特点

气动工具是利用压缩空气为力源驱动，主要用于紧固、钻孔、切割、打磨等。汽车维修中常见的是风动扳手，其用于快速拆装螺栓、螺母。主要有下面两种：

1. 冲击式风动扳手。适用于较大扭矩的螺栓、螺母的拆装。如轮胎螺母的快速拆装，一般其扭矩大小和旋向是可以调整的。如图3-2-3所示。

冲击扳手套筒。一般冲击扳手与其配合使用。还有风动接头、接杆等。

看一看：冲击扳手套筒与普通套筒有什么不同？

2. 棘轮式风动扳手。适用于不需要较大扭矩的螺栓、螺母的拆装，一般其扭矩大小是不可以调整的，而旋向是可以调整的。棘轮式风动扳手常与套筒、接头、接杆配合使用。如图3-2-4所示。

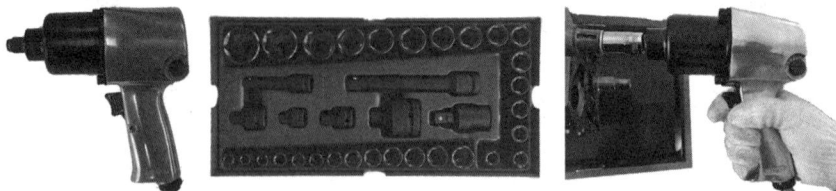

图 3-2-3　冲击式风动扳手

图 3-2-4　棘轮式风动扳手

想一想：使用棘轮式风动扳手的好处在哪里？在没有高压空气时可以使用吗？

记一记：列出其他汽车维修用气动工具：＿＿＿＿＿＿＿＿＿＿＿＿＿＿＿＿

(二)气动工具安全使用要点和维护

1. 应依据需拆装螺栓、螺母的扭矩大小来选择气动工具。

2. 一定要在正确合适的气压下使用，并保持空气的干净、干燥，否则容易导致内部部件生锈。气动工具使用完以后应及时断开气源。如图3-2-5所示。

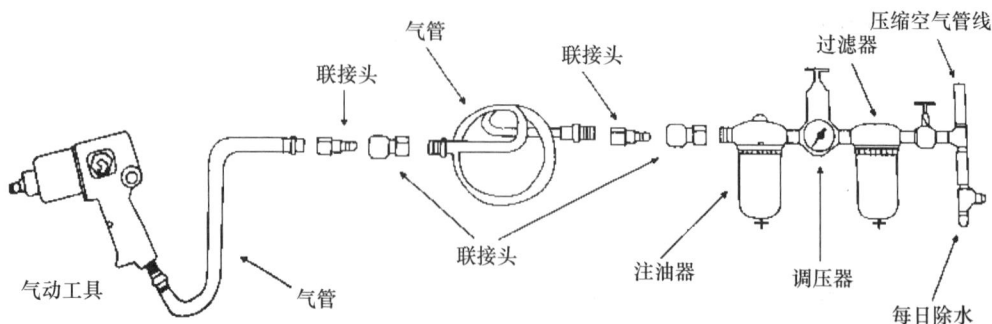

图 3-2-5　气动工具使用的压缩空气管路

3. 应依据需拆装螺栓、螺母类型、扭矩大小、位置等来调整气动工具,包括扭矩大小和旋向调整,套筒、接头、接杆的选配。

小提示: 冲击式风动扳手在使用时,千万不要用专用的冲击扳手套筒以外的其他套筒。

4. 用气动工具从螺栓上拆螺母时,注意防范旋转力使螺母飞出。

5. 使用气动工具时,会有震动和反向冲击力。

6. 气动工具的维护。主要是保持清洁和定期润滑,放在干净、干燥的地方。

记一记: 列出一种气动工具使用说明书中的安全操作事项:_____

_____

电、气动工具操作的技术要点:_____

_____

_____

【任务实施】

常用汽车维修电、气动工具的使用方法

★ 活动一 手电钻使用

一、作业计划(实训工单)

作业任务								
学生姓名		班级		日期		场地	时间	分钟
作业准备	设备、工量具及材料:							
自定义作业								
作业步骤	作业项目					作业检查/确认/记录		作业评估
1								
2								
3								
4								
5								
作业安全								

作业计划 审核	小组审核意见： 　　　　　　　　　组长签字：	教师审核意见： 　　　　　　　　　教师签字：

二、作业准备

手电钻、工件、台虎钳、手套等。

扫码看微课

三、作业要求

使用手电钻完成对工件的钻削作业。

电、气动工具的使用

四、作业步骤及要点

1. 作业准备（安全检查）。

（1）场地、电源及开关、插座的检查。

（2）电动工具安全性检查。

（3）操作时必须穿戴上绝缘手套、橡胶底鞋、防护眼镜。

小提示：在操作所有电气动工具时不可以戴普通棉线手套，要注意不要让头发、衣物等卷入钻头中。

安全检查结果为：＿＿＿＿＿＿＿。

2. 夹紧工件，防止松动造成钻头损耗和对人的伤害。

3. 操作时应保持身体平衡和稳固的姿势，压正工件，但不可以用力过猛。同时，注意调整转速，不要过低，要避免刀口退火或对钻头的损坏。如图3-2-6所示。

小提示：如果时间过长，一定要用冷却液冷却。

钻削方法：＿＿＿＿＿＿＿＿＿＿＿＿＿＿＿＿＿＿＿

＿＿＿＿＿＿＿＿＿＿＿＿＿＿＿＿＿＿＿＿＿＿＿＿＿

图3-2-6　手电钻的操作

4. 操作时，要保持好钻头和工件的相对固定，同时控制好走刀量。

小提示：当操作中出现突然的停止转动或其他异常现象时，必须立即断电检查。

钻削效果：＿＿＿＿＿＿＿＿＿＿＿＿＿＿＿＿＿＿＿＿

＿＿＿＿＿＿＿＿＿＿＿＿＿＿＿＿＿＿＿＿＿＿＿＿＿

5. 电动工具清洁、维护。

6. 清洁、整理。

汽车维修基本技能

★ 活动二　冲击式风动扳手使用

一、作业计划(实训工单)

作业任务								
学生姓名		班级		日期		场地	时间	分钟
作业准备	设备、工量具及材料:							
自定义作业								
作业步骤		作业项目				作业检查/确认/记录		作业评估
1								
2								
3								
4								
5								
作业安全								
作业计划审核	小组审核意见: 　　　　　　　组长签字:			教师审核意见: 　　　　　　　教师签字:				

二、作业准备

冲击式风动扳手组件、车辆、轮胎架、工具车等。

三、作业要求

使用风动扳手完成对轮胎螺栓的拆装作业。

四、任务实施要点

1. 作业准备。

(1)工位准备。

(2)检查举升车辆。

(3)标记轮胎安装记号。

检查结果为:_____。

2. 车轮的拆装。

(1)冲击式风动扳手的安装、检查和调整。先进行气管接头连接,不要漏气。然后,检查和调整旋向和扭矩大小,应选择扭矩较大的挡。如图 3-2-7、图 3-2-8 所示。旋向_____,

扭矩挡位_____。

图 3-2-7　连接气管接头

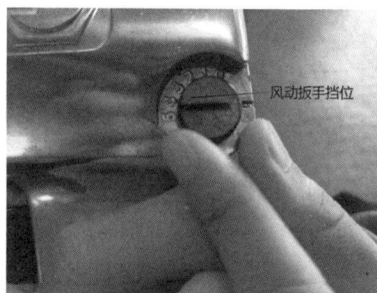

图 3-2-8　检查和调整风动扳手

想一想：选择不正确的旋向和扭矩大小会有什么影响？

（2）拆卸轮胎螺栓。在开启风动扳手前先用手将套筒对准螺母导正，然后保持身体的平衡和稳定的姿势，再用两只手握住工具进行操作，注意释放的扭矩和震动的作用。完成以后取出螺母。如图 3-2-9、图 3-2-10 所示。旋向_____，扭矩挡位_____。

图 3-2-9　安装风动扳手

图 3-2-10　拆下轮胎螺栓

小提示：一般转动轮胎螺栓到正上方进行拆装。当拆最后一颗时，要有保护措施防止轮胎掉落，风动扳手不要完全拆下螺栓，保持 3～5 牙用手慢慢拆下。

（3）安装轮胎螺栓。按记号装回轮胎。调整旋向和扭矩大小，应选择扭矩较小的挡。可先用手装入 3～5 牙，再扳动风动扳手。最后用扭力扳手按规定扭矩扭紧。如图 3-2-11 所示。旋向_____，规定扭矩_____ N·m。

小提示：拆装轮胎螺栓按图 3-2-12 的顺序进行。

（4）电动工具清洁和润滑维护。如图 3-2-13 所示。

（5）整理、清洁（"5S"）。

图 3-2-11　扭力扳手扭紧

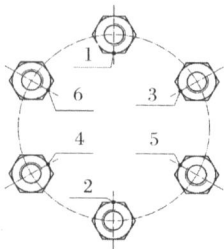

图 3-2-12　拆装顺序

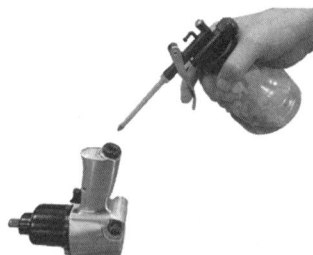

图 3-2-13　风动扳手润滑

【任务检测】

一、填空题

1. 电动工具利用（　　　　）动力源,因此必须注意使用的安全性。

2. 汽车维修最常用的电动工具是（　　　　）,其特点有（　　　　）、（　　　　）。

3. 麻花钻头由（　　　　）、（　　　　）组成。

4. 电动工具必须使用三相插头,并要求有（　　　　）来控制。

5. 电动工具操作时必须穿戴上（　　　　）、（　　　　）、（　　　　）。

6. 操作时,要保持好钻头和工件的相对（　　　　）,同时控制好（　　　　）。

7. 冲击式风动扳手适用于（　　　　）的螺栓、螺母的拆装,棘轮式风动扳手的（　　　　）是不可以调整的,而（　　　　）是可以调整的。

二、判断题

1. 使用电气动工具戴棉线手套。　　　　　　　　　　　　　　　　　　（　　　）

2. 冲击式风动扳手可以配合普通套筒使用。　　　　　　　　　　　　　（　　　）

三、简答题

1. 请写出拆装轮胎螺母的步骤和注意事项：

（1）_____　　（2）_____

（3）_____　　（4）_____

【任务拓展】

扫码学知识

电动砂轮和气动抛光机的使用

【任务评价】

班级：　　　　　　姓名：　　　　　　指导教师：

序号	评分项	评分内容		配分	评分要求	自评	互评	师评
1	A 思想政治与情感素养养成考核（20分）	A1 出勤/纪律/态度/行为规范及其表现		5	违规1次扣2分			
		A2 劳动精神、工匠素养和社会主义核心价值观的养成		10	综合考核为"优"得10分、"良"得8分、"中"得6分、"差"不得分			
		A3 职业素养：安全防护、"5S"/"EHS"、物料检查、安全使用和存放保养		5	未完成1项扣2分，扣完为止			
2	B 知识考核（35分）	B1 课堂学习（完成"记一记"）		5	综合考核为"优"得5分、"良"得4分、"中"得3分、"差"不得分			
		B2 作业完成		5	未完成扣5分			
		B3 知识测验		20	实际测验成绩的20%计			
		B4 拓展知识学习		5	未完成扣5分			
3	C 技能考核（45分）	C1 资讯收集和作业计划、决策（实训工单）		6	未完成扣6分			
		C2 作业准备		4	未完成1项扣1分，扣完为止			
		C3 活动一步骤	C3-1 安全检查、夹紧工件	4	未完成扣4分			
			C3-2 手电钻钻削（姿势、走刀量）	9	未完成1项扣3分，扣完为止			
			C3-3 清洁、维护	2	未完成扣2分			
		C4 活动二步骤	C4-1 车辆检查，轮胎标记	2	未完成扣2分			
			C4-2 风动扳手的安装、检查和调整	2	未完成扣2分			
			C4-3 拆卸与安装轮胎螺栓	4	未完成1项扣2分，扣完为止			
			C4-4 清洁、整理和润滑维护	2	未完成扣1分			
		C5 作业质效判断和分析（完成实训工作页/实训报告）		6	未完成扣3分			
		C6 拓展技能学习		4	未完成扣2分			
	总分			100				

【任务反思】

序号	优点	存在问题	解决方案

教师签字：

汽车维修基本技能

任务三　专用工具的使用

【任务目标】

目标类型	目标要求
1.认知目标	(1)认识常用专用工具作用、类型； (2)描述常用专用工具选用和使用方法。
2.技能目标	达到汽车维修中级工如下技能要求： (1)正确选用专用工具； (2)运用专用工具进行规范操作。
3.情感目标	(1)养成爱护工具和"5S"的意识； (2)具备安全操作专用工具的意识； (3)养成追求精益求精的工匠精神,培养劳动精神。

【任务描述】

由于受到汽车设计和制造的影响,在其构造上有些部位的零部件需要用专用工具才能合理拆装。如此专为汽车特殊部件的拆装作业而设计生产的专用工具(SST),可以避免造成零部件受损,操作更快捷、安全,提高生产效率,有效保证维修质量。同时,在汽车生产厂家的维修手册中都能查到专用工具的正确使用方法。

【任务准备】

不同汽车生产厂家都会生产不同车型所用的专用工具,下面介绍几种常见的专用工具。

一、爪拉马(拉拔器)

1. 作用。用于汽车上静配合副和齿轮、轴承部位的拆卸,对工件配合面损伤较小。

2. 分类。常为两爪和三爪两种类型。

3. 结构形式。如图3-3-1所示。由中央的螺杆和拉爪两部分组成,螺杆前端制成锥形,后端有供扳手转动的六角螺母。拉爪通过连接臂连成整体并与螺杆以螺纹方式连接,当拉爪抓住工件,转动螺杆时会产生很大拉力,以此拉出工件。

4. 注意事项。

(1)使用时拉爪先装夹,要求正面平衡,并注意拉爪抓持部位,以免造成损伤。其次,预紧固定后,再缓缓均匀转动螺杆直至拉出工件。

(2)注意日常清洁、润滑维护,避免螺纹受损和拉具变形、损坏。

（a）三爪式　　　　　　　　　　　　　（b）二爪式

图 3-3-1　爪拉马

二、气门拆卸钳

1. 作用。用于拆装气门。

2. 结构形式。如图 3-3-2 所示。由于气门是通过气门锁片锁住的,通过气门拆卸钳的压弹作用,便于安装和取出锁片,完成对气门的拆装。

3. 注意事项：

（1）使用时上下要对正,缓缓用力。

（2）日常应保持清洁和润滑,防止变形。

 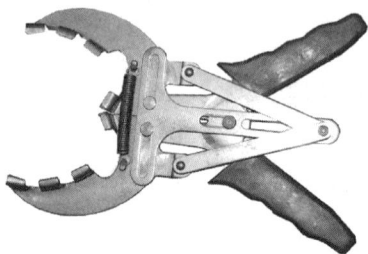

图 3-3-2　气门拆卸钳　　　　　　　　图 3-3-3　活塞环装卸钳

记一记： 气门拆卸钳适用：_____

三、活塞环装卸钳

1. 作用。用于对活塞环的拆装,避免活塞环受损和手部受伤。

2. 结构形式。如图 3-3-3 所示。使用时用环卡卡住活塞环开口间隙,慢慢压缩手柄,此时活塞环会逐渐张开,便可安装或取出活塞环。

3. 注意事项。

(1) 操作时动作应轻巧。

(2) 日常应保持清洁和对活动部位的润滑。

记一记： 活塞环装卸钳适用：＿＿＿＿＿＿＿＿＿＿＿＿＿＿＿＿＿＿＿＿

＿＿＿＿＿＿＿＿＿＿＿＿＿＿＿＿＿＿＿＿＿＿＿＿＿＿＿＿＿＿＿＿＿＿＿＿＿

四、机油滤清器扳手

1. 作用。用于拆装机油滤清器。

2. 类型及结构。机油滤清器扳手结构形式多样。如图 3-3-4 所示,常见的有：

(1) 三爪式机油滤清器扳手。三爪可自动调节大小以适合不同的机油滤清器。另外,必须与扳手配合使用。

(2) 杯式机油滤清器扳手。多为组套式,可配合不同尺寸的机油滤清器使用,需要与扳手配合使用。

小提示： 上述两种可用扭力扳手测定扭矩大小。

(3) 其他还有钳式、链条式的机油滤清器扳手。

图 3-3-4　机油滤清器扳手

3. 注意事项。

(1) 在安装机油滤清器扳手时应套正,松紧合适,用力要均匀缓慢。

(2) 应正确使用以避免机油滤清器变形。

记一记： 机油滤清器适用：＿＿＿＿＿＿＿＿＿＿＿＿＿＿＿＿＿＿＿＿＿

＿＿＿＿＿＿＿＿＿＿＿＿＿＿＿＿＿＿＿＿＿＿＿＿＿＿＿＿＿＿＿＿＿＿＿＿＿

列出汽车维修常用的其他专用工具：＿＿＿＿＿＿＿＿＿＿＿＿＿＿＿＿＿＿

＿＿＿＿＿＿＿＿＿＿＿＿＿＿＿＿＿＿＿＿＿＿＿＿＿＿＿＿＿＿＿＿＿＿＿＿＿

专用工具操作的技术要点：＿＿＿＿＿＿＿＿＿＿＿＿＿＿＿＿＿＿＿＿＿＿

＿＿＿＿＿＿＿＿＿＿＿＿＿＿＿＿＿＿＿＿＿＿＿＿＿＿＿＿＿＿＿＿＿＿＿＿＿

＿＿＿＿＿＿＿＿＿＿＿＿＿＿＿＿＿＿＿＿＿＿＿＿＿＿＿＿＿＿＿＿＿＿＿＿＿

【任务实施】

常用汽车维修专用工具的使用方法

一、作业计划(实训工单)

作业任务							
学生姓名		班级		日期		场地	时间	分钟
作业准备	设备、工量具及材料:						
自定义作业							
作业步骤	作业项目				作业检查/确认/记录		作业评估
1							
2							
3							
4							
5							
作业安全							
作业计划审核	小组审核意见:　　　　　　　　　　　　组长签字:				教师审核意见:　　　　　　　　　　　　教师签字:		

二、作业准备

1. 爪拉马、气门拆卸钳、活塞环装卸钳、机油滤清器扳手、扳手等工具。
2. 发动机总成及部件。
3. 工作台、润滑油、抹布等。

三、作业要求

使用专用工具完成对特殊部位及零部件的拆装作业。

扫码看微课

专用工具的使用

四、作业步骤及要点

1. 作业准备。清洁和检查工具、部件、工作台等。
2. 皮带轮的拆卸。如图 3-3-5 所示,使用爪拉马拆下皮带轮。是否拆下_____。
3. 气门的拆装。如图 3-3-6 所示,使用气门拆卸钳拆下气门。是否拆下_____。

小提示: 注意不要让气门锁片飞出伤人并妥善存放锁片不要丢失。

图 3-3-5 皮带轮的拆卸

图 3-3-6 气门的拆装

4. 活塞环的拆装。如图 3-3-7 所示,使用活塞环装卸钳拆装活塞环。是否拆下:_____。

5. 机油滤清器的拆装。如图 3-3-8 所示,使用机油滤清器扳手拆装机油滤清器。是否拆下:_____。

图 3-3-7 活塞环的拆装

图 3-3-8 机油滤清器的拆装

6. 清洁、润滑、整理。

【任务检测】

1. 维修手册里经常出现"SST"代号,其表示的意思是(   )。

2. 爪拉马用于汽车上静配合副和(   )、(   )部位的拆卸,对工件配合面损伤
(   )。

3. 活塞环装卸钳用于对(   )的拆装,避免活塞环受损和(   )受伤。

4. 通过气门拆卸钳的压弹作用,便于安装和取出气门(   ),完成对气门的拆装。

5. 机油滤清器扳手有三爪式、杯式、钳式、链条式等,其中(   )、(   )需要与扳手配
合使用,(   )、(   )可以测定扭矩大小。

【任务拓展】

扫码学知识

自制活塞环压缩器工具

【任务评价】

班级：　　　　　　　姓名：　　　　　　　指导教师：

序号	评分项	评分内容		配分	评分要求	自评	互评	师评
1	A 思想政治与情感素养养成考核（20分）	A1 出勤/纪律/态度/行为规范及其表现		5	违规 1 次扣 2 分			
		A2 劳动精神、工匠素养和社会主义核心价值观的养成		10	综合考核为"优"得 10 分、"良"得 8 分、"中"得 6 分、"差"不得分			
		A3 职业素养：安全防护、"5S"/"EHS"、物料检查、安全使用和存放保养		5	未完成 1 项扣 2 分，扣完为止			
2	B 知识考核（35分）	B1 课堂学习（完成"记一记"）		5	综合考核为"优"得 5 分、"良"得 4 分、"中"得 3 分、"差"不得分			
		B2 作业完成		5	未完成扣 5 分			
		B3 知识测验		20	实际测验成绩的 20% 计			
		B4 拓展知识学习		5	未完成扣 5 分			
3	C 技能考核（45分）	C1 资讯收集和作业计划、决策（实训工单）		5	未完成扣 5 分			
		C2 作业准备		5	未完成 1 项扣 1 分，扣完为止			
		C3 作业步骤	C3-1 清洁、检查	5	未完成扣 5 分			
			C3-2 皮带轮的拆卸	5	未完成扣 5 分			
			C3-3 气门的拆装	5	未完成扣 5 分			
			C3-4 活塞环的拆装	5	未完成扣 5 分			
			C3-5 机油滤清器的拆装	5	未完成扣 5 分			
			C3-6 清洁、维护	5	未完成扣 5 分			
		C4 作业质效判断和分析（完成实训工作页/实训报告）		5	未完成扣 5 分			
		C5 拓展技能学习		5	未完成扣 5 分			
总分				100				

【任务反思】

序号	优点	存在问题	解决方案

教师签字：

项目四
汽车维修常用量具的使用

任务一　游标卡尺的使用

【任务目标】

目标类型	目标要求
1.认知目标	(1)认识游标卡尺的作用、类型和组成； (2)描述游标卡尺的读数方法； (3)描述游标卡尺的使用方法。
2.技能目标	达到汽车维修中级工如下技能要求： (1)使用游标卡尺完成对工件的准确测量； (2)对游标卡尺进行正确的保养。
3.情感目标	(1)养成爱护工量具的良好习惯和"5S"意识； (2)注意游标卡尺操作安全； (3)养成严谨、求精的工匠精神,培养劳动精神。

【任务描述】

游标卡尺在汽车维护、修理的测量作业中经常使用。了解游标卡尺的构造,掌握其正确的使用方法和保养方法十分重要。

【任务准备】

一、游标卡尺的作用与类型

游标卡尺是用来测量长度、内外径、深度的量具。其结构简单、使用方便、测量范围大、测量精度较高,在生产中应用广泛。

游标卡尺有测量范围为 0～150 mm 等不同规格。一般其最小刻度分为 0.05 mm 和 0.02 mm。如游标上有 50 个刻度,每一刻度为 0.02 mm;游标上有 20 个刻度,每一刻度为 0.05 mm。在维修作业中使用 0.02 mm 精度的游标卡尺最常见。还有使用电子读数的游标卡尺,其精度可以达到 0.005 mm 或 0.001 mm,也有专门用来测量内径的卡规,如测量制动鼓内径。

记一记： 游标卡尺的类型_____,普通游标卡尺测量精度_____ mm。

二、游标卡尺的组成与结构

游标卡尺的构造如图 4-1-1 所示,由一个带刻度杆的固定量爪和一个滑动量爪(包括外量爪和内量爪)组成。尺身上刻有主刻度尺,而滑动量爪上有游标刻度尺。游标卡尺的主尺和游标上有两副活动量爪,分别是内测量爪和外测量爪,内测量爪通常用来测量内径,外测量爪通常用来测量长度和外径。深度尺与游标尺连在一起,可以测量槽和筒的深度。

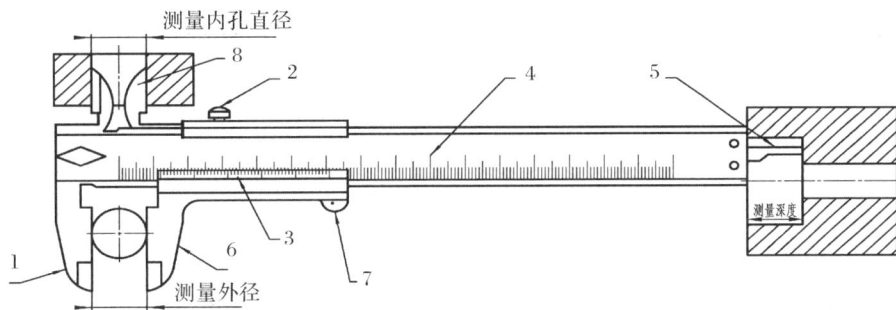

图 4-1-1　游标卡尺

1-外量爪;2-锁紧螺钉;3-游标;4-主尺;5-测深杆;6-下(外测)量爪;7-游标轮;8-上(内测)量爪

记一记： 游标卡尺的基本组成：_____

三、游标卡尺的读数

游标卡尺的读数是由主尺和副尺两部分组成。当量爪两测量面贴合在一起时,副尺上的零刻线正好对准主尺上的零刻线,此时量爪间的距离为零。当副尺向右移动某一位置时,两测量爪之间的距离,就是零件的测量尺寸。此时,零件尺寸的整数部分可在副尺零线左边的主尺刻线上读出,而小数部分需借助副尺上的刻线读出。读数原理和读数方法以最小刻度是 0.02 mm 为例说明。如表 4-1-1、表 4-1-2 所示。

表 4-1-1　游标卡尺的刻线原理

精度值	刻线原理图示	刻原理说明
0.02 mm	 主尺 1 格＝1 mm;副尺 1 格＝0.98 mm,共 50 格,主尺、副尺每格差＝1 mm－0.98 mm＝0.02 mm	主尺每小格 1 mm,每大格 10 mm,主尺上的 49 mm 长度刚好在副尺上分成 50 格。副尺每格长度是:49÷50＝0.98 mm。那么,主尺与副尺每格的差是:1 mm－0.98 mm＝0.02 mm,所以,副尺每格读数为 0.02 mm

表 4-1-2　游标卡尺的读数原理

精度值	图　例	读数方法
0.02 mm		读数＝副尺零线左面主尺的毫米整数＋副尺与主尺重合线格数×精度值。示例：读数＝25 mm＋12×0.02 mm＝25.24 mm

记一记： 游标卡尺的读数包含：_____

_____

四、注意事项及保养

1. 测量前应将游标卡尺清理干净，并将两量爪合并检查其密合状况。否则会增加测量的误差。

2. 测量前必须进行零点校正。将主副尺零点刻线对齐，表示误差为零。

3. 测量前必须进行游标卡尺锁紧螺钉锁紧状况检查，游标的滑动状况检查，量爪的损伤检查等。

4. 测量时，工件与游标卡尺要对正，测量位置要准确，两量爪要与被测工件表面贴合，不能歪斜，并掌握好两量爪与工件接触面的松紧程度，不能过紧，也不能过松。必须保护好量爪，避免其磨损形成测量误差。

5. 读数时，要正对游标刻线，看准对齐的刻线，目光不能斜视，以减少读数误差。

6. 游标卡尺不能作夹具、划针等使用。

7. 游标卡尺是一种精密的测量工具，应小心轻放和保存。用后要清洁干净，涂油保护。

小提示： 如果主副尺零点刻线未对齐，可以先读取误差值。如游标卡尺的零刻线在主尺零刻线的左边，则应在读取的测量值上加上误差值作为实际尺寸；反之则应在读取的测量值上减去误差值作为实际尺寸。

记一记： 游标卡尺的读数方法：_____

_____

_____

汽车维修基本技能

【任务实施】

游标卡尺测量的常用方法

一、作业计划(实训工单)

作业任务								
学生姓名		班级		日期		场地	时间	分钟
作业准备	设备、工量具及材料:							
			自定义作业					
作业步骤		作业项目			作业检查/确认/记录			作业评估
1								
2								
3								
4								
5								
作业安全								
作业计划审核	小组审核意见: 组长签字:			教师审核意见: 教师签字:				

二、作业准备

游标卡尺、气门、气门弹簧、圆柱形工件、棉纱、润滑油等。

扫码看微课

游标卡尺的使用

三、作业要求

1. 认识游标卡尺的结构。
2. 准确读取测量值。
3. 运用游标卡尺进行工件的准确测量。

四、作业步骤及要点

1. 清洁游标卡尺及工件,特别是测量爪端。如图 4-1-2 所示。

93

小提示： 在清洁过程中要轻拿轻放游标卡尺。

2. 检查游标卡尺。检查外观、滑动部位、锁紧螺钉、量爪等的状况。如图 4-1-3 所示。
主、副量爪密合度_____。

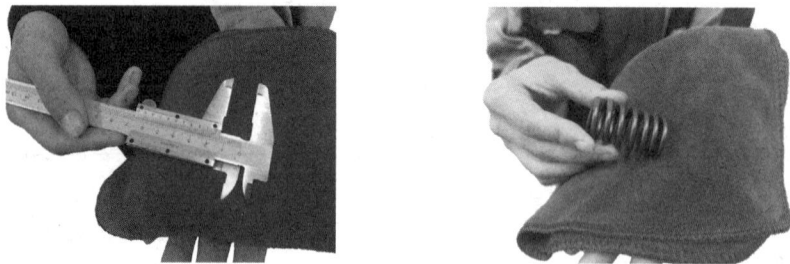

图 4-1-2　清洁

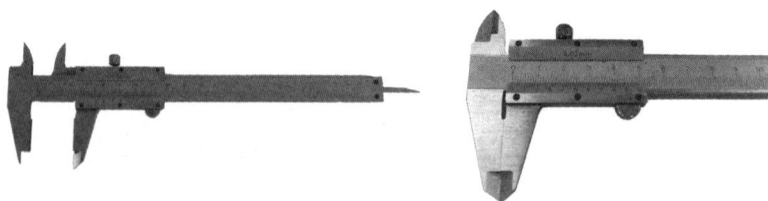

图 4-1-3　检查

小提示： 主、副尺的量爪必须完全密合。

3. 游标卡尺校零。如图 4-1-4 所示。误差_____ mm。

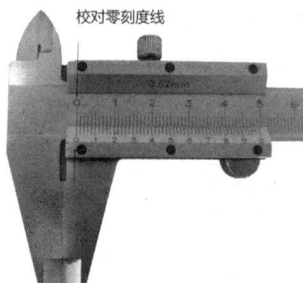

图 4-1-4　校零

小提示： 在测量前必须要校零，如果有误差应按误差法计算。

4. 测量。用右手拇指抵住下方游标轮，其余四指握住主尺。

(1)长度测量。测量气门弹簧和螺栓的长度。如图 4-1-5 所示。长度_____ mm。

图 4-1-5　长度测量

5. 工件的外径测量。如图 4-1-6 所示。外径尺寸_____ mm。

6. 测量工件的内径。如图 4-1-7 所示。内径尺寸_____ mm。

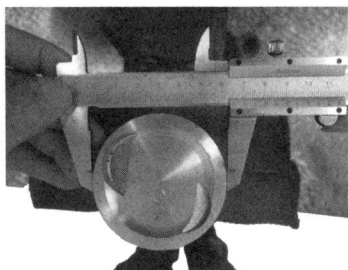

图 4-1-6 外径测量

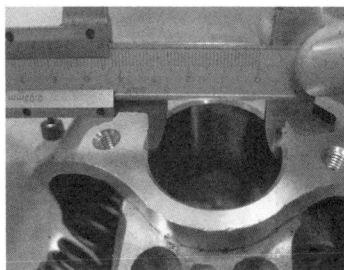

图 4-1-7 内径的测量

7. 测量工件的深度。如图 4-1-8 所示。深度尺寸_____ mm。

小提示： ①握游标卡尺的姿势要正确；测定工件与游标卡尺应保持垂直状态，用力要恰当，不可过紧或过松以免造成测量误差。

②测量时量爪与工件的接触位置要正确。

③当工件在量爪之间放好后，用固定螺钉锁好游标卡尺，以方便读取测量值。

图 4-1-8 深度的测量

8. 读数并记录数据。

测量数据记录：_____

小提示： 读数时一定要找准对齐的刻度线；眼睛目光一定要与刻度线对齐，不能斜视，减小读数误差。

9. 整理、清洁。将游标卡尺清洁干净，并涂油保护，放入盒内。如图 4-1-9 所示。

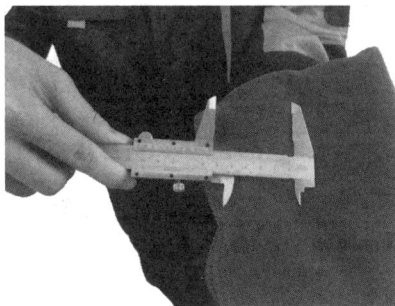

图 4-1-9 清洁

小提示： 放置时两量爪分开留有一定的距离。

【任务检测】

一、判断题

1、游标卡尺可以不校零。 （　　）

2、游标卡尺可以测量内外径、高度、长度。 （　　）

3、游标卡尺可以当夹具使用。 （　　）

4、游标卡尺在读数时不需要锁止。 （　　）

二、测量读取数据

请写出图 4-1-10 所示游标卡尺的读数。

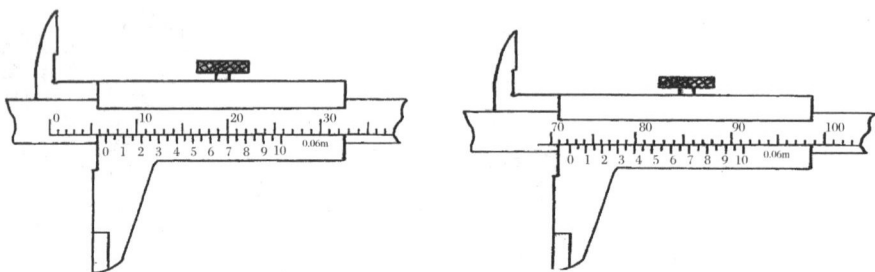

图 4-1-10　游标卡尺的读数

（1）_____　　（2）_____

【任务拓展】

扫码学知识

高度游标卡尺的使用

【任务评价】

班级：　　　　　　　姓名：　　　　　　　指导教师：

序号	评分项	评分内容		配分	评分要求	自评	互评	师评
1	A 思想政治与情感素养养成考核（20分）	A1 出勤/纪律/态度/行为规范及其表现		5	违规1次扣2分			
		A2 劳动精神、工匠素养和社会主义核心价值观的养成		10	综合考核为"优"得10分、"良"得8分、"中"得6分、"差"不得分			
		A3 职业素养:安全防护、"5S"/"EHS"、物料检查、安全使用和存放保养		5	未完成1项扣2分,扣完为止			
2	B 知识考核（35分）	B1 课堂学习（完成"记一记"）		5	综合考核为"优"得5分、"良"得4分、"中"得3分、"差"不得分			
		B2 作业完成		5	未完成扣5分			
		B3 知识测验		20	实际测验成绩的20%计			
		B4 拓展知识学习		5	未完成扣5分			
3	C 技能考核（45分）	C1 资讯收集和作业计划、决策（实训工单）		5	未完成扣5分			
		C2 作业准备		3	未完成1项扣1分,扣完为止			
		C3 作业步骤	C3-1 清洁游标卡尺及工件	2	未完成扣2分			
			C3-2 检查游标卡尺	2	未完成扣2分			
			C3-3 游标卡尺校零	3	未完成扣3分			
			C3-4 工件的长度测量	3	未完成扣3分			
			C3-5 工件的外径测量	4	未完成扣4分			
			C3-6 工件的内径测量	4	未完成扣4分			
			C3-7 工件的深度测量	3	未完成扣3分			
			C3-8 读数并记录数据	4	未完成扣4分			
			C3-9 清洁、维护	2	未完成扣5分			
		C4 作业质效判断和分析（完成实训工作页/实训报告）		5	未完成扣5分			
		C5 拓展技能学习		5	未完成扣5分			
总分				100				

【任务反思】

序号	优点	存在问题	解决方案

教师签字：

【任务目标】

目标类型	目标要求
1.认知目标	(1)认识千分尺的作用、类型； (2)描述千分尺的读数方法； (3)描述千分尺的使用方法。
2.技能目标	达到汽车维修中级工如下技能要求： (1)使用千分尺完成维修作业中的测量； (2)对千分尺进行正确的保养。
3.情感目标	(1)养成爱护工量具的良好习惯和"5S"意识； (2)注意千分尺的操作安全； (3)养成严谨、求精的工匠精神，培养劳动精神。

【任务描述】

发动机长期工作以后，曲轴轴颈会有磨损，出现发动机有不正常响声、震动等故障而需要修理。在修理中应对轴颈的磨损情况进行检查，这就需要使用千分尺。

【任务准备】

一、千分尺的作用与类型

千分尺又叫螺旋测微器，是利用螺纹节距来测量长度的精密量具，其测量精度一般能达到 0.01 mm，而游标千分尺的测量精度可达 0.001 mm。千分尺一般分为外径千分尺、内径千分尺、深度千分尺。最常用的是外径千分尺，按测量范围分 0～25 mm、25～50 mm、50～75 mm、75～100 mm 等多种类型。其主要用于测量圆形物体的外径、零部件的厚度和长度尺寸。

记一记：千分尺的类型_____，普通千分尺测量精度_____ mm。

二、外径千分尺的结构

外径千分尺的结构由固定的尺架、测砧、测微螺杆、固定套管、微分筒、测力装置、锁紧装置等组成。固定套管上有一条水平线，这条线上、下各有一列间距为 1 mm 的刻度线，上面的刻度线恰好在下面两条相邻刻度线中间。微分筒上的刻度线是将圆周分为 50 等分的水平线，它是旋转运动的。如图 4-2-1 所示。

外径千分尺的尾部有棘轮旋柄，其作用是保证测轴的测定压力，如测定压力达到一定值时限荷棘轮会空转。在测量中一定要调整好合适的测定压力才可以测量准确的尺寸。

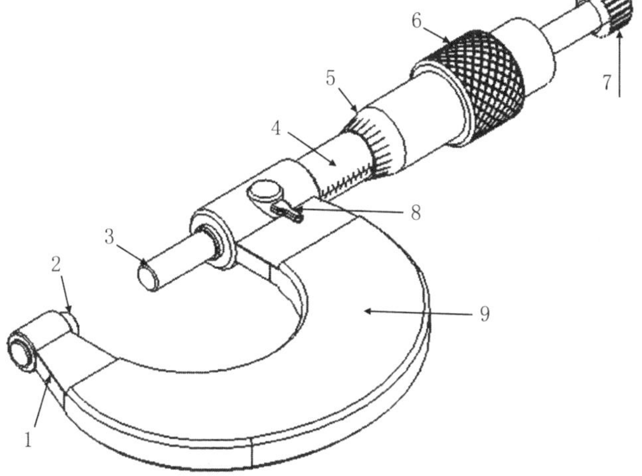

图 4-2-1 千分尺的结构

1-尺架；2-测砧；3-测微螺杆；4-固定套管；5-微分筒；6-旋钮；7-棘轮旋柄；8-锁紧装置；9-隔热装置

记一记： 千分尺的基本组成：_____

三、外径千分尺的读数

读数时，先以微分筒的端面为基准线，读出固定套管上刻度线的分度值（读出以毫米为单位的整数），再以固定套管上的水平横线作为读数基准线，读出微分筒上刻度线的分度值，应估读到最小刻度的 1/10，即 0.001 mm。如果微分筒的端面与固定刻度的下刻度线之间无上刻度线，测量结果即为下刻度线的数值加可动刻度的值；如微分筒端面与下刻度线之间有一条上刻度线，测量结果应为下刻度线的数值加上 0.5 mm，再加上可动刻度的值，如表 4-2-1，图（a）读数为 5.783 mm，图（b）读数为 7.383 mm。

表 4-2-1 千分尺的读数方法

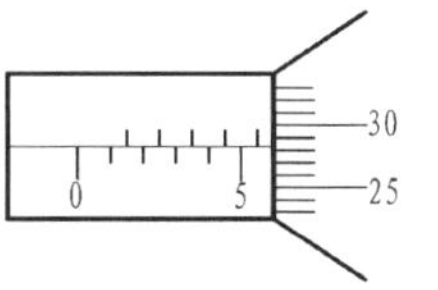 （a）大于 0.5 刻度线的读数	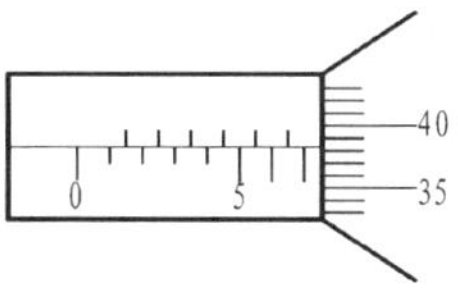 （b）小于 0.5 刻度线的读数

记一记： 千分尺的读数方法：_____

四、外径千分尺使用注意事项

（一）千分尺的使用注意要点

1. 用千分尺测量工件前，应将千分尺的工作面和工件的被测表面擦干净，不允许有任何污物。否则会出现测量误差。

2. 严禁在毛坯工件、正在运动着的工件或过热的工件上进行测量，以免影响外径千分尺的精度及测得的尺寸精度。

3. 使用前检查零刻度是否对齐。

4. 在读数之前确定千分尺是否锁止固定。

5. 在读数时保持千分尺的平直。

6. 对测微螺杆不要施加过大的压力。

7. 明确千分尺的检测规格，不要超过它的测量尺寸范围。

8. 当你用完千分尺后，必须进行清洁、润滑，并放回到盒子里面保存。

9. 不准拿着微分筒快速转动，以防止测微螺杆加速磨损或两测量面相互猛撞，将螺旋副撞伤。

(二)千分尺的保养要点

1. 不准把千分尺当作卡钳使用。

2. 使用千分尺时要轻拿轻放，严禁掉落。

3. 如果是比较长的时间不用，应该在测量面和测微螺杆上涂防护油，而且两个测量面不要相互接触，不得将千分尺放在潮湿、有酸和磁性的地方，也不得放在高温或者有震动的地方。

4. 千分尺要定期检查，检查周期长短要看使用的情况而定。应经常检查千分尺的各部位状况是否符合要求，并校对其"零"位。

记一记： 千分尺的使用要点：＿＿＿＿＿＿＿＿＿＿＿＿＿＿＿＿

＿＿＿＿＿＿＿＿＿＿＿＿＿＿＿＿＿＿＿＿＿＿＿＿＿＿＿＿＿＿＿＿

＿＿＿＿＿＿＿＿＿＿＿＿＿＿＿＿＿＿＿＿＿＿＿＿＿＿＿＿＿＿＿＿

【任务实施】

外径千分尺测量曲轴轴颈直径

一、作业计划(实训工单)

作业任务							
学生姓名		班级		日期		场地		时间		分钟
作业准备	设备、工量具及材料：						
自定义作业							
作业步骤	作业项目			作业检查/确认/记录		作业评估
1						
2						

3		
4		
5		
作业安全		
作业计划审核	小组审核意见： 组长签字：	教师审核意见： 教师签字：

二、作业准备

平台、"V"形铁、曲轴、千分尺、棉纱、润滑油。

扫码看微课
千分尺的使用

三、作业要求

1. 认识外径千分尺的结构。
2. 准确读取外径千分尺的测量值。
3. 使用千分尺完成对曲轴轴颈的直径测量。

四、作业步骤及要点

1. 作业准备。清洁外径千分尺、曲轴轴颈，如图 4-2-2 所示。

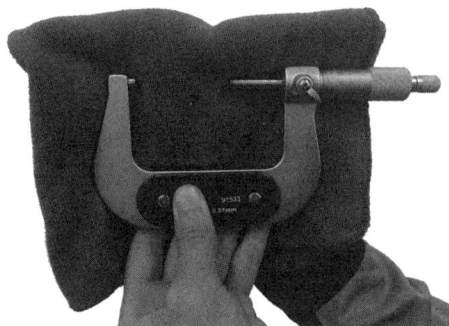

图 4-2-2　清洁

小提示： 测砧、测微螺杆、量棒测量面粘有油污、灰尘会引起测量误差。

2. 外径千分尺零点校正。将标准量杆夹正在两砧端，再慢慢转动棘轮。如果是 0～25 mm 的外径千分尺，可直接进行校正检查。当听见 2～3 响"咔咔"声时，就产生了合适的测定压力，然后检查零点的对正情况。如图 4-2-3 所示。

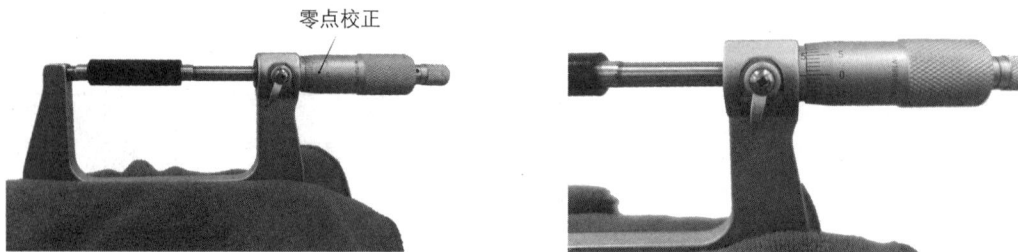

零点校正

图 4-2-3　校正

小提示：标准量杆(校量棒)要放平稳,零刻度线一定要对准。

外径千分尺的测量范围_____ mm。

3. 如果有误差,使用调整扳手调校外径千分尺或用误差法读数。如图 4-2-4 所示。

误差值_____ mm。

图 4-2-4　调校

4. 曲轴主轴颈的测量。如图 4-2-5 所示。

(1)打开千分尺的锁止装置。

(2)在曲轴的水平、垂直方向上按前、中、后三个位置进行测量。

(3)测量时一手握在弓架上,不要碰及砧子,将被测面轻轻顶在砧子上,另一手转动棘轮及套筒使轴靠近。当两个砧端夹正被测件时,再慢慢装动棘轮。当听见 2～3 响"咔咔"声时,就产生了合适的测定压力。

图 4-2-5　测量

小提示： ①不可直接转动活动套筒。

②测定压力不当会造成测量误差。过大时还容易造成砧端受损和限荷棘轮在测量过程中的损坏。

③千分尺螺旋杆轴与曲轴连杆颈中心线垂直，如果测量有倾斜，直接影响测量结果。

水平方向测量值：＿＿＿＿＿＿＿＿＿＿＿＿＿＿＿＿＿＿＿＿＿＿＿＿＿＿＿＿＿＿

＿＿＿

垂直方向测量值：＿＿＿＿＿＿＿＿＿＿＿＿＿＿＿＿＿＿＿＿＿＿＿＿＿＿＿＿＿＿

＿＿＿

5. 锁止千分尺，然后进行外径千分尺的读数。保持眼睛的视线与刻度线平齐，避免产生读数的误差。如图 4-2-6 所示，读为：$82.00 \text{ mm} + 0.5 \text{ mm} + 0.41 \text{ mm} = 82.91 \text{ mm}$。

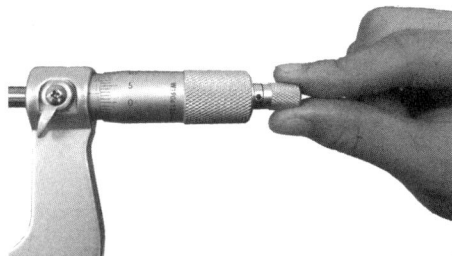

图 4-2-6　读数

6. 测量数据记录。

测量值结果分析：＿＿＿＿＿＿＿＿＿＿＿＿＿＿＿＿＿＿＿＿＿＿＿＿＿＿＿＿＿＿

＿＿＿

＿＿＿

7. 整理、清洁、润滑千分尺，如图 4-2-7 所示。

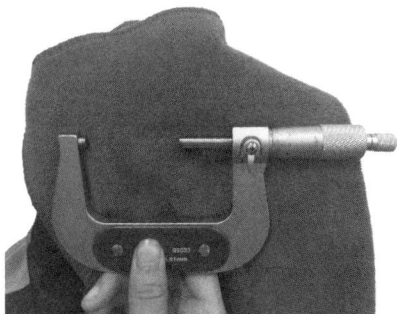

图 4-2-7　清洁

小提示： 清洁完后要在测砧和活动套管处涂油，防止生锈。

【任务检测】

一、识图填空题

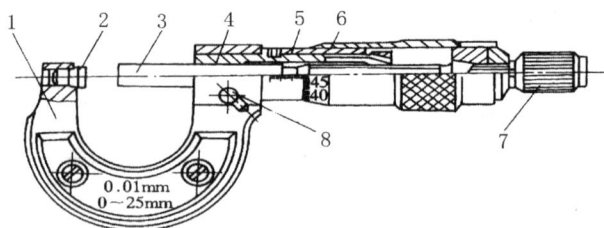

图 4-2-8　外径千分尺的结构

1._____,2._____,3._____,4._____,

5._____,6._____,7._____,8._____。

二、判断题

1. 千分尺在测量过程中不需校零。　　　　　　　　　　　　　　(　　)

2. 千分尺在读数时锁止装置必须锁止。　　　　　　　　　　　　(　　)

3. 千分尺可以测量长度。　　　　　　　　　　　　　　　　　　(　　)

4. 千分尺在使用过程中不能当夹具。　　　　　　　　　　　　　(　　)

5. 千分尺内外径都可以测量。　　　　　　　　　　　　　　　　(　　)

6. 千分尺有估读数值。　　　　　　　　　　　　　　　　　　　(　　)

三、读出下图千分尺中表示的数值

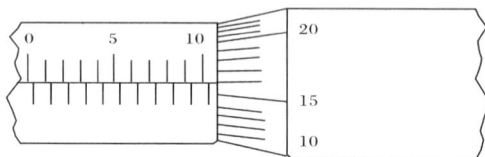

图 4-2-9　外径千分尺读数

_____ mm

【任务拓展】

扫码学知识

钢直尺、塞尺、刀口尺的使用

【任务评价】

班级：　　　　　　　姓名：　　　　　　　指导教师：

序号	评分项	评分内容		配分	评分要求	自评	互评	师评
1	A 思想政治与情感素养养成考核（20分）	A1 出勤/纪律/态度/行为规范及其表现		5	违规 1 次扣 2 分			
		A2 劳动精神、工匠素养和社会主义核心价值观的养成		10	综合考核为"优"得 10 分、"良"得 8 分、"中"得 6 分、"差"不得分			
		A3 职业素养：安全防护、"5S"/"EHS"、物料检查、安全使用和存放保养		5	未完成 1 项扣 2 分，扣完为止			
2	B 知识考核（35分）	B1 课堂学习（完成"记一记"）		5	综合考核为"优"得 5 分、"良"得 4 分、"中"得 3 分、"差"不得分			
		B2 作业完成		5	未完成扣 5 分			
		B3 知识测验		20	实际测验成绩的 20%计			
		B4 拓展知识学习		5	未完成扣 5 分			
3	C 技能考核（45分）	C1 资讯收集和作业计划、决策（实训工单）		5	未完成扣 5 分			
		C2 作业准备		5	未完成 1 项扣 1 分，扣完为止			
		C3 作业步骤	C3-1 清洁外径千分尺、曲轴轴颈	2	未完成扣 2 分			
			C3-2 外径千分尺零点校正	2	未完成扣 2 分			
			C3-3 调校外径千分尺	5	未完成扣 5 分			
			C3-4 曲轴主轴颈的测量	5	未完成扣 5 分			
			C3-5 锁止千分尺，然后进行外径千分尺的读数	5	未完成扣 5 分			
			C3-6 测量数据记录	5	未完成扣 5 分			
			C3-7 整理、清洁、润滑千分尺	3	未完成扣 3 分			
		C4 作业质效判断和分析（完成实训工作页/实训报告）		5	未完成扣 5 分			
		C5 拓展技能学习		5	未完成扣 5 分			
总分				100				

【任务反思】

序号	优点	存在问题	解决方案

教师签字：

任务三　百分表的使用

【任务目标】

目标类型	目标要求
1.认知目标	(1)认识百分表、量缸表、磁性表座； (2)描述百分表读数机理； (3)描述百分表、量缸表、磁性表座的使用方法。
2.技能目标	达到汽车维修中级工如下技能要求： (1)使用百分表、量缸表、磁性表座完成对工件的准确测量； (2)对百分表、量缸表、磁性表座进行正确的保养。
3.情感目标	(1)养成爱护工具的良好习惯和"5S"意识； (2)注意量具的操作安全； (3)养成严谨、求精的工匠精神,培养劳动精神。

【任务描述】

当曲轴变形之后要检测其圆跳动量,汽车制动盘磨损时要检测其端面跳动量,这些检测就必须要用到百分表和磁性表座；当气缸使用长久以后要检查其磨损程度,这就要使用量缸表。会使用磁性表座、百分表、量缸表进行检测是维修工的基本技能。

【任务准备】

一、百分表

1. 百分表的主要作用。

百分表是利用指针和刻度将心轴移动量放大来表示测量尺寸。它是一种比较性测量仪器,一般不单独使用,最常见的是安装在磁性表座或者量缸表上,主要用于工件的尺寸误差以及配合间隙测量,如轴的跳动量、弯曲度,飞轮的端面跳动量等的测量。

百分表一般有 0~3 mm、0~5 mm、0~10 mm 的测量范围规格。

记一记：列出汽车维修作业中百分表的使用场景：_____

_____

2. 百分表各部分名称(如图 4-3-1)。

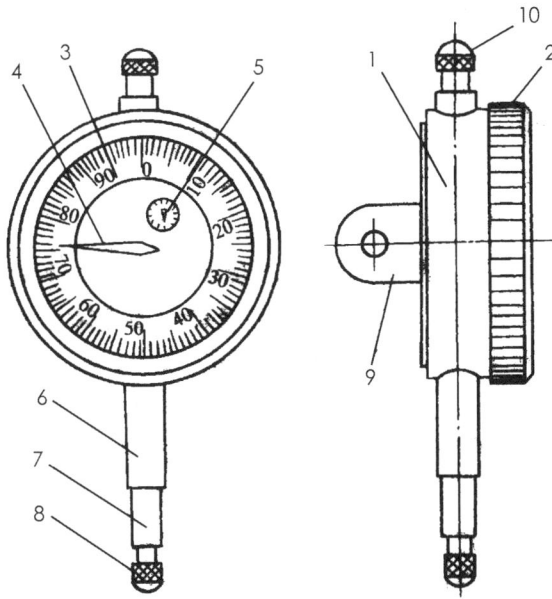

图 4-3-1　百分表

1-表壳；2-齿轮；3-表盘；4-指针；5-毫米指针；6-套筒；7-测量杆；8-测量头；9-耳环；10-圆头

3. 百分表的结构原理。

百分表的内部结构如图 4-3-2 所示。当测量头和齿条轴向移动时将带动第一小齿轮转动，再由同轴上的被动齿轮带动第二小齿轮转动，这样安装在第二小齿轮上的指针就可以将轴向位移动量显示在刻度盘上。

当测量杆移动 1 mm 时，指针转一周，由于表盘上共刻 100 格，所以指针每转一格表示测量杆移动 0.01 mm。当测量杆移动距离超过 1 mm 时，毫米指针将移动，测量杆移动的毫米量由毫米指针表示，通过大小指针的读数，就可得知被测尺寸。

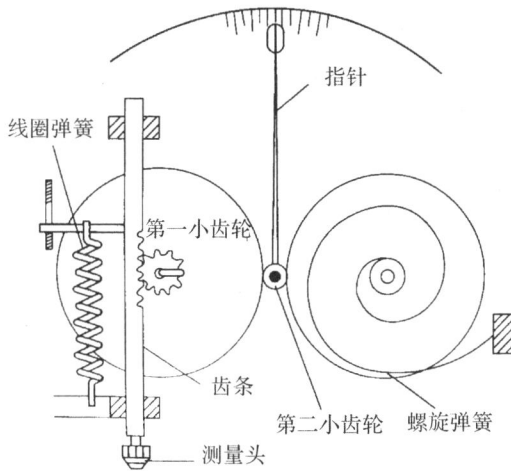

图 4-3-2　百分表的结构原理

另外，百分表的表盘是可以转动的，这样方便在测量时归零。

记一记：列出百分表的读数方法：_____

_____

4. 百分表的使用方法（以磁性表座百分表为例）。

(1)使用前，要将百分表卡紧或装稳。

(2)测量前压缩量要合适，保持适当的预紧力。测量头要垂直于测定物面。

(3)旋转表盘，可将指针对准刻度盘的零刻度。

(4)从指针相对于零点的变化可测出零件的误差。

5. 百分表使用注意事项。

(1)百分表是灵敏的测量工具，在使用时应该特别小心，应避免撞击。

(2)装夹后在未松开紧固套之前，不得转动表体。

(3)如果放在有油的机架上面，表架会发生滑动，影响测量结果。

(4)百分表只能检测光滑机械表面，不要用于检测毛坯的粗糙表面或有显著凹凸的表面，否则会损伤测头。

(5)测量平面时，测量杆要与被测面垂直，否则不仅测量误差大，而且有可能会把测量杆别住，造成不能活动，损坏百分表。测量圆柱形工件时，测量杆的中心线要垂直地通过工件的轴心线。

(6)不允许测头被压到尽头。原因是当百分表因外力而剧烈地震动时，易被损坏。

(7)如果移动距离超过百分表的极限将引起一系列的危害。

小提示：测量前应把测量头、测量杆、套筒和表盘以及被测部件擦干净。

记一记：列出百分表的使用要点：_____

_____

_____

6. 百分表的保养。

(1)要轻拿轻放，不要过多地拨动测头使它做无效的运动，以防机件不必要的磨损；不要使测头跌落，以免产生瞬间冲击力，给测量带来误差，也有可能撞坏表内的机件。

(2)不要使表受到剧烈震动，不得敲打表的任何部位。

(3)不允许拆卸表的后盖，防止灰尘或潮气侵入表内。禁止水、油或其他液体侵入表内，严禁把表泡在冷却液或任何液体内。

(4)用完后要把表擦净放回盒内，但不得在测量杆上涂凡士林或其他油类，否则会使测量杆和套筒黏结，造成移动不灵活。

(5)不使用时，应让测量杆自由放松，使表处于自由状态，避免其内部机件受到外力作用，以保持精度。保存在湿度低、无震动的地方。

(6)所使用的百分表必须定期检查，合格后方能使用。

记一记：列出百分表的保养方法：_____

_____

_____

保证百分表测量精度的技术要点：_____

_____

_____

【任务实施】

轴跳动量的测量

一、作业计划(实训工单)

作业任务							
学生姓名		班级		日期		场地		时间	分钟
作业准备	设备、工量具及材料:						
自定义作业							
作业步骤	作业项目			作业检查/确认/记录		作业评估	
1							
2							
3							
4							
5							
作业安全							
作业计划审核	小组审核意见: 组长签字:			教师审核意见: 教师签字:			

二、作业准备

平台、"V"形铁、棉纱、凸轮轴、百分表、磁性表座。

三、作业要求

使用磁性表座百分表准确测量轴的圆跳动量。

四、作业步骤及要点

1. 作业准备。清洁、检查磁性表座、百分表及工件等。如图 4-3-3 所示。百分表误差值_____。

扫码看微课

百分表的使用：内径百分表

百分表的使用：量缸表

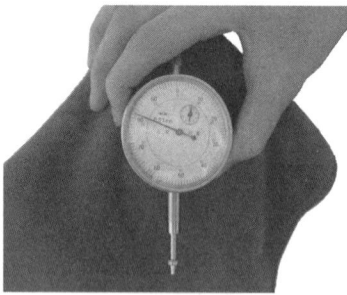
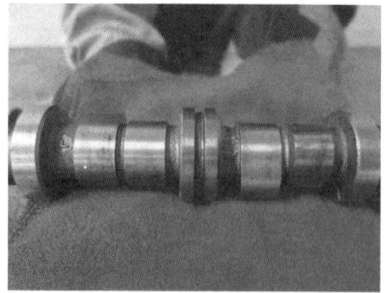

图 4-3-3　清洁

小提示： 清洁百分表的毛巾一定要干净。

2. 组装磁性表座百分表。按磁性表座的安装说明书进行安装。如图 4-3-4 所示。磁性开关位置_____。

图 4-3-4　安装

小提示： ①要分清楚立柱和横杆；垫片一定不能漏装；百分表装夹位置要正确。

②表座上有磁性开关，使用时打开，使用后一定要关上；还要保持其底座干净。

3. 安装磁性表座百分表。将磁性表座百分表的测量头安装在中间轴颈的中间，测量头必须在轴颈最顶部的正上方。一般预压 1 mm 后，转动表盘归零。预压值_____。

4. 测量凸轮轴的圆跳动。慢慢转动轴，观察指针转动情况。读取百分表指针顺时针转动的最大值和逆时针转动的最大值，二者相加即为轴的圆跳动量。如图 4-3-5 所示。顺时针转动最大值 _____，逆时针转动最大值_____，圆跳动量_____。

图 4-3-5　测量

小提示：　①放在"V"形铁上的轴一定要在同一平面上。

②一定要保证轴在测量过程中没有移动现象。

③眼睛一定要平视百分表。

5. 记录测量数据。

测量数据及结果记录：_____

_____

_____

6. 分解磁性表座百分表。

7. 整理、清洁。分解磁性表座后要清洁、润滑并装回盒中。

【任务检测】

一、填空题

1. 普通百分表的精度为(　　　)。

2. 百分表的表盘可以转动,可将指针对准刻度盘的(　　　)刻度。

3. 百分表多装夹在量缸表和(　　　)上使用。

4. 百分表是利用测量杆的轴向位移量转换放大成表盘上指针的(　　　)。

5. 百分表大指针转动一圈,小指针转(　　　)。

二、判断题

1. 百分表装夹后在未松开紧固套之前,可以转动表体。　　　　　　　　(　　　)

2. 百分表只能检测光滑机械表面。　　　　　　　　　　　　　　　　(　　　)

3. 百分表测量平面时,测量杆要与被测面垂直。　　　　　　　　　　(　　　)

4. 百分表测量前应把测量头、测量杆、套筒和表盘以及被测部件擦干净。(　　　)

5. 不要使表受到剧烈震动,不得敲打表的任何部位。　　　　　　　　(　　　)

6. 可以在测量杆上涂凡士林或其他油类进行润滑保护。　　　　　　　(　　　)

【任务拓展】

扫码学知识

发动机气缸测量

【任务评价】

班级：　　　　　　　姓名：　　　　　　　指导教师：

序号	评分项	评分内容		配分	评分要求	自评	互评	师评
1	A 思想政治与情感素养养成考核（20分）	A1 出勤/纪律/态度/行为规范及其表现		5	违规1次扣2分			
		A2 劳动精神、工匠素养和社会主义核心价值观的养成		10	综合考核为"优"得10分、"良"得8分、"中"得6分、"差"不得分			
		A3 职业素养：安全防护、"5S"/"EHS"、物料检查、安全使用和存放保养		5	未完成1项扣2分，扣完为止			
2	B 知识考核（35分）	B1 课堂学习（完成"记一记"）		5	综合考核为"优"得5分、"良"得4分、"中"得3分、"差"不得分			
		B2 作业完成		5	未完成扣5分			
		B3 知识测验		20	实际测验成绩的20%计			
		B4 拓展知识学习		5	未完成扣5分			
3	C 技能考核（45分）	C1 资讯收集和作业计划、决策（实训工单）		5	未完成扣5分			
		C2 作业准备		3	未完成1项扣1分，扣完为止			
		C3 作业步骤	C3-1 清洁、检查磁性表座、百分表及工件	2	未完成扣2分			
			C3-2 组装磁性表座百分表	2	未完成扣2分			
			C3-3 安装磁性表座百分表	5	未完成扣5分			
			C3-4 测量凸轮轴的圆跳动	5	未完成扣5分			
			C3-5 记录测量数据	5	未完成扣5分			
			C3-6 分解磁性表座百分表	5	未完成扣5分			
			C3-7 整理、清洁、润滑磁性表座、百分表	3	未完成扣3分			
		C4 作业质效判断和分析（完成实训工作页/实训报告）		5	未完成扣5分			
		C5 拓展技能学习		5	未完成扣5分			
总分				100				

【任务反思】

序号	优点	存在问题	解决方案

教师签字：

汽车维修基本技能

112

项目五
汽车维修常用设备的使用

任务一　举升设备的使用

【任务目标】

目标类型	目标要求
1.认知目标	(1)认识举升设备; (2)描述举升设备的使用方法。
2.技能目标	达到汽车维修中级工如下技能要求: (1)正确完成举升设备的升举操作; (2)正确进行举升设备的保养。
3.情感目标	(1)培养严谨的工作作风; (2)培养安全规范意识; (3)养成爱惜国产品牌的爱国意识,培养劳动精神。

【任务描述】

在汽车维修作业中,为了方便操作,提高工作效率,多采用地沟或举升方式。目前,维修企业多运用举升设备进行举升。由于举升设备多采用机械、液压、气压等方式,举升的负荷又较大,所以举升的安全就显得特别重要。

【任务准备】

一、千斤顶使用

(一)千斤顶的功用

千斤顶是最为常见、简单的举升起重设备。其具备以下特点:

1. 结构简单,体型较小,不需安装,便于随车携带,使用方便。

2. 一般以人力驱动,起重的质量范围大。但举升的高度一般不超过 400 mm,使用范围有限。多用于设备安装、检修,如轮胎的更换。

(二)千斤顶的类型

汽车维修作业中使用的千斤顶主要有机械式、液压式、气压式三种,如图5-1-1所示。其中运用最广泛的是液压式,其又分为立式、卧式等。

千斤顶按其顶举的质量大小分为3 t、5 t、10 t等不同的规格。

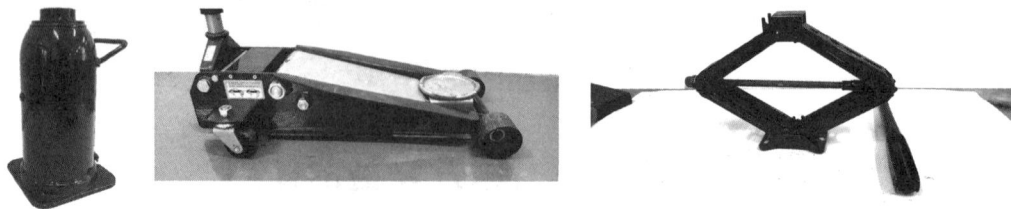

图 5-1-1　千斤顶

小提示: 使用千斤顶时不能超过最大安全工作载荷。

记一记: 千斤顶的类型:_____

(三)液压千斤顶的结构和工作原理

液压千斤顶的工作原理就是利用有压力的油液作为传递动力的工作介质,将机械能和油液的压力能相互转换。如图5-1-2所示,由大油缸和大活塞组成举升液压缸,由杠杆手柄、小油缸、小活塞和单向阀4、7组成手动液压泵。当提起手柄时小活塞向上移动,小活塞下端油腔容积增大,形成局部真空,这时单向阀4打开,通过吸油管5从油箱12中吸油;用力压下手柄,小活塞下移,小活塞下腔压力升高,单向阀4关闭,单向阀7打开,下腔的油液经管道6输入举升油缸9的下腔,迫使大活塞8向上移动,顶起重物。再次提起手柄吸油时,单向阀7自动关闭,使油液不能倒流,从而保证了重物不会自行下落。不断地往复扳动手柄,就能不断地把油液压入举升缸下腔,使重物逐渐地升起。如果打开截止阀11,举升缸下腔的油液通过管道10、截止阀11流回油箱,重物就向下移动。

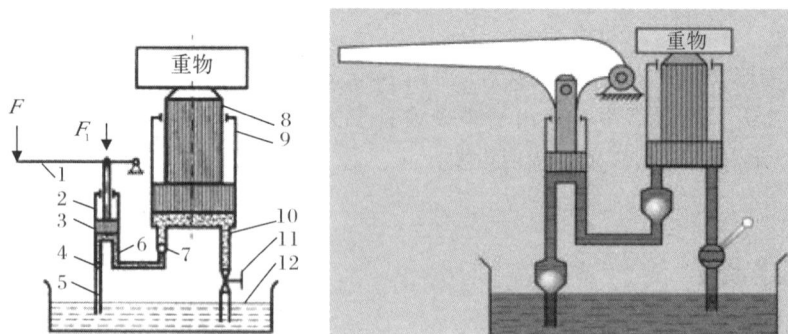

图 5-1-2　液压千斤顶的结构和工作原理

1-杠杆手柄;2-小油缸;3-小活塞;4-单向阀;5-吸油管;6-管道;

7-单向阀;8-大活塞;9-大油缸;10-管道;11-截止阀;12-油箱

记一记: 千斤顶的基本结构:_____

(四)千斤顶使用的注意事项

1. 使用前应熟知千斤顶的使用说明或维修手册的要求,定期检查和保养,按规定添加液压油。环境温度不可太高,防止损坏内部的皮圈等。

小提示: 不可添加非规定用的油液。

2. 使用千斤顶前车辆的安全操作。

(1)检查汽车点火开关是否断开;手动变速器选择一挡或倒挡;对自动变速器则选择"停车"挡;施加手制动,保证车辆不滑溜。

(2)与举升车轮相对角的车轮前后都楔住。在倾斜路面上楔住所有仍位于地面的车轮。

3. 操作前的安全检查。

(1)千斤顶的检查。如是否漏油等的检查,必须使千斤顶处于正常使用状态。

(2)如果地面太软或不平,在千斤顶下面垫支撑座或厚木板。

小提示: 在千斤顶下面不可垫如砖头、石板类易碎裂、变形、滑动的物体,否则容易发生危险。

(3)举升点的选择要恰当,并要求其顶柱与被支顶的面要垂直,以防滑脱,还不可损伤汽车部件。

4. 带有空气悬架的车辆的举升要按照维修手册说明进行。

5. 举升后可用安全支架进行支撑。放下时要缓慢。举升时不可晃动、敲打千斤顶。

小提示: 在举升、放置安全支撑和放松千斤顶时,不能让身体进入车辆下面。

6. 举升时不可以超过千斤顶举升的最大行程高度和最大安全工作载荷。

记一记: 千斤顶的使用方法:_____

_____

_____

二、举升机使用

在汽车维修车间多采用举升机,其具备增大作业空间,改善操作条件的特点。

常用的类型有摆臂式(2立柱)、四柱提升式、剪式(板条式)等。如图 5-1-3 所示。

图 5-1-3 举升机

举升机如果维护和使用不当,将是一个危险因素。应该阅读使用说明书,学习车间有关举升机的安全操作规范。

小提示: 不要超过标注在举升机上的安全工作载荷。

下面介绍举升机的使用要点。

1. 车辆在举升机上的定位。

(1)慢慢地驾驶,将车辆放在举升机正中。

(2)防止车辆滑动。使用驻车制动器。如果有必要则楔住车轮。

(3)当驾驶车辆到举升机上时,确保无人站在车辆前后面。

(4)车辆装载负荷,两轴负荷不均时,不能举升。

(5)装载牲畜或不稳定负荷的车辆不能举升。

(6)检查举升机顶部空间,避免附件碰撞。

(7)收缩天线。

(8)关闭车门。

2. 举升车辆。

用举升器托架从车辆举升支点处举起举升车辆。

(1)清理举升器举升平台;确保干燥,没有油污。

(2)定位车辆。

(3)将举升器举升平台放在车辆支撑点下面。

小提示:应该按照维修手册所标志的位置进行支点的安装。

(4)升起举升机举升臂直到举升平台接触到车辆支撑点。

(5)检查举升平台与支撑点的相互定位是否正确。如果不正确,应降下举升臂重新定位。

(6)将举升机上升到期望的位置。

(7)连接安全保险装置。

小提示:某些前置发动机、前轮驱动车辆前面较重,当车轮、悬挂总成和油箱从车辆后部拆下时,在双柱式举升机上的车辆可能向前倾斜。

使用滚装式四柱举升机,应按下列步骤进行。

(1)把车辆放在举升机中部。

(2)施加驻车制动。挂上手动变速器。

(3)自动变速器选择"停车"挡位或者楔住车轮。

(4)将举升机升到期望的高度。

(5)连接安全保险装置。

3. 降下举升机。

(1)从举升机下面和周围搬走所有工具,如照明灯、软管和电缆等。

(2)确保举升机下面没有其他人员。

(3)解脱安全装置或安全支腿。

(4)保持双脚离开举升机。

(5)慢慢降下举升机,并检查是否全部降下。

小提示:决不能让举升机在举升或下降时无人照管。

4. 从举升机上开下车辆。

(1)确保举升托架臂安全支撑,举升器举升平台与车辆分开。

(2)将前轮保持向前不偏转。

（3）检查制动操作有效，并踩紧制动踏板。

（4）确保关上车门，防止倒车时，车门撞击举升机立柱。

（5）慢慢控制并开下汽车。

5.以下情况不能使用举升机或任何液压、气动举升装置。

对有故障的举升机进行标记，不能使用。

（1）举升时有颤抖或跳动。

（2）举升后自己慢慢下滑。

（3）使用或不使用时都慢慢上升。

（4）下降得非常慢。

（5）从排气管里喷出机油。

（6）密封盖处有漏油现象。

记一记： 列出剪式举升机的操作步骤：＿＿＿＿＿＿＿＿＿＿＿＿＿＿＿＿

＿＿＿＿＿＿＿＿＿＿＿＿＿＿＿＿＿＿＿＿＿＿＿＿＿＿＿＿＿＿＿＿＿＿＿＿＿＿＿

＿＿＿＿＿＿＿＿＿＿＿＿＿＿＿＿＿＿＿＿＿＿＿＿＿＿＿＿＿＿＿＿＿＿＿＿＿＿＿

＿＿＿＿＿＿＿＿＿＿＿＿＿＿＿＿＿＿＿＿＿＿＿＿＿＿＿＿＿＿＿＿＿＿＿＿＿＿＿

利用网络查阅国产汽车维修举升机的常用品牌、型号及特点：＿＿＿＿＿＿＿＿＿

＿＿＿＿＿＿＿＿＿＿＿＿＿＿＿＿＿＿＿＿＿＿＿＿＿＿＿＿＿＿＿＿＿＿＿＿＿＿＿

＿＿＿＿＿＿＿＿＿＿＿＿＿＿＿＿＿＿＿＿＿＿＿＿＿＿＿＿＿＿＿＿＿＿＿＿＿＿＿

【任务实施】

举升机的使用

一、作业计划（实训工单）

作业任务								
学生姓名		班级		日期		场地	时间	分钟
作业准备	设备、工量具及材料：							
自定义作业								
作业步骤	作业项目					作业检查/确认/记录		作业评估
1								
2								
3								

4			
5			
作业安全			
作业计划审核	小组审核意见： 组长签字：		教师审核意见： 教师签字：

二、作业准备

1. 举升机使用说明书。
2. 举升机工位、车辆。
3. 车轮挡块。

扫码看微课

举升设备的使用

三、作业要求

1. 熟悉举升机结构和操作方法。
2. 安全、规范地完成举升机的操作。

四、作业步骤及要点

1. 准备工作。

(1)工位、场地的准备。车辆四周不可有影响安全的人或物,特别是前后方严禁站人。如图 5-1-4 所示。

图 5-1-4　场地的准备

(2)车辆的准备。取出车内大件物品,并将车辆置于工位的中间位置,便于举升和保证安全。不要置于空挡,拉起手制动器。安装车轮挡块,防止移动。如图 5-1-5 所示。

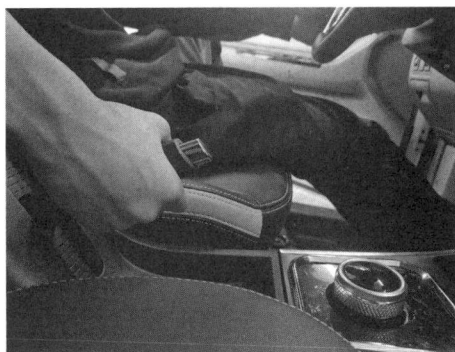

图 5-1-5　车辆准备

小提示：举升后，若作业中对车辆传动系进行检修，如轮胎的更换等，则应在举升前置于空挡，放开手制动器。

（3）进行举升机的安全检查，并进行支撑垫块的检查、调整。如图 5-1-6 所示。

图 5-1-6　安全检查

小提示：有安全隐患的举升机严禁使用，并应有安全提示。

安全检查状况：_____

2. 车辆举升。

（1）发出准备举升提示信号。如图 5-1-7 所示。

图 5-1-7　发出信号

（2）预安装举升支撑垫块到支点处正下方。如图 5-1-8 所示。

图 5-1-8　安装支撑垫块

支点位置及安全检查状况：_____

_____

（3）先打开举升机电源开关，如图 5-1-9（a）图；随后按住举升机举升按钮举升车辆至即将离开地面，如图 5-1-9（b）图；再检查支撑垫块和支点位置，如图 5-1-9（c）图。

小提示： 如果支撑垫块和支点位置不当，必须降下重新安装。

图 5-1-9　检查支点位置

支撑及安全状况：_____

_____

（4）按住举升按钮举升车辆至稍微离开地面时，检查支撑情况。在前后保险杠或叶子板处用下压的方式检查。如图 5-1-10 所示。

图 5-1-10　检查车辆平稳

小提示：下压用力不可以太大，不可以压发动机盖等易变形处，千万不可以摇晃车辆。带有空气悬架的车辆的举升要按照维修手册说明进行。

支撑及安全状况：＿＿

（5）检查工位安全状况并发出举升信号。如图5-1-11所示。

小提示：在举升、下降操作的全过程中必须要随时检视四周的情况和车辆的位置状态，发现安全隐患立即停止举升，及时处理；严禁进入车下。

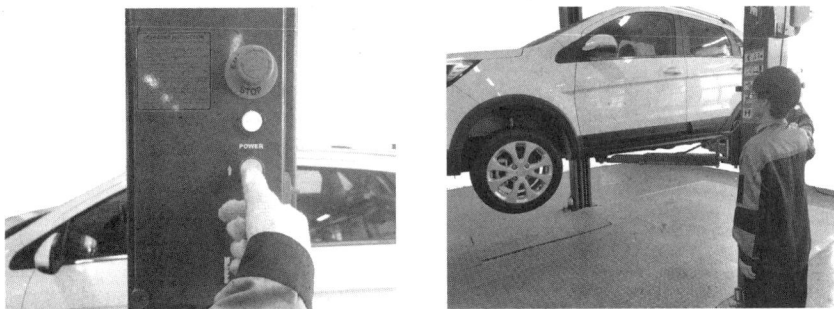

图 5-1-11　车辆举升

（6）按住举升按钮举升车辆到适宜高度后进行安全锁止。按住下降按钮直到两边都有锁止响声出现。一定要确认是否完全锁止。移走车轮挡块。如图5-1-12所示。

图 5-1-12　安全锁止

小提示：千万不要举升超过举升机限定的最大高度。

进入车下作业前最好再次检查支点情况；在作业过程中一定要防止因用力过大和力矩变化，造成车辆的晃动和重心的变化而出现安全事故。

安全锁止状况：＿＿

3. 车辆的下降。

（1）检查工位，发出降车信号。车下严禁有零件、工具等物，四周应无障碍物等。

(2)解除安全锁止,完全下降到地面或需要的高度。如果是下降到需要的高度必须重新进行安全锁止。如图 5-1-13 所示。

图 5-1-13　解除安全锁止降车

安全锁止解除状况:_____

（3）安装车轮挡块,取出支撑垫块和摆臂并归位,置于驻车挡,拉起手制动器。如图 5-1-14所示。

图 5-1-14　支撑垫块和摆臂归位、安装车轮挡块

挡位置于_____,手制动器处于_____。

4. 清洁、整理。

【任务检测】

一、填空题

1. 千斤顶多以人力驱动,起重重量范围大,但举升的高度一般不超过(　　　)mm。

2. 汽车维修作业中使用的千斤顶主要有机械式、液压式、气压式三种,其中运用最广泛的是(　　　),其又分为(　　　)、(　　　)等。

3. 举升机常用的类型有(　　　)、四柱提升式、(　　　)。

4. 车辆被举升到工作位置时必须进行(　　　)才可以作业。

二、判断题

1. 使用千斤顶时不能超过最大安全工作载荷,但使用举升机可以超过标注的安全工作载荷和高度。　　　　　　　　　　　　　　　　　　　　　　　(　　)

2. 千斤顶可以顶起车辆的任何位置。　　　　　　　　　　　　　　　(　　)

3. 千斤顶可以添加任何液压油。　　　　　　　　　　　　　　　　　(　　)

4. 举升机举升前应该进行必要的安全检查。　　　　　　　　　　　　(　　)

5. 举升车辆至稍微离开地面时,应该检查车辆的平稳状态。　　　　　(　　)

【任务拓展】

扫码学知识

手工搬运和举升物体

【任务评价】

班级：　　　　　　　姓名：　　　　　　　指导教师：

序号	评分项	评分内容		配分	评分要求	自评	互评	师评
1	A 思想政治与情感素养养成考核（20分）	A1 出勤/纪律/态度/行为规范及其表现		5	违规1次扣2分			
		A2 劳动精神、工匠素养和社会主义核心价值观的养成		10	综合考核为"优"得10分、"良"得8分、"中"得6分、"差"不得分			
		A3 职业素养：安全防护、"5S"/"EHS"、物料检查、安全使用和存放保养		5	未完成1项扣2分，扣完为止			
2	B 知识考核（35分）	B1 课堂学习（完成"记一记"）		5	综合考核为"优"得5分、"良"得4分、"中"得3分、"差"不得分			
		B2 作业完成		5	未完成扣5分			
		B3 知识测验		20	实际测验成绩的20%计			
		B4 拓展知识学习		5	未完成扣5分			
3	C 技能考核（45分）	C1 资讯收集和作业计划、决策（实训工单）		5	未完成扣5分			
		C2 作业准备		3	未完成1项扣1分，扣完为止			
		C3 作业步骤	C3-1 准备作业、安全检查	6	未完成扣6分			
			C3-2 车辆的举升	8	未完成扣8分			
			C3-3 车辆的下降	8	未完成扣8分			
			C3-4 清洁、整理	5	未完成扣5分			
		C4 作业质效判断和分析（完成实训工作页/实训报告）		5	未完成扣5分			
		C5 拓展技能学习		5	未完成扣5分			
	总分			100				

【任务反思】

序号	优点	存在问题	解决方案

教师签字：

汽车维修基本技能

任务二 压缩空气系统的使用

【任务目标】

目标类型	目标要求
1.认知目标	(1)认识压缩空气系统的作用; (2)认识压缩空气系统的组成。
2.技能目标	达到汽车维修中级工如下技能要求: 能正确使用压缩空气系统。
3.情感目标	(1)培养严谨的工作作风; (2)培养安全规范意识; (3)养成爱惜国产品牌的爱国意识,养成严谨、求精的工匠精神,培养劳动精神。

【任务描述】

现代汽车维修作业离不开气动工具、设备的使用,所以在车间都安装有压缩空气系统。但是,压缩空气具有较大的压力,在使用中也会产生危险。

【任务准备】

一、压缩空气系统的作用

汽车维修车间的压缩空气系统主要用于:

1. 压缩空气是气动工具、设备的动力源。如气动扳手、打磨机、举升机等。
2. 用于轮胎的充气。
3. 用于喷涂。
4. 吹尘清洁的作用。

二、压缩空气系统的组成

压缩空气系统由空气压缩机和空气分配系统组成。如图 5-2-1 所示。

1. 空气压缩机。

空气压缩机是提供压缩空气的装置。以电动机为动力,将空气压力从普通大气压升到更高的压力,满足气动工具、设备等的使用需要。按其机械运动的方式分为活塞式、螺杆式、隔膜式。

(1)空气压缩机的安装应注意以下几个方面:

①安装在通风、清洁、干燥的地方。

②保证安装场所的空气流动以便散热,距其他障碍物 30 cm 以上。

③安装在用气区域附近,减少压降。

④安装时压缩机要水平放置,压缩机脚下放减震垫片防震动,飞轮一端靠墙防止伤及人身。

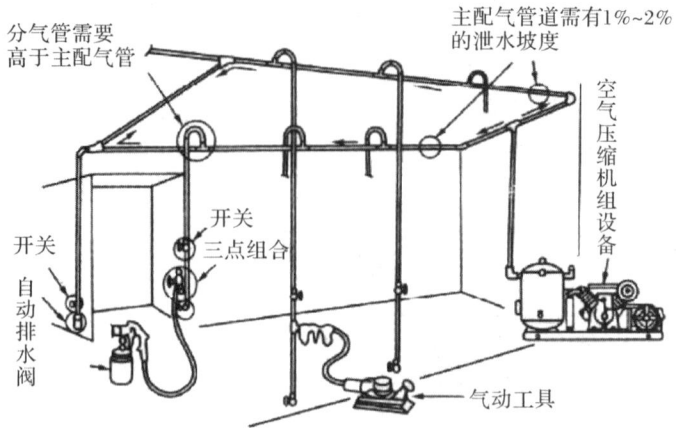

图 5-2-1　压缩空气系统

(2)空气压缩机的日常保养。其日常保养十分重要,关系到其使用寿命、供气质量和企业的生产效率。应该按其使用说明书进行保养,主要分以下几个方面:

①日保养。放掉储气罐、油水分离器、气压调节器中的冷却水;检查压缩机润滑油的液面高度;清洁压缩机外表等。

②周保养。检查安全阀工作是否良好;清洗空气滤清器;清洗或吹干气缸、电机等处易积尘的地方。

③月保养。调节压力开关的开、关机设定点,检查空气压力表;检查皮带、电机转轴、飞轮、缸盖、阀芯等安装状况;压缩机附件、油箱、供气管是否漏气、油;开机检查其噪声、全负荷下的升度是否正常;检查所有电器和开关;检查水冷却系统等。

记一记:列出空气压缩机保养规程:＿＿＿＿＿＿＿＿＿＿＿＿＿＿＿＿＿＿＿＿

＿＿

＿＿

2. 空气分配系统。

空气分配系统是储气罐到需要压缩空气的工作点的管道和各种装置组合而成。包括软管、固定管道、接头、阀门、空气滤清器、油水分离器、气压调节器、空气干燥器等。空气系统的布置要科学合理,保证达到高效使用和安全生产的目的。管道安装如图 5-2-2 所示。

(1)供气管路的设置。要考虑最大化地发挥设备的作用,应注意以下几点:

①主供气管道应逐步向末端倾斜,以便于排水,一般倾斜度 1/100。

②支供气管应从主供气管道的上方分出,防止水进入供气管道。

③主供气管道最低处要安装自动排水阀,支供气管道末端要有排气阀。

④油水分离器应安装在距空气压缩机 8～10 m 的位置,提高油水分离效果。

⑤要求设备的支供气管道应安装气压调节器,如喷漆房。

汽车维修基本技能

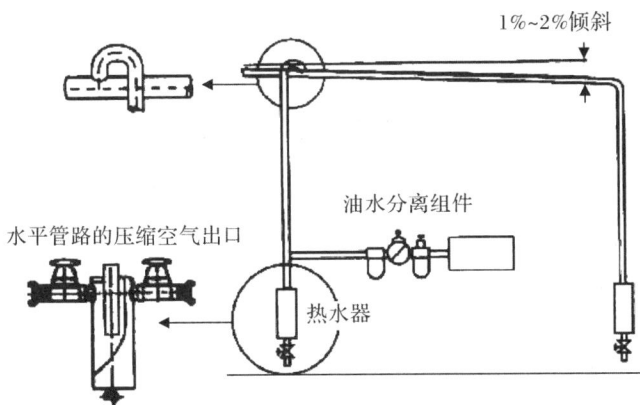

图 5-2-2　管道安装

（2）空气控制装置。空气压缩机排出的压缩空气中含有水、油和其他尘粒，会造成气动设备的损伤，降低使用寿命；影响维修质量，如喷涂时气压不稳、水对喷涂工作的影响；形成安全隐患。因此，在压缩空气系统中必须要设置控制装置，保证压缩空气干净，无水、油和干燥，以及合适的工作气压。

①气压调节装置。调节压缩空气的压力。

②空气过滤器。主要指油水分离器，用来清洁空气。

③压缩空气净化系统。目的是进行降温后的干燥。如图 5-2-3 所示。

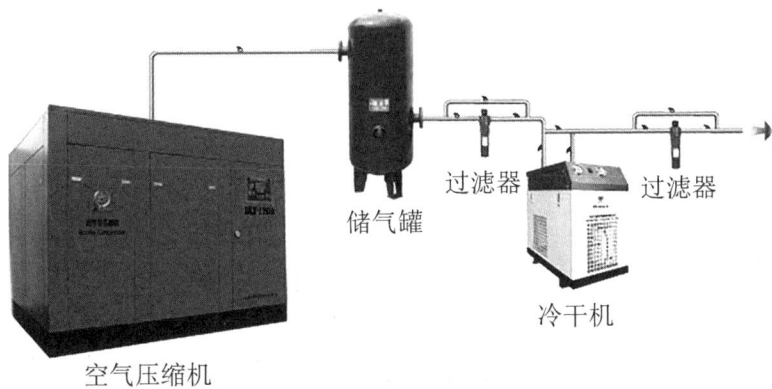

图 5-2-3　压缩空气净化系统

记一记： 列出压缩空气系统的组成和作用：_____

_____

_____

_____

利用网络查阅国产汽车维修压缩空气设备的常用品牌、型号及特点：_____

_____

_____

【任务实施】

压缩空气系统使用

一、作业计划(实训工单)

作业任务								
学生姓名		班级		日期		场地	时间	分钟
作业准备	设备、工量具及材料:							
自定义作业								
作业步骤	作业项目				作业检查/确认/记录		作业评估	
1								
2								
3								
4								
5								
作业安全								
作业计划审核	小组审核意见: 组长签字:				教师审核意见: 教师签字:			

二、作业准备

1. 汽车维修车间压缩空气系统、气动工具、设备等。

2. 压缩空气系统资料(压缩机使用说明书)。

扫码看微课

压缩空气系统的使用

三、作业要求

1. 认识汽车维修车间压缩空气系统的组成。

2. 了解主要的气动工具和设备。

3. 完成压缩机的使用和维护。

4. 正确使用压缩空气。

四、作业步骤及要点

1. 压缩空气系统组成部分的认识。

包括：_____

2. 气动工具和设备的认识。

包括：_____

小提示：气动工具和设备一定要按照生产厂家要求在规定的气压下工作。

3. 压缩机的使用和维护操作。

(1)日保养措施。

包括：_____

(2)周保养措施。

包括：_____

(3)月保养措施。

包括：_____

4. 压缩空气使用的安全要点。

(1)使用压缩空气应戴上防护眼镜或防护面罩。

(2)防止压缩空气喷出伤害人体或眼睛。

(3)不可用压缩空气吹衣服、皮肤、头发、地板等。

(4)不可用压缩空气吹易飞散的物品,飞散的物品易造成危险。

【任务检测】

一、填空题

空气系统包括(   )。

二、判断题

1. 空气压缩机工作时会产生噪声,应该安装在离作业区比较远的地方。　　　　(　　)
2. 主供气管道应是首端高于末端。　　　　(　　)
3. 支供气管应从主供气管道的下方分出。　　　　(　　)
4. 气动工具和设备要求气压越高越好。　　　　(　　)
5. 用压缩空气吹皮肤,容易使皮肤发炎。　　　　(　　)
6. 使用压缩空气可以不戴防护眼镜。　　　　(　　)

三、选择题

1. 压缩空气可用于(　　　)。
A. 吹尘清洁　　　　　　　B. 气动扳手
C. 扭力扳手　　　　　　　D. 烤房
2. 下面装置用来清洁空气的是(　　　)。
A. 空气压缩机　　　　　　B. 气压调节装置
C. 油水分离器　　　　　　D. 空气滤清器

【任务拓展】

扫码学知识

废气排放系统

【任务评价】

班级：　　　　　　　　姓名：　　　　　　　　指导教师：

序号	评分项	评分内容		配分	评分要求	自评	互评	师评
1	A 思想政治与情感素养养成考核（20分）	A1 出勤/纪律/态度/行为规范及其表现		5	违规1次扣2分			
		A2 劳动精神、工匠素养和社会主义核心价值观的养成		10	综合考核为"优"得10分、"良"得8分、"中"得6分、"差"不得分			
		A3 职业素养:安全防护、"5S"/"EHS"、物料检查、安全使用和存放保养		5	未完成1项扣2分,扣完为止			
2	B 知识考核（35分）	B1 课堂学习（完成"记一记"）		5	综合考核为"优"得5分、"良"得4分、"中"得3分、"差"不得分			
		B2 作业完成		5	未完成扣5分			
		B3 知识测验		20	实际测验成绩的20%计			
		B4 拓展知识学习		5	未完成扣5分			
3	C 技能考核（45分）	C1 资讯收集和作业计划、决策（实训工单）		5	未完成扣5分			
		C2 作业准备		3	未完成1项扣1分,扣完为止			
		C3 作业步骤	C3-1 观察压缩空气系统组成	4	未完成扣4分			
			C3-2 观察气动工具和设备	3	未完成扣3分			
			C3-3 空气压缩机的日保养	5	未完成扣5分			
			C3-4 空气压缩机的周保养	5	未完成扣5分			
			C3-5 空气压缩机的月保养	5	未完成扣5分			
			C3-6 空气压缩机安全操作	5	未完成扣5分			
		C4 作业质效判断和分析（完成实训工作页/实训报告）		5	未完成扣5分			
		C5 拓展技能学习		5	未完成扣5分			
总分				100				

【任务反思】

序号	优点	存在问题	解决方案
教师签字：			

任务三　新能源汽车充电桩的使用

【任务目标】

目标类型	目标要求
1.认知目标	(1)认识新能源汽车充电桩的功用、类型及特点； (2)描述新能源汽车充电桩的使用方法。
2.技能目标	达到汽车维修中级工如下技能要求： 在为新能源车型充电作业中正确地使用新能源汽车充电桩。
3.情感目标	(1)养成爱护设备的良好习惯和"5s"意识； (2)注意新能源汽车充电桩的安全操作规范； (3)养成低碳绿色、节约能源和爱惜国产品牌的社会责任意识。

【任务描述】

新能源汽车充电桩其功能类似于加油站里面的加油机,可以固定在地面或墙壁,安装于公共建筑(公共楼宇、商场、公共停车场等)和居民小区停车场或充电站内,可以根据不同的电压等级为各种型号的电动汽车充电。充电桩的输入端与交流电网直接连接,输出端都装有充电插头用于为电动汽车充电。截至 2020 年 6 月底,全国各类充电桩保有量达 132.2 万个,其中公共充电桩为 55.8 万个,数量位居全球首位。因此,正确掌握新能源汽车充电桩的使用对于新能源汽车的使用和维护十分重要。

【任务准备】

一、新能源汽车充电桩的功用、种类及特点

新能源汽车充电桩能实现给新能源汽车充电的功能。新能源汽车充电桩可以根据用户的不同需求提供多种多样的充电方式,人们可以使用特定的充电卡在充电桩提供的人机交互操作界面上刷卡使用,进行相应的充电方式、充电时间、费用数据打印等操作,充电桩显示屏能显示充电量、费用、充电时间等数据。同时,为提高公共充电桩的效率和实用性,今后将陆续增加一桩多充等功能。

新能源汽车充电桩主要可分为两类,一类为直流充电桩,另一类为交流充电桩。

(一)直流充电桩

直流充电桩固定安装在新能源汽车外部,与交流电网相连。直流充电桩输入电压采用三相四线 AC380V±15％,频率 50 Hz,输出可调直流,直接给新能源汽车的动力电池充电。

由于直流充电桩采用三相四线制供电,可以提供充足的电力,输出电压电流调节范围大,可以满足快速充电的要求,俗称"快充"。

(二)交流充电桩

交流充电桩是一种固定安装在新能源汽车外部并与交流电网相连,能为新能源汽车充电的充电桩。其充电效率较慢,俗称"慢充"。

二、新能源汽车充电桩的使用(以北汽新能源 NRKJ9200 交流充电桩为例)

北汽新能源 NRKJ9200 系列交流充电桩的系统简单,占地面积小,安装于电动汽车充电站、公共停车场、住宅小区停车场、大型商厦停车场、路边停车位等场所,可为具备车载充电机的电动汽车提供交流电能,使用操作简便,是小型电动汽车主要的充电设备。其壁挂式外形如图 5-3-1。

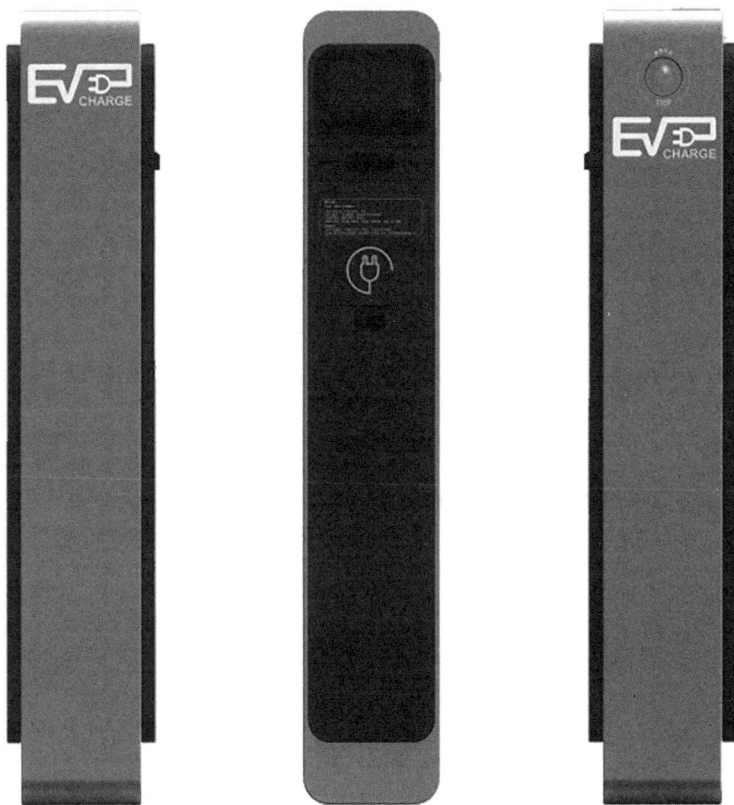

图 5-3-1　壁挂式外形

(一)面板和指示灯介绍

北汽新能源 NRKJ9200 系列交流充电桩面板和指示灯,如图 5-3-2 所示。

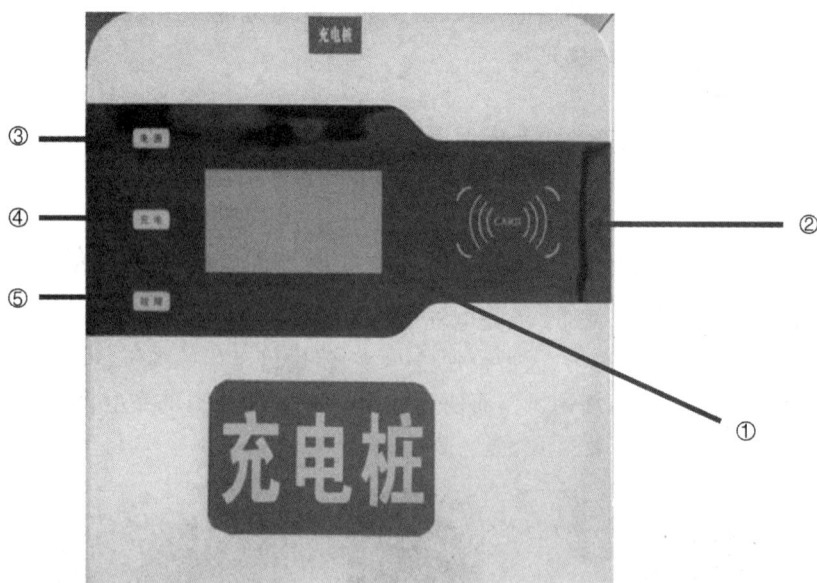

图 5-3-2　交流充电桩面板和指示灯

①-彩色触摸显示屏;②-刷卡感应区;③-电源指示灯,此灯红色常亮:正常待机,提供充电服务;④-充电指示灯,此灯绿色闪烁:正在充电,严禁拔电缆插头;此灯绿色常亮:充电结束,允许拔电缆插头;⑤-故障指示灯,此灯黄色闪烁:设备异常,暂停充电服务。

(二)新能源汽车充电桩使用的安全规则及注意事项(以北汽新能源 NRKJ9200 交流充电桩为例)

1.通电前检查。检查装置有无插件松动、机械损坏及连线被扯断现象。检查装置各种电缆连线是否正确,电缆连接是否可靠。

2.通电检查。给装置上电后,查看液晶屏、读卡器、键盘、电度表等外部设备是否能够正常工作。

3.卡错误。当用户所刷卡未非有效卡时,屏显会自动跳转至相应的错误界面,此时用户再用有效卡刷,仍可回到相应的界面,若用户不再刷卡,主控将在 10 秒后,清掉卡错误,让屏显退出卡错误界面。

4.故障界面。任何充电系列界面,若检测到充电桩故障,都会跳转至故障信息界面且不允许充电。故障解除,屏显按正常充电步骤跳转。参数设置系列界面则不受故障信息的影响。在暂停服务界面,点击暂停服务,可进入参数设置界面。

记一记:新能源汽车充电桩安全使用方法:_____

_____

【任务实施】

使用充电桩为新能源汽车充电
（以北汽新能源 NRKJ9200 交流充电桩为例）

一、作业计划(实训工单)

作业任务								
学生姓名		班级		日期		场地	时间	分钟
作业准备	设备、工量具及材料：							
自定义作业								
作业步骤		作业项目			作业检查/确认/记录			作业评估
1								
2								
3								
4								
5								
作业安全								
作业计划审核	小组审核意见： 组长签字：			教师审核意见： 教师签字：				

二、作业准备

新能源汽车,充电桩。

三、作业要求

1.在为新能源车型充电作业中正确地使用新能源汽车充电桩。

2.注意新能源汽车充电桩的安全操作规范。

四、作业步骤及要点

1.安全检查。

(1)检查充电桩外观有无插件松动、机械损坏及连线被扯断现象。充电插头是否完好,充电线是否完好。

扫码看微课

新能源汽车充电桩的使用

（2）给充电桩通电后，查看液晶屏，电源指示灯等是否显示正常。

（3）确认充电卡为专用有效卡。

（4）确认车辆能正常启动，没有充电方面的故障。

检查状况＿＿＿＿＿＿＿＿＿＿＿＿＿＿＿＿＿＿＿＿＿＿＿＿＿＿＿＿＿＿＿＿

2.执行充电

（1）给充电桩通电，看到"欢迎界面"后，即可把有效卡在刷卡面板上刷一下，画面跳转，欢迎界面如图5-3-3所示。

图5-3-3　欢迎界面

面板显示记录＿＿＿＿＿＿＿＿＿＿＿＿＿＿＿＿＿＿＿＿＿＿＿＿＿＿＿＿＿＿

（2）画面转跳至有效卡的卡信息界面，确认无误后，点击屏幕右下角的"确认"，如图5-3-4所示。

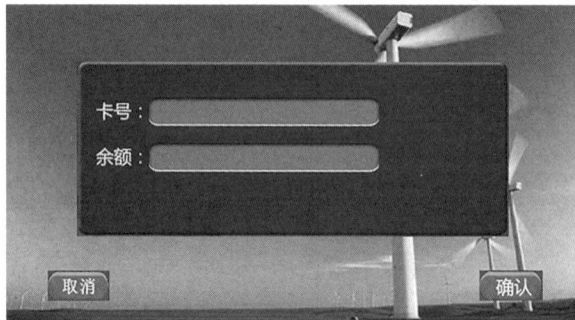

图5-3-4　卡信息界面

面板显示记录＿＿＿＿＿＿＿＿＿＿＿＿＿＿＿＿＿＿＿＿＿＿＿＿＿＿＿＿＿＿

（3）画面跳转至输入密码的界面，输入密码后，再次点击"确认"，如图5-3-5所示。

图5-3-5　输入密码界面

面板显示记录_____

（4）如果密码输入正确,则画面跳转至密码校验成功界面,如图 5-3-6 所示。

图 5-3-6　密码校验成功界面

面板显示记录_____

（5）画面跳转到充电方式界面,点击"充满电池"方式。充电方式界面如图 5-3-7 所示。

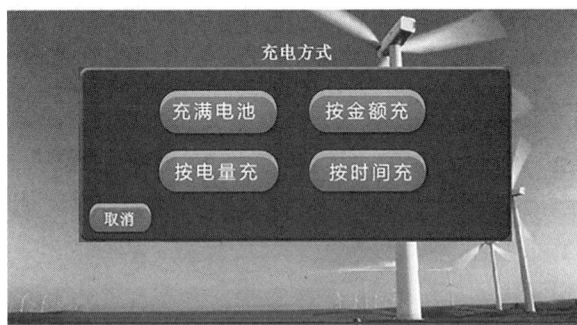

图 5-3-7　充电方式界面

面板显示记录_____

（6）画面跳转到启动方式界面,此时需要将充电枪插入新能源汽车充电接口后再点击"立即启动"。启动方式界面如图 5-3-8 所示。

图 5-3-8　启动方式界面

面板显示记录_____

（7）画面转跳到充电确认界面,此时需要先将充电枪插入需要充电的车辆的充电口后再刷卡进行启动充电前的最终确认。充电确认界面如图 5-3-9 所示。

图 5-3-9　充电确认界面

面板显示记录_____

（8）画面转跳至充电中界面，如图 5-3-10 所示。

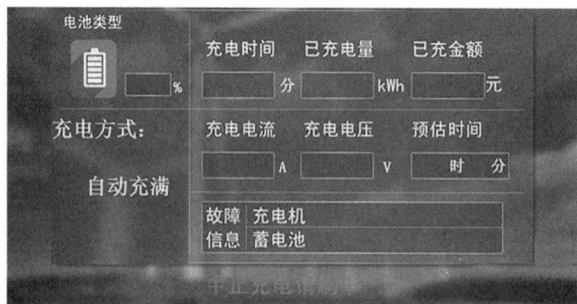

图 5-3-10　充电中界面

面板显示记录_____

（9）当电池充满后，画面会自动转跳到充电待结算界面，此时需要刷卡进行充电结算。充电待结算界面如图 5-3-11 所示。

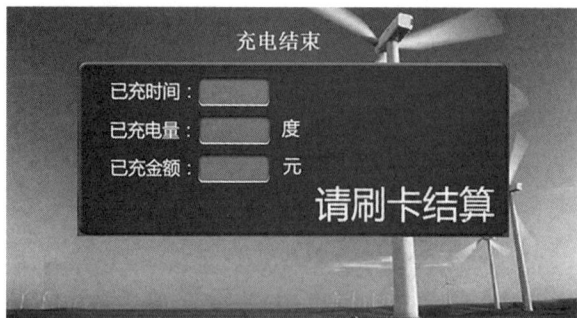

图 5-3-11　充电待结算界面

面板显示记录_____

（10）画面跳转到结算信息界面。在结算之后，请把充电枪放回充电桩。在结算信息显示 10 秒之后屏显会自动跳转至"欢迎界面"。结算信息界面如图 5-3-12 所示。

汽车维修基本技能

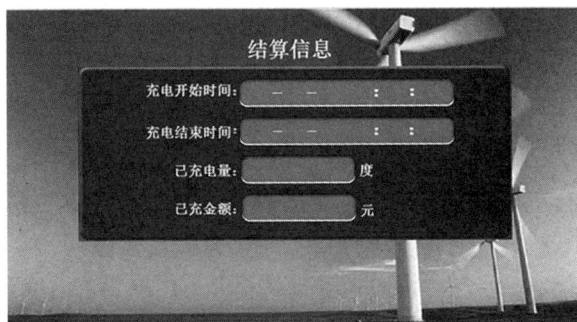

图 5-3-12 结算信息界面

面板显示记录_____

【任务检测】

以北汽新能源 NRKJ9200 交流充电桩为例,完成对如下信息的查找与操作:

1.充电卡的默认密码:_____

_____

2.按金额充电的操作流程:_____

_____

3.中断充电的操作方法:_____

_____

4.按电量充电的操作流程:_____

_____

【任务拓展】

扫码学知识

直流充电桩简介

〖任务评价〗

班级：　　　　　　　　姓名：　　　　　　　　指导教师：

序号	评分项	评分内容		配分	评分要求	自评	互评	师评
1	A 思想政治与情感素养养成考核（20分）	A1 出勤/纪律/态度/行为规范及其表现		5	违规1次扣2分			
		A2 劳动精神、工匠素养和社会主义核心价值观的养成		10	综合考核为"优"得10分、"良"得8分、"中"得6分、"差"不得分			
		A3 职业素养:安全防护、"5S"/"EHS"、物料检查、安全使用和存放保养		5	未完成1项扣2分,扣完为止			
2	B 知识考核（35分）	B1 课堂学习（完成"记一记"）		5	综合考核为"优"得5分、"良"得4分、"中"得3分、"差"不得分			
		B2 作业完成		5	未完成扣5分			
		B3 知识测验		20	实际测验成绩的20%计			
		B4 拓展知识学习		5	未完成扣5分			
3	C 技能考核（45分）	C1 资讯收集和作业计划、决策（实训工单）		5	未完成扣5分			
		C2 作业准备		3	未完成1项扣1分,扣完为止			
		C3 作业步骤	C3-1 安全检查	5	未完成扣5分			
			C3-2 充电操作	17	未完成扣17分			
			C3-3 整理和维护	5	未完成扣5分			
		C4 作业质效判断和分析（完成实训工作页/实训报告）		5	未完成扣5分			
		C5 拓展技能学习		5	未完成扣5分			
总分				100				

〖任务反思〗

序号	优点	存在问题	解决方案

教师签字：

项目六
汽车维修常用检测仪器的使用

任务一　万用表的使用

【任务目标】

目标类型	目标要求
1.认知目标	(1)认识万用表的功用、类型及特点； (2)描述万用表的选用及使用方法。
2.技能目标	达到汽车维修中级工如下技能要求： (1)在检测作业中正确地选用万用表； (2)运用万用表进行电气系统及元器件的基本检测。
3.情感目标	(1)养成爱护仪器的良好习惯和"5S"意识； (2)注意万用表的安全操作规范； (3)养成严谨、精益求精的工作意识；养成爱惜国产品牌的社会责任意识。

【任务描述】

在汽车电气系统故障的检测与诊断中,除经常需要检测电压、电阻和电流等参数外,还需要检测转速、闭合角、频宽比(占空比)、频率、压力、时间、电容、电感、温度、半导体元件等。这些参数对于故障检测与诊断具有重要作用。因此,掌握万用表的使用方法是十分重要的。

【任务准备】

一、万用表的功用、种类及特点

万用表用来测量电器的电阻、电流、电压、温度、晶体管测试、发动机转速等。万用表一般分为数字式万用表和指针式万用表,数字式万用表又有工业数字式万用表和汽车专用数字式万用表之分。在汽车维修中常用汽车专用数字式万用表,如图 6-1-1、图 6-1-2 所示。下面简单介绍汽车专用数字式万用表的使用。

图 6-1-1　数字式万用表

图 6-1-2　指针式万用表

1. 汽车专用数字式万用表面板示意图，如图 6-1-3 所示。

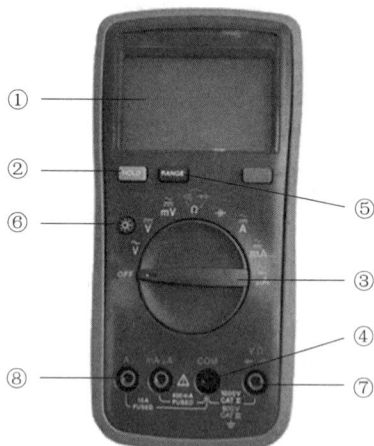

图 6-1-3　面板示意图

①——LED 显示器；

②——数据保持开关；

③——功能/量程旋钮开关；

④——温度测试插座；

⑤——表笔插孔（COM）；

⑥——电源开关；

⑦——三极管测试插座；

⑧——表笔插孔挡板。

2. 汽车专用数字式万用表功能介绍,如表 6-1-1 所示。

表 6-1-1 汽车专用数字式万用表功能介绍

功能开关位置	功能说明
⎓V	直流电压测量
∼V	交流电压测量
Ω	电阻测量
⋅⋅⋅⋅ ⊣⊢	二极管 电路的通断测量
⊣⊢	电容的测量
⎓A	直流电流测量
∼⎓A	交流电流测量
OFF	电源开关

看一看:万用表铭牌上的符号表示什么?

二、汽车专用数字式万用表使用的安全规则及注意事项

1.使用前应检查表笔绝缘层的完好性,应无破损、裸露及断线。后盖没有盖好前严禁使用,否则有电击的危险。

2.在测量的时候,切勿接触裸露的电线、连接器及没有使用的输入端或正在测量的电路。

3.测量 60 V 直流或 30 V 交流以上的电压有潜在的电击危险,在测量这类电压时要小心谨慎,以防触电。

4.测量要选择正确的量程和功能,在不知道测量值时,要设置到最高量程。

5.不要测量可能超过端口或旋钮上标示的电流或电压,以防电击和损坏仪表。

6.进入或者退出电流测量各挡之前,必须先拔出表笔,再转动功能/量程开关,以免损坏

机械保护装置。

7.不要把测试表笔插入电流端口测试电压,因电流端口有保险丝保护,否则会引起损害和损坏仪表。

8.正在测量时,不要旋转功能/量程开关。

9.电阻测量,通断测试及二极管测试前要关闭电源,所有的高压电容器必须放电。

10.不要在高温、高湿、易燃、易爆和强电磁场中使用和存放仪表。

11.在测试或修理汽车时要戴合格的眼罩以防引擎带起异物飞入眼睛。

记一记： 万用表使用的注意事项：_____

_____

_____

【任务实施】

使用数字式万用表测电压、电阻、电流

一、作业计划(实训工单)

作业任务								
学生姓名		班级		日期		场地	时间	分钟
作业准备	设备、工量具及材料：							
自定义作业								
作业步骤	作业项目				作业检查/确认/记录		作业评估	
1								
2								
3								
4								
5								
作业安全								
作业计划审核	小组审核意见： 组长签字：				教师审核意见： 教师签字：			

二、作业准备

数字式万用表、12 V 电源、导线、灯泡、线圈等。

三、作业要求

1. 正确地选用万用表。
2. 运用万用表进行电气系统及元器件的基本检测。

四、作业步骤及要点

1. 安全检查。

(1)检查电路绝缘层是否完好。

(2)万用表安全性检查。

检查状况：_____。

2. 测量。

(1)用数字万用表进行电压测量。对电路的检测往往都是从检测电源电压是否正常开始的。如果检测结果为无电压、电压过高或过低,应首先使电压正常再去做进一步检测。测试电压时,数字万用表在串联电路中的连接应正确。测量方法如图 6-1-4 所示。

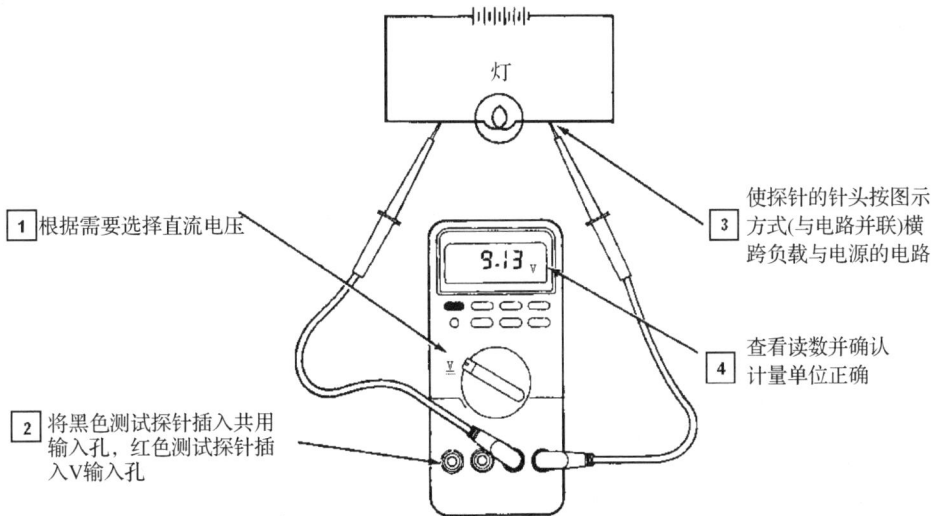

1 根据需要选择直流电压

2 将黑色测试探针插入共用输入孔,红色测试探针插入V输入孔

3 使探针的针头按图示方式(与电路并联)横跨负载与电源的电路

4 查看读数并确认计量单位正确

图 6-1-4　测量电压的方法

小提示： 将红色测试探针插入电路的正极插孔,黑色探针插入负极插孔或接地,便可测得正确极性(±)的直流读数。如果对上述做反向连接,带有自动极性的数字万用表将仅仅显示代表负极的负号。

电压测量值为：_____。

(2)用数字式万用表进行电阻测量。测量电阻的单位为欧姆(Ω)。测电阻时应断开电路电源,否则将会损坏电路和万用表。假如测量时数字万用表提供的测试电压低于直流0.3 V,就可测试在电路中被二极管或半导体阻隔开的电阻器阻值。这通常可以在电路板上测试电阻器而不用将它们拆下。测量方法如图 6-1-5 所示。

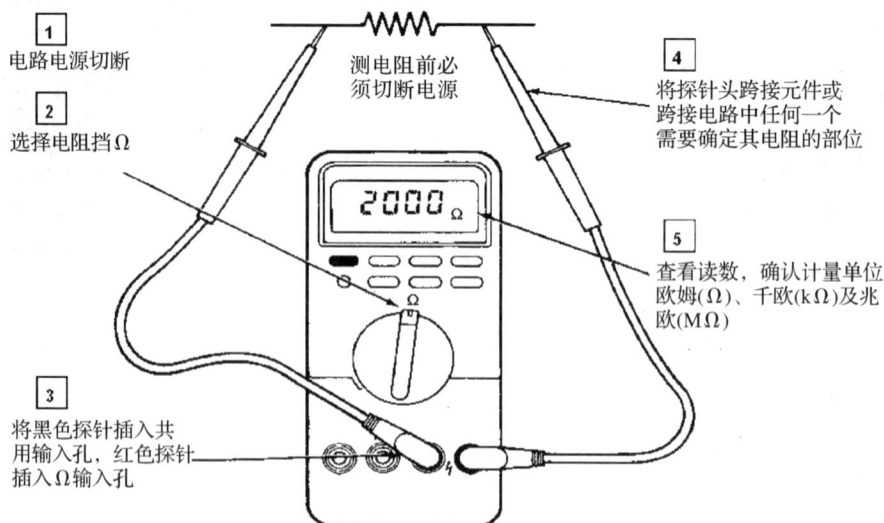

1 电路电源切断

2 选择电阻挡Ω

测电阻前必须切断电源

4 将探针头跨接元件或跨接电路中任何一个需要确定其电阻的部位

2000 Ω

5 查看读数，确认计量单位欧姆(Ω)、千欧(kΩ)及兆欧(MΩ)

3 将黑色探针插入共用输入孔，红色探针插入Ω输入孔

图 6-1-5　测量电阻的方法

小提示： 导通性检测是一种连通/断开电阻测试，以区别断路和通路。采用带有通路信号装置的数字万用表进行通路测试既快又容易。当测到通路时万用表会发出嘟嘟声，不用查看即可知道。不同型号的数字万用表对引发其发出"嘟嘟"信号装置的电阻值的要求也不尽相同。

电阻测量值为：_____。

（3）用数字万用表测量电流（安培）。用数字用表测量电流与测量其他参数不同，电流是串联测量，而电压或电阻是并联测量。要测量的全部电流都流经电流表，而且测试导线必须插进万用表的不同的输入插孔。测量方法如图 6-1-6 所示。

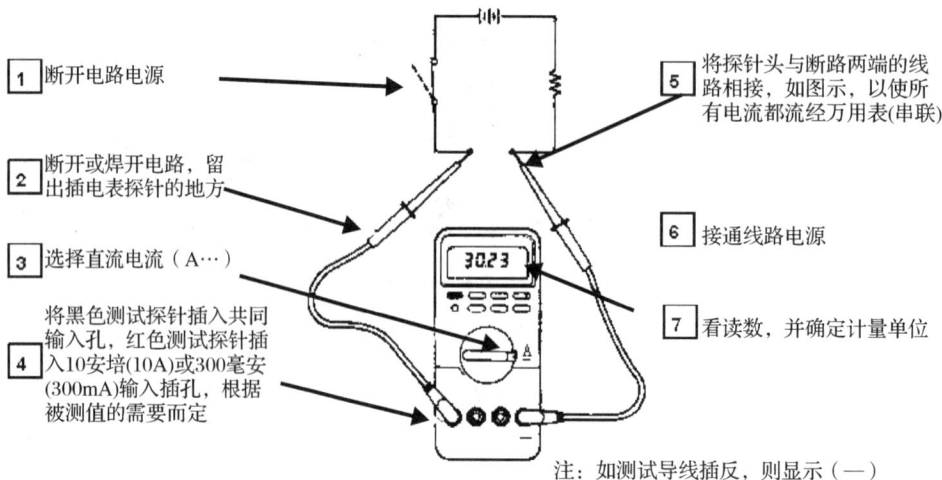

1 断开电路电源

2 断开或焊开电路，留出插电表探针的地方

3 选择直流电流（A…）

4 将黑色测试探针插入共同输入孔，红色测试探针插入10安培(10A)或300毫安(300mA)输入插孔，根据被测值的需要而定

5 将探针头与断路两端的线路相接，如图示，以使所有电流都流经万用表(串联)

3023

6 接通线路电源

7 看读数，并确定计量单位

注：如测试导线插反，则显示（—）

图 6-1-6　测量电流的方法

小提示： 一般情况下，万用表有两个测试电流的孔，一个是安培挡，一个是毫安挡，

汽车维修基本技能

在不明确被测电流大小情况下,先用安培挡。测试导线还留在电流输入插孔中就去测量电压,这是常出现的错误,这样电源电压会直接经过万用表内的低值电阻,导致短路。

电流测量值为:_____。

3. 万用表的清洁、维护。

【任务检测】

判断题

1. 测量汽车大灯工作电压时万用表串联接入电路。　　　　　　　　　　　（　　）

2. 在电阻的测量中直接使用最小量程测量。　　　　　　　　　　　　　　（　　）

3. 正在测量时,可随意旋转功能/量程开关　　　　　　　　　　　　　　（　　）

4. 测量电阻时可在通电的电路中直接测量。　　　　　　　　　　　　　　（　　）

5. 将红色测试探针插入电路的正极插孔,黑色探针插入负极插孔或接地,便可测得正确极性的直流读数。　　　　　　　　　　　　　　　　　　　　　　　　（　　）

6. 故障诊断仪插头常用 CAN 和 OBD-Ⅱ两种,可检测大多数的汽车。　　（　　）

7. 故障诊断仪与车辆连接前点火开关置于"OFF"挡,连接完成后直接打开故障诊断仪的电源进行检测。　　　　　　　　　　　　　　　　　　　　　　　　（　　）

【任务拓展】

扫码学知识

汽车智能故障诊断仪的认识

【任务评价】

班级：　　　　　　　　姓名：　　　　　　　　指导教师：

序号	评分项	评分内容		配分	评分要求	自评	互评	师评
1	A 思想政治与情感素养养成考核（20分）	A1 出勤/纪律/态度/行为规范及其表现		5	违规1次扣2分			
		A2 劳动精神、工匠素养和社会主义核心价值观的养成		10	综合考核为"优"得10分、"良"得8分、"中"得6分、"差"不得分			
		A3 职业素养：安全防护、"5S"/"EHS"、物料检查、安全使用和存放保养		5	未完成1项扣2分，扣完为止			
2	B 知识考核（35分）	B1 课堂学习（完成"记一记"）		5	综合考核为"优"得5分、"良"得4分、"中"得3分、"差"不得分			
		B2 作业完成		5	未完成扣5分			
		B3 知识测验		20	实际测验成绩的20%计			
		B4 拓展知识学习		5	未完成扣5分			
3	C 技能考核（45分）	C1 资讯收集和作业计划、决策（实训工单）		5	未完成扣5分			
		C2 作业准备		3	未完成1项扣1分，扣完为止			
		C3 作业步骤	C3-1 安全检查	6	未完成扣6分			
			C3-2 用数字万用表测量电压	6	未完成扣6分			
			C3-3 用数字万用表测量电阻	6	未完成扣6分			
			C3-4 用数字万用表测量电流	6	未完成扣6分			
			C3-5 万用表的清洁、维护	3	未完成扣3分			
		C4 作业质效判断和分析（完成实训工作页/实训报告）		5	未完成扣5分			
		C5 拓展技能学习		5	未完成扣5分			
总分				100				

【任务反思】

序号	优点	存在问题	解决方案

教师签字：

汽车维修基本技能

148

任务二　绝缘电阻测试仪的使用

【任务目标】

目标类型	目标要求
1.认知目标	(1)认识绝缘电阻测试仪的功用及特点； (2)描述绝缘电阻测试仪的选用及使用方法。
2.技能目标	达到汽车维修中级工如下技能要求： (1)在检测作业中正确地选用绝缘电阻测试仪； (2)运用绝缘电阻测试仪进行新能源汽车及元器件的基本检测。
3.情感目标	(1)养成爱护仪器的良好习惯和"5s"意识； (2)注意绝缘电阻测试仪的安全操作规范； (3)养成严谨的、精益求精的职业意识。

【任务描述】

随着人民生活水平的提高,新能源汽车销量在最近几年全球范围内出现了大规模增长。新能源汽车销量的增长不仅仅改变了人民的生活,而且还带动了整个汽车售后产业的升级。新能源汽车的保养与维修跟传统能源汽车大相径庭,原因在于新能源车驱动系统依托高电压平台,所以对车辆相关零部件的绝缘性要求十分苛刻。在新能源汽车保养与维修时普遍需要使用专用检测仪器－绝缘电阻测试仪。因此,掌握绝缘电阻测试仪的使用方法是十分重要的。

【任务准备】

一、绝缘电阻测试仪的功用及特点

(一)绝缘电阻测试仪的功用

绝缘电阻测试仪主要用来检查新能源汽车的车载电气设备、车辆高电压系统对地及相间的绝缘电阻,以检测这些系统、电器和线路工作的工作状态,避免发生触电伤亡及设备损坏等事故。在新能源汽车的维修中常用的绝缘电阻测试仪,如图 6-2-1 所示。

(二)绝缘电阻测试仪的特点

1.输出功率大、带载能力强,抗干扰能力强。

2.绝缘电阻测试仪结构复杂精密,内设有等电位保护环和四阶有源低通滤波器,对外界工频及强电磁场可起到有效的屏蔽作用。对容性试品测量由于输出短路电流大于 1.6 mA,很容易使测试电压迅速上升到输出电压的额定值。对于低阻值测量由于采用比例法设计故电压下落并不影响测试精度。

3.不需人力做功,由电池供电,量程可自动转换。一目了然的面板操作和 LCD 显示使得测量十分方便和迅捷。

4.绝缘电阻测试仪输出短路电流可直接测量,不需带载测量进行估算。

图 6-2-1　绝缘电阻测试仪

记一记: 绝缘电阻测试仪品牌和型号:＿＿＿＿＿＿＿＿＿＿＿＿＿＿＿＿＿＿

二、绝缘电阻测试仪的使用说明

下面简单介绍绝缘电阻测试仪的使用方法。

1.旋转开关的使用,旋转开关面板如图 6-2-2 所示。旋转开关功能如表 6-2-1 所示。

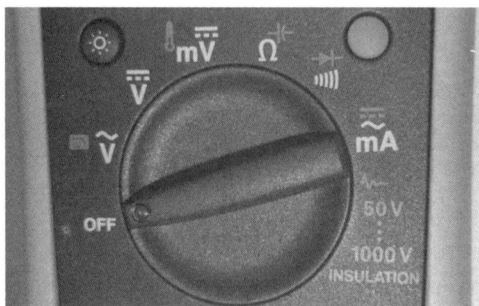

图 6-2-2　旋转开关

表 6-2-1　旋转开关功能

开关挡位	测量功能
$\widetilde{V}$	测量从 30 mV 到 1000 V 的交流电压
	测量交流电压, 带有 800 Hz VFD 低通滤波器
$\overline{\overline{V}}$	测量从 1 mV 到 1000 V 的直流电压
$\overline{mV}$	测量从 0.1 mV 到 600 mV 的直流电压
	测量从-40 ℃到+537 ℃的温度
Ω	测量从 0.1 Ω到 50M Ω的电阻
	测量从 1 nF 到 9999 μF
	进行通断性测试
	进行二极管测试
mA	测量从 0.01 mA 到 400mA 的直流电流 测量从 3 mA 到 400 mA 的交流电流
	使用一下电源进行绝缘电阻测试: 50 V, 100 V, 250 V, 500 V, 1000 V

2.按钮的使用,按钮界面如图 6-2-3 所示,按钮作用如表 6-2-2 所示。

图 6-2-3　按钮界面

表 6-2-2　按钮功能

按钮	描述
HOLD	按下时使数值保持不变, 再次按下释放数值
MINMAX	按下该按钮将保留最大值、最小值或者平均值
Hz	激活频率测量功能
RANGE	将测量模式又自动改成手动, 在绝缘电阻测试模式下, 可以用于切换电源电压
PI / DAR	按下该按钮将配置 PI 模式, 再次按下可配置 DAR 模式
INSULATION TEST	配合旋转开关的"绝缘测试"挡位, 测量其绝缘电阻值
	打开无线电, 并将本仪器配置到模块模式
☀	打开和关闭背光灯
	按下该按钮, 访问旋转开关上的蓝色字体功能

3.屏幕的识别,屏幕界面如图 6-2-4 所示,屏幕指示符号的意义如表 6-2-3 所示。

图 6-2-4　屏幕界面

表 6-2-3　屏幕指示符号的意义

指示符号	描述
电池符号	仪器电量不足,请更换电池
LOCK	激活测试锁
< - >	大于号,负号,小于号
闪电符号	危险电压景观
波形符号	已经启用"平滑"功能
8.8.8.8	主显示区域
nμFC mAV ACDC kHz MkGΩ	测量单位
Auto Range Manual Range 610000	显示正在使用的量程
1888	绝缘测试电压辅助显示区域
2500V 1000V	绝缘测试所用的电源电压额定值
TEST	绝缘测试指示符

小提示: 为防止可能发生的电击或人身伤害,当低电量指示灯符号显示电量不足时请及时更换电池,以防测量不正确。

4.输入端子的作用,如表 6-2-4 所示。

汽车维修基本技能

表 6-2-4　输入端子的作用

输入端子	说明
	用于绝缘测试的正极输入端子
	用于绝缘测试的正极输入端子。用于测量 400 mA 以内交流或者直流电电流
	测量电压、电阻、通断性、温度的输入端子
	用于绝缘测试以外的所有测量公共返回端子

记一记： 绝缘电阻测试仪面板端子、符号、屏幕：＿＿＿＿＿＿＿＿＿＿

＿＿＿＿＿＿＿＿＿＿＿＿＿＿＿＿＿＿＿＿＿＿＿＿＿＿＿＿＿＿＿＿＿＿

三、绝缘电阻测试仪使用的安全规则及注意事项

为了防止可能发生的触电、火灾或人身伤害，请遵循以下规则和注意以下事项：

1.使用绝缘电阻测试仪之前，请先检查外壳，检查是否有裂纹或者塑胶缺损。请仔细检查端子附近的绝缘体。

2.请勿使用已经损坏的测试导线，检查测试导线是否绝缘不良，并测量已知的电压。

3.请勿在爆炸性气体和蒸汽周围或潮湿的环境中使用绝缘电阻测试仪。

4.交流电压有效值高于 30 V，交流电压峰值高于 42 V 或直流电压高于 60 V 时，请勿触摸。

5.请仅使用测量类别、额定电压和电流与本产品相同的探针、测试导线和附件。

6.请将手指握在探针护指装置的后面。

7.请勿超出探针或者附件中额定值最低的单个元件的测量类别额定值。

8.请遵守国家安全规范。穿戴个人防护用品（经检验合格的橡胶手套、面具和阻燃衣物等），以防危险带电导体外露时遭受电击和电弧而受伤。

记一记： 绝缘电阻测试仪安全使用要点：＿＿＿＿＿＿＿＿＿＿＿＿＿

＿＿＿＿＿＿＿＿＿＿＿＿＿＿＿＿＿＿＿＿＿＿＿＿＿＿＿＿＿＿＿＿＿＿

【任务实施】

使用绝缘电阻测试仪实施动力电池绝缘性检测

一、作业计划(实训工单)

作业任务									
学生姓名		班级		日期		场地		时间	分钟
作业准备	设备、工量具及材料:								
自定义作业									
作业步骤	作业项目					作业检查/确认/记录		作业评估	
1									
2									
3									
4									
5									
作业安全									
作业计划审核	小组审核意见: 组长签字:					教师审核意见: 教师签字:			

二、作业准备

绝缘电阻测试仪,测试导线,测试探头,新能源车辆(2019 款北汽新能源 EC5 车型为例),绝缘组合工具车,绝缘橡胶手套,护目镜。

三、作业要求

(1)在检测作业中正确地选用绝缘电阻测试仪;

(2)运用绝缘电阻测试仪进行新能源汽车及元器件的基本检测。

扫码看微课

绝缘电阻测试仪的使用

四、作业步骤及要点

1.检查绝缘电阻测试仪、测试导线和测试导线是否正常。

2.检查新能源车辆是否存在故障。

检查状况:_____

汽车维修基本技能

3.新能源车辆关闭电源,对 12 V 蓄电池负极进行断电,如图 6-2-5 所示。

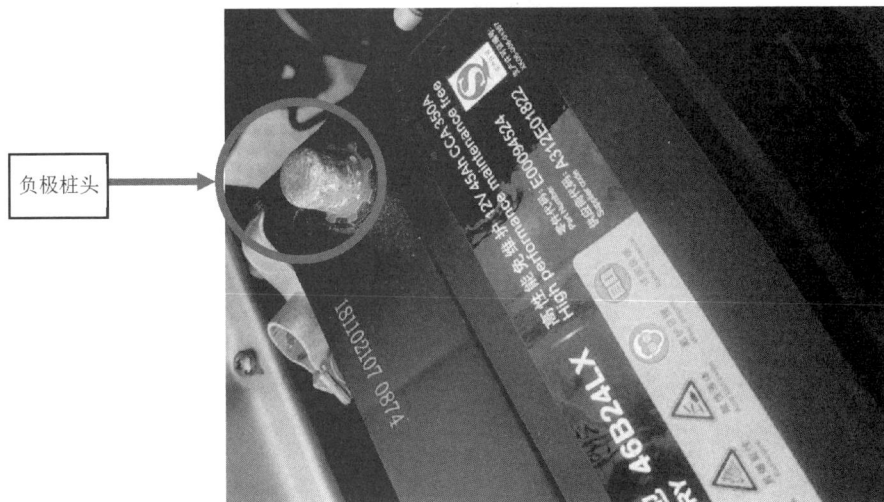

负极桩头

图 6-2-5　负极断电

小提示：为了防止电击或者人身伤害,佩戴绝缘橡胶手套和护目镜,使用绝缘工具进行相关操作。

准备状况：_____

4.断电 5 分钟后,取下动力电池通信插头(黑色圆形)和动力电池高压插头(橙色方形)。电池通讯插头和动力电池高压插头如图 6-2-6 所示。

动力电池
高压插头
(橙色方形)

动力电池
通信插头
(黑色圆形)

图 6-2-6　电池通信插头和动力电池高压插头

小提示：为了防止电击或者人身伤害,佩戴绝缘橡胶手套和护目镜,使用绝缘工具进行相关操作。

断电时间：_____

5.将测试探头与绝缘电阻测试仪的❶连接,将测试导线与绝缘电阻测试仪的负极端子连接。把绝缘电阻测试仪的旋转开关旋转到检测绝缘挡。如图 6-2-7 所示。

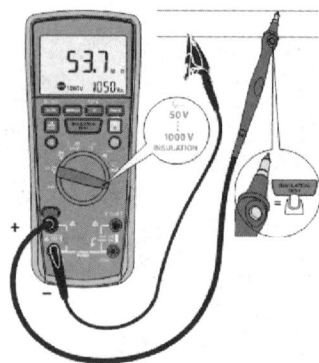

图 6-2-7　测试探头与绝缘电阻测试仪的➕连接

绝缘电阻测试仪的旋转开关旋转到_____挡。

6.用测试探头的探头接触动力电池高压电插针头部(如图 6-2-8 所示),同时用测试导线头部接触动力电池绝缘外壳(如图 6-2-9 所示)。以上连接好之后,按下测试探头上的圆形测试按钮(如图 6-2-8 所示),将会在绝缘电阻测试仪的显示屏上显示一个有效的绝缘电阻读数。

图 6-2-8　测试探头接触动力电池高压电插针头部

图 6-2-9　测试导线头部接触动力电池绝缘外壳

绝缘电阻读数:_____

7.还原车辆,整理和清洁包括绝缘电阻测试仪在内的仪器和用具。

【任务检测】

以 2019 款北汽新能源 EC5 车型为例,请完成如下维修数据的检测。

1.静态条件下蓄电池的电压为:＿＿＿＿＿＿＿＿＿＿＿＿＿＿＿＿＿＿＿＿＿
＿＿＿＿＿＿＿＿＿＿＿＿＿＿＿＿＿＿＿＿＿＿＿＿＿＿＿＿＿＿＿＿＿＿＿

2.动力电池绝缘电阻为:＿＿＿＿＿＿＿＿＿＿＿＿＿＿＿＿＿＿＿＿＿＿＿＿＿
＿＿＿＿＿＿＿＿＿＿＿＿＿＿＿＿＿＿＿＿＿＿＿＿＿＿＿＿＿＿＿＿＿＿＿

3.左前转向灯的电阻为:＿＿＿＿＿＿＿＿＿＿＿＿＿＿＿＿＿＿＿＿＿＿＿＿＿
＿＿＿＿＿＿＿＿＿＿＿＿＿＿＿＿＿＿＿＿＿＿＿＿＿＿＿＿＿＿＿＿＿＿＿

4.空调设置到最低温度时,驾驶员左侧迎面出风口的温度为:＿＿＿＿＿＿＿＿＿
＿＿＿＿＿＿＿＿＿＿＿＿＿＿＿＿＿＿＿＿＿＿＿＿＿＿＿＿＿＿＿＿＿＿＿

【任务拓展】

扫码学知识

绝缘电阻测试仪的其他常用功能介绍

【任务评价】

班级：　　　　　　姓名：　　　　　　指导教师：

序号	评分项	评分内容		配分	评分要求	自评	互评	师评
1	A 思想政治与情感素养养成考核（20分）	A1 出勤/纪律/态度/行为规范及其表现		5	违规1次扣2分			
		A2 劳动精神、工匠素养和社会主义核心价值观的养成		10	综合考核为"优"得10分、"良"得8分、"中"得6分、"差"不得分			
		A3 职业素养：安全防护、"5S"/"EHS"、物料检查、安全使用和存放保养		5	未完成1项扣2分，扣完为止			
2	B 知识考核（35分）	B1 课堂学习（完成"记一记"）		5	综合考核为"优"得5分、"良"得4分、"中"得3分、"差"不得分			
		B2 作业完成		5	未完成扣5分			
		B3 知识测验		20	实际测验成绩的20%计			
		B4 拓展知识学习		5	未完成扣5分			
3	C 技能考核（45分）	C1 资讯收集和作业计划、决策（实训工单）		5	未完成扣5分			
		C2 作业准备		3	未完成1项扣1分，扣完为止			
		C3 作业步骤	C3-1 检查测试仪、测试导线与车辆	4	未完成1项扣2分，扣完为止			
			C3-2 关闭车辆电源，蓄电池负极断电	3	未完成扣3分			
			C3-3 取下动力电池通信插头和高压插头	3	未完成扣3分			
			C3-4 连接测试探头与测试仪正极，连接测试导线与测试仪负极	6	未完成扣6分			
			C3-5 测试探头接触动力电池高压电插针头部，测试导线头部接触动力电池绝缘外壳	6	未完成扣6分			
			C3-6 还原车辆，整理和清洁	5	未完成扣5分			
		C4 作业质效判断和分析（完成实训工作页/实训报告）		5	未完成扣5分			
		C5 拓展技能学习		5	未完成扣5分			
总分				100				

【任务反思】

序号	优点	存在问题	解决方案
教师签字：			

项目七
汽车维修资料查阅

任务一　汽车维修资料查阅

【任务目标】

目标类型	目标要求
1.认知目标	(1)认识汽车维修手册的结构和形式； (2)描述查阅汽车维修手册的方法。
2.技能目标	达到汽车维修中级工如下技能要求： 根据作业项目需要能准确、快速地查阅汽车维修手册,获取准确的维修信息。
3.情感目标	(1)养成爱护维修手册的良好习惯； (2)养成收集维修资料的习惯。

【任务描述】

　　现代汽车制造厂商按车型、生产年份、产地等编制了汽车维修手册。汽车维修手册涵盖了维修中的技术规范和操作规范等所有信息,对汽车维修具有指导作用,是主要的技术标准。因此,汽车维修手册是现代汽车维修必不可缺的工具,能够准确、快速地查阅汽车维修手册是维修人员必须具备的能力。

【任务准备】

一、汽车维修手册的组成和结构

　　不同汽车制造厂家编制的维修手册有一定的差异,但其组成和结构方式基本相似,内容都是围绕维修工作的实施进行编写的。下面以比亚迪汽车2016款比亚迪"元"维修手册为例说明其体系。

　　1.按内容体系分成若干分册。

　　2.按分册的内容分成若干章。

3.按章的内容分成若干节。

4.分册、章节都有总目录和子目录。如图7-1-1所示为章节总目录,如图7-1-2所示为章节子目录。

5.在手册的前面一般有基本的维修信息,主要有告诫、注意事项等。如图7-1-3所示为基本维修信息。

目录

图7-1-1　章节总目录

第四节　电器原理图

图7-1-2　章节子目录

第一节　维修手册说明

●本手册中的线束零部件明细编号规则参照BYDXS-SG-001-2008中的要求。
●本手册中的接插件命名、配电盒接口命名、电路维修图中保险、继电器等回路元素编码规则参照BYDXS-SG-001-2008中的要求。
●本手册中的接插件孔位定义按照比亚迪汽车工程研究院电器部线束科默认数法来原则来定义,但对于特殊接插件的孔位定义规则参照YDXS-SG-008-2008中的要求来。
●本手册中的电路维修电路图外还包括用电器接地网络图。
●本手册中的电路图中的线色说明如下:

线色标准

代码	B	L	Br	G	Gr	Lg	O	P	R	V	W	Y
颜色	黑	蓝	棕	碌	灰	浅绿	橙黄	粉红	红	紫	白	黄

图7-1-3　基本维修信息

汽车维修基本技能

记一记： 1.分册总数为_____册。

2.分章总数为_____章。

3.请举例说明_____章分为_____节。

二、汽车维修手册查阅的方法及步骤

以比亚迪汽车 2016 款比亚迪"元"维修手册为例。如要查找"方向机转向液更换"的相关信息，首先选择整车维修手册的分册"底盘维修手册"，如图 7-1-4 所示。再通过"底盘维修手册"的目录查找"第六节 转向系统"，如图 7-1-4 所示。最后在此章节内找到"6.8 转向液的更换"即可，如图 7-1-5 所示。

底盘维修手册

目录

图 7-1-4 底盘维修手册—转向系统

图 7-1-5　6.8 转向液的更换

归纳起来,维修手册查阅的一般步骤如下:

1.根据项目选择合适的手册。

2.查阅总目录,根据内容选择章节。

3.查阅章节子目录,根据编号查找页码。

4.按页码查找需要的信息。

记一记: "转向液的更换"的维修信息:＿＿＿＿＿＿＿＿＿＿＿＿＿＿＿＿＿＿＿＿

＿＿＿＿＿＿＿＿＿＿＿＿＿＿＿＿＿＿＿＿＿＿＿＿＿＿＿＿＿＿＿＿＿＿＿＿＿＿

三、汽车维修手册识读方法

　　一般维修手册的内容包括图表和文字说明两部分,包含了维修项目名称、内容、步骤、方法、技术要求、注意事项等维修信息。识读时应结合图表和文字说明理解具体的内容。以比亚迪汽车 2016 款比亚迪"元"维修手册为例,如图 7-1-6 所示为"活性碳(应为"炭",编辑按)罐的更换"作业项目的维修信息。左为文字说明,右为图示说明,包括拆装程序,安装力矩等技术信息。

9.2 活性碳罐的更换

1、松开炭罐吸附软管(A)与活性炭罐(E)上吸附口、炭罐脱附软管 I(B)与活性炭罐(E)上脱附口、炭罐通气管(C)与活性炭罐(E)上通气口接头连接的软管上的卡箍。

2、将三根软管从活性炭罐接头上拔出。

3、拆下活性炭罐安装螺母(D)。

4、取下活性炭罐。

5、取出新活性炭罐,按照拆卸相反的顺序安装活性炭罐总成,安装螺栓打紧力矩为(9~11)N·m。

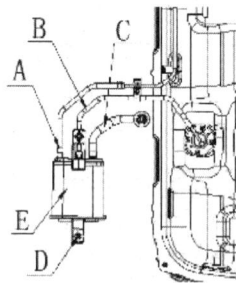

图 7-1-6　活性碳(炭,同上)罐的更换①

1.文字说明。文字说明包含了以下内容:

---

① 图中的文字均来自实际维修手册,或许存在字词、标点的不规范,但为了保持引用的一致性,本书未做特殊处理,敬请谅解。

（1）项目名称。

（2）项目的操作顺序。

（3）项目的操作方法。

（4）项目的技术要求或技术参数。

（5）根据维修项目的不同需求,有些文字说明还涉及项目操作的使用工具、量具、设备等器材,以及材料规格代码等。

（6）根据维修项目的不同需求,有些文字说明还涉安全事项的提示。

2.图示说明。大多采用直观图、结构图、电路图等。图示主要包含了以下内容:

（1）作业项目内容。

（2）直观地体现作业部位或零件的组成、结构、位置、形状、电路连接等。

（3）操作的方法和步骤。

记一记: "活性碳（炭,同前）罐的更换"维修作业步骤及要求:_____

【任务实施】

查阅维修手册训练

一、作业计划(实训工单)

作业任务								
学生姓名		班级		日期		场地	时间	分钟
作业准备	设备、工量具及材料:							
自定义作业								
作业步骤	作业项目				作业检查/确认/记录			作业评估
1								
2								
3								
4								
5								
作业安全								
作业计划审核	小组审核意见: 组长签字:				教师审核意见: 教师签字:			

二、作业准备

汽车维修手册、笔记本和笔。

三、作业要求

1. 了解维修手册编排框架。
2. 使用维修手册准确查找项目信息。

四、作业步骤及要点

1.查看维修手册编排框架。

2.查阅维修手册,请写出维修手册提供以下信息的相关页码(以比亚迪汽车2016款比亚迪"元"维修手册为例)。

(1)有关车辆B2342故障码的详细资料

电器章节　组合仪表 故障症状表

查找的页码为_____

(2)左前近光灯保险规格

电器原理图章节　保险丝位置分布图 前舱正极保险盒

查找的页码为_____

(3)前格栅的拆装

内外饰章节　保险杠系统 前保险杠 前格栅的拆装

查找的页码为_____

(4)制动系统排气

底盘章节　制动系统 制动系统排气

查找的页码为_____

(5)更换6DT25变速箱油

6DT25变速箱章节　操纵机构、壳体 更换变速箱油

查找的页码为_____

(6)更换476发动机空气滤芯器

476发动机章节　进气系统 更换发动机空气滤清器

查找的页码为_____

汽车维修基本技能

【任务检测】

以 2016 款比亚迪"元"维修手册为例,完成对如下维修信息的查找。

1.比亚迪(476)发动机冷却的更换:_____

_____

2.后保险杠的拆装:_____

_____

3.前后风挡雨刮和洗涤系统故障症状表:_____

_____

4.方向盘喇叭保险规格:_____

_____

【任务拓展】

扫码学知识

其他形式的汽车维修资料

〔任务评价〕

班级：　　　　　　姓名：　　　　　　指导教师：

序号	评分项	评分内容		配分	评分要求	自评	互评	师评
1	A 思想政治与情感素养养成考核（20分）	A1 出勤/纪律/态度/行为规范及其表现		5	违规 1 次扣 2 分			
		A2 劳动精神、工匠素养和社会主义核心价值观的养成		10	综合考核为"优"得 10 分、"良"得 8 分、"中"得 6 分、"差"不得分			
		A3 职业素养：安全防护、"5S"/"EHS"、物料检查、安全使用和存放保养		5	未完成 1 项扣 2 分，扣完为止			
2	B 知识考核（35分）	B1 课堂学习（完成"记一记"）		5	综合考核为"优"得 5 分、"良"得 4 分、"中"得 3 分、"差"不得分			
		B2 作业完成		5	未完成扣 5 分			
		B3 知识测验		20	实际测验成绩的 20% 计			
		B4 拓展知识学习		5	未完成扣 5 分			
3	C 技能考核（45分）	C1 资讯收集和作业计划、决策（实训工单）		5	未完成扣 5 分			
		C2 作业准备		2	未完成 1 项扣 1 分，扣完为止			
		C3 作业步骤	C3-1 查看维修手册编排框架	4	未完成扣 4 分			
			C3-2 查找有关车辆 B2342 故障码的详细资料	4	未完成扣 4 分			
			C3-3 查找左前近光灯保险规格技术信息	4	未完成扣 4 分			
			C3-4 查找前格栅的拆装技术信息	4	未完成扣 4 分			
			C3-5 查找制动系统排气技术信息	4	未完成扣 4 分			
			C3-6 查找更换 6DT25 变速箱油技术信息	4	未完成扣 4 分			
			C3-7 查找更换 476 发动机空气滤芯器技术信息	4	未完成扣 4 分			
		C4 作业质效判断和分析（完成实训工作页/实训报告）		5	未完成扣 5 分			
		C5 拓展技能学习		5	未完成扣 5 分			
总分				100				

〔任务反思〕

序号	优点	存在问题	解决方案
教师签字：			

汽车维修基本技能

项目八
钳 工 技 能

任务一　钳工基本技能

【任务目标】

目标类型	目标要求
1.认知目标	(1)明确钳工的基本定义； (2)了解钳工的工作内容； (3)认识钳工的工业地位。
2.技能目标	达到汽车维修中级工如下技能要求： (1)正确操作钳工的基本设备； (2)掌握钳工的基本操作技能。
3.情感目标	(1)培养吃苦耐劳的意志品质和一丝不苟的工作作风； (2)认识到钳工技能是和谐地控制行为，由有意识的练习而形成的高质量的动作技巧。钳工的最终目标是训练灵巧的双手。

【任务描述】

　　钳工是使用手工工具并经常在台虎钳上进行手工操作的一个工种。钳工主要是从事各种工具、量具、刀具、夹具、模具的加工，以及汽车、各种专用设备、机械设备的制造、装配和修理等工作。

　　随着加工制造业、汽车工业的高速发展，钳工的工作范围日益广泛，专业分工更细，如分成装配钳工、机修钳工、汽修钳工、模具钳工、工具钳工等。不论哪种钳工，首先都应全面掌握钳工的技术知识和各项基本操作技能，如划线、锯削、錾削、锉削、钻孔、扩孔、锪孔、铰孔、攻丝、套丝、刮削、研磨等，然后再进一步学习加工、装配、修理等技能。

【任务准备】

一、钳工常用设备

（一）钳台

钳台一般由低碳钢制成，亦可用硬木料加工而成，其高度 800～900 mm，长度和宽度可随工作需要而定。钳桌用来安装台虎钳和放置工具、量具、工件和图样等。面对操作者，在钳桌的边缘装有防护网，以防止工作时发生意外事故，工作台上台虎钳的钳口高度恰好齐人手肘为宜。如图 8-1-1 所示。

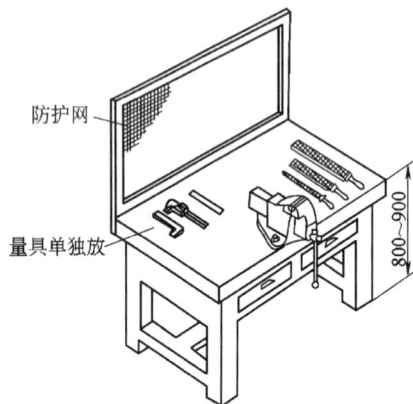

图 8-1-1　钳台

（二）台虎钳

台虎钳是用来夹持工件的通用夹具，由紧固螺栓固定在钳桌上，用来夹持工件。其规格以钳口的宽度表示，常用的有 100 mm、125 mm、150 mm 等，如图 8-1-2 所示。

台虎钳有固定式[如图 8-1-2(a)所示]和回转式[如图 8-1-2(b)所示]两种类型。后者使用较方便，应用较广，它由活动钳身、固定钳身、丝杆、螺母、夹紧盘和转盘座等主要部分组成。

（三）砂轮机

砂轮机(图 8-1-3)是用来磨削各种刀具或工具的，如磨削錾子、钻头、刮刀、样冲、划针等。砂轮机由电动机、砂轮、机座及防护罩等组成。为减少尘埃污染，应配有吸尘装置。

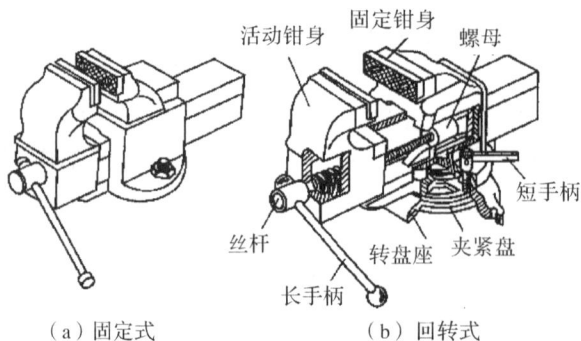

（a）固定式　　　　（b）回转式

8-1-2　钳工虎钳

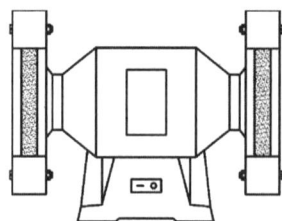

图 8-1-3　砂轮机

汽车维修基本技能

(四)台钻

台钻,是一种在工作台上作业的小型钻床,其钻孔直径一般在 13 mm 以下。主要用于加工小型工件上的各种小孔。它在仪表制造、钳工和装配中用得较多。

图 8-1-4 为 Z512 型台钻的外形图。该钻床的动力由电动机提供,通过一组五级塔轮传给主轴,并通过三角皮带的连接进行变速。钻床上装有电器转换开关,能使钻床正转、反转、停止。钻孔时的走刀量靠扳动进给手柄进行。

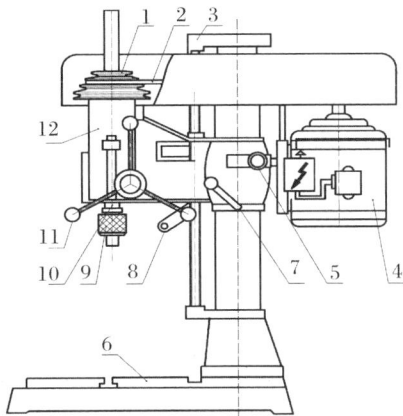

图 8-1-4　Z512 型台钻

1-塔轮;2-三角胶带;3-丝杠架;4-电动机;5-滚花螺钉;6-工作台;7-紧固手柄;8-升降手柄

9-钻夹头;10-主轴;11-走刀手柄;12-头架

记一记: 列出钳工的常用设备及功能:＿＿＿＿＿＿＿＿＿＿＿＿＿＿＿＿

＿＿＿＿＿＿＿＿＿＿＿＿＿＿＿＿＿＿＿＿＿＿＿＿＿＿＿＿＿＿＿＿＿＿＿＿＿

＿＿＿＿＿＿＿＿＿＿＿＿＿＿＿＿＿＿＿＿＿＿＿＿＿＿＿＿＿＿＿＿＿＿＿＿＿

二、划线

划线是钳工的一项重要的基本技能。划线是钳工加工的第一道工序,划线分为平面划线和立体划线两大类。为了提高生产效率,防止在加工工件时引起尺寸差错,通过划线来明确加工标志。划线尺寸的对错和准确,直接影响零件的加工质量。由于所划线条本身有一定的宽度等其他原因,一般划线精度能达到 0.25～0.5 mm。工件的完工尺寸不能完全由划线确定,而应通过测量以保证尺寸的准确性。

(一)划线平台

划线平台(图 8-1-5 所示)是用来安放工件和划线工具,并在其工作面上完成划线过程的基准工具,其材料一般为铸铁。平台工作表面经过精刨或刮削而成,平面度较高,以保证划线的精度。

(二)划线涂料

为了更清楚地在材料或半成品件上反映实物的轮廓加工线,必须在划线前对工

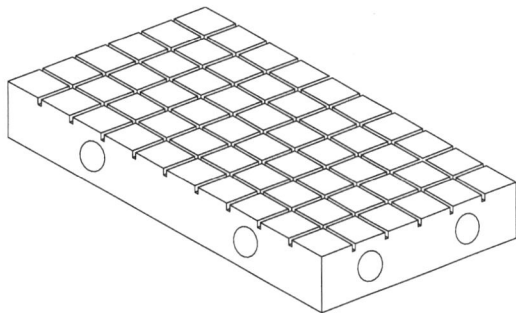

图 8-1-5　划线平台

件进行涂色,让工件能清楚地反映加工界线。作色一定要清晰,板面均匀,深浅一致。根据工件要求的高低不同,采用不同的涂料,一般的涂料如表 8-1-1:

表 8-1-1　涂料用途

名　称	材　料　配　置	用　途
粉　笔	硫酸钙的水合物	用于小工件、数量少的铸、锻毛坯件。运用最为广泛,成本低,适合学生练习涂色
石灰水	白灰、乳胶和水调成稀糊状	一般用于粗糙而又大型(铸、锻)的毛坯件
硫酸铜溶液	硫酸铜、酒精或水加少量硫酸的溶液	用于已加工工件
酒精色溶液	酒精、漆片、紫蓝颜色配制成	用于精加工工件

(三)划针

划针是一根直径为 3～6 mm,长为 200～300 mm 的钢针,划针的尖端是经砂轮机磨制成 15°～20°的圆锥尖角,加以淬火硬化。划针分为直头划针和弯头划针两大类。直划针一般用于划直线,弯头划针用于不便采用直头划针的场合。如图 8-1-6 所示

用划针时,划针要紧贴于导向工具(钢直尺、样板的曲边)上,并向钢直尺外边倾斜 15°左右,在划线进行中,划针朝移动方向倾斜 45°～75°(如图 8-1-6 所示)。

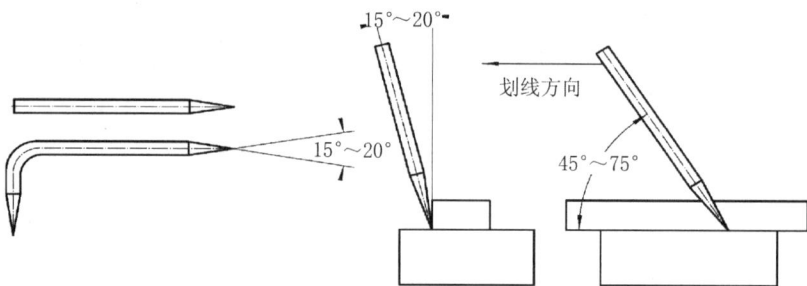

图 8-1-6　划针

(四)划规

划规是用来画圆和圆弧、等分线段、等分角度、量取尺寸的工具。划规一般用中碳钢或工具钢制成,两脚尖端淬硬并刃磨,有的在两脚端部焊有一段硬质合金。

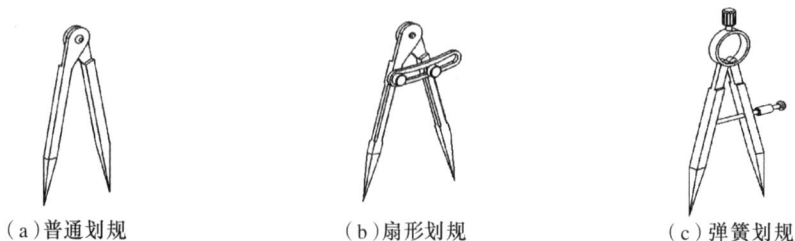

(a)普通划规　　　(b)扇形划规　　　(c)弹簧划规

图 8-1-7　划规

划规分为普通划规、扇形划规、弹簧划规等(如图 8-1-7 所示)。使用划规划圆时,掌心用较大的力,压在作为旋转中心的一脚上,使划规的尖扎入金属表面或样冲眼内,另一脚以较

轻的力压在工件上,画出圆弧或沿顺时针和逆时针方向划出两个半圆组成圆圈。划规的脚应保持尖锐,以保证划出的线条清晰。

(五)划针盘

用来在划线平台上对工件进行划线或找正工件位置。使用时,一般划针的直头端用于划线,弯头端用于对工件的找正。如图8-1-8所示。

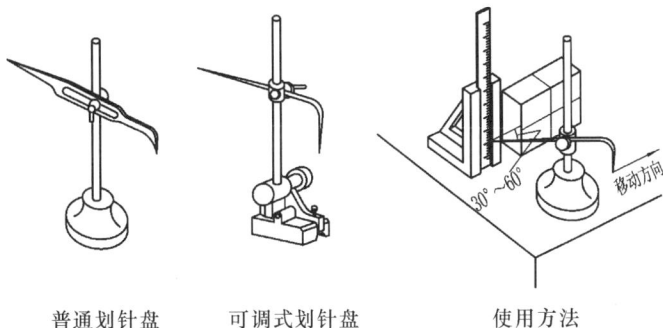

普通划针盘   可调式划针盘   使用方法

图8-1-8 划针盘

(六)钢直尺

钢直尺是一种简单的测量工具和划直线的导向工具(图8-1-9),在尺面上刻有尺寸刻线,最小刻线间距为0.5 mm,其规格(长度)有150 mm、300 mm、500 mm、1000 mm等。

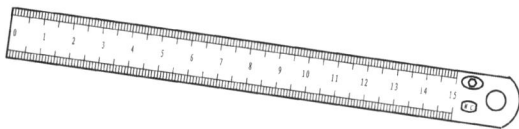

图8-1-9 钢直尺500 mm×500 mm

(七)样冲

用于在工件已划线条上打样冲眼,以加强界线标志及圆弧或钻孔时的定位中心,防止线迹失真。样冲是由碳素工具钢制成(可用旧的丝锥、铰刀等改制而成),其尖部和锤击端经淬火硬化,尖端一般磨成45°~60°,划线的样冲尖端可磨锐些,而钻孔所用样冲可磨得钝一些,如图8-1-10所示。

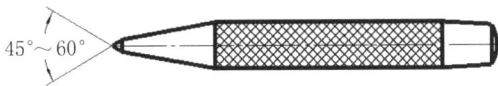

图8-1-10 样冲及其使用

(八)榔头(划线锤)

榔头主要用于锤击工件或借助工具锤击加工使用,而划线锤是用于在工件所划线条上打样冲眼、打钻孔中心眼或调整划针盘划针的高度。如图8-1-11所示。

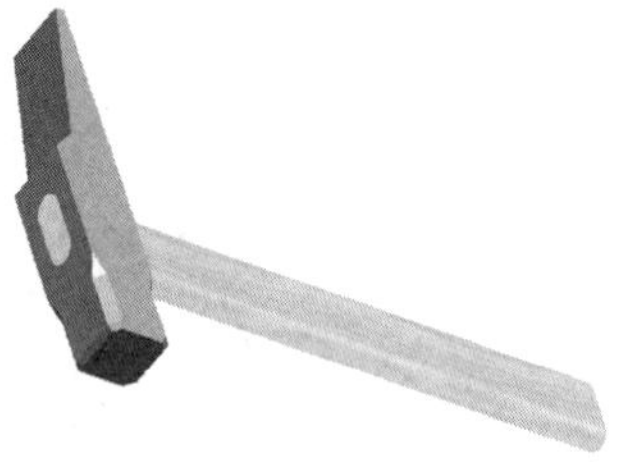

图 8-1-11　划线榔头

(九)90°角尺

90°角尺常用的是宽座角尺。在平面划线中用来按某一基准划出它的垂直线；在立体划线中用来校正工件的某一基准面、线或线与钳桌的垂直度。如图 8-1-12 所示。

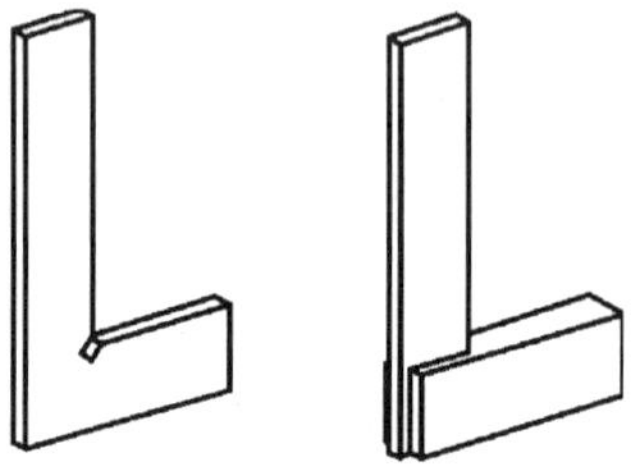

图 8-1-12　宽座角尺

记一记： 列出划线的工具及功能：_____

_____

_____

三、锉削

锉削是指用锉刀对工件表面进行切削加工，使工件达到所要求的尺寸、形状和表面粗糙度的加工方法。锉削适用于内外平面、内外曲面、内外角、沟槽及各种复杂形状的表面。例如：对装配过程中的个别零件做最后修整；在维修工作中或在单件小批量生产条件下，对一些形状较复杂的零件进行加工；制作工具或模具；手工去毛刺、倒角、倒圆等。

(一) 锉刀

1. 锉刀的构造。

锉刀的构成如图 8-1-13 所示。锉刀由锉刀面、锉刀边、锉刀舌、锉刀尾、木柄等部分组成。锉刀的大小以锉刀面的工作长度来表示。锉刀的锉齿可在剁锉机上剁出来或者用铣齿法铣出来，二者的刀齿角度不一样。锉刀常用碳素工具钢 T10、T12 制成，并经热处理淬硬到 HRC62～HRC67。

2. 锉刀的类型。

锉刀按用途不同主要分为普通锉（或称钳工锉）、特种锉和整形锉（或称什锦锉）三类。其中普通锉使用最多。

汽车维修基本技能

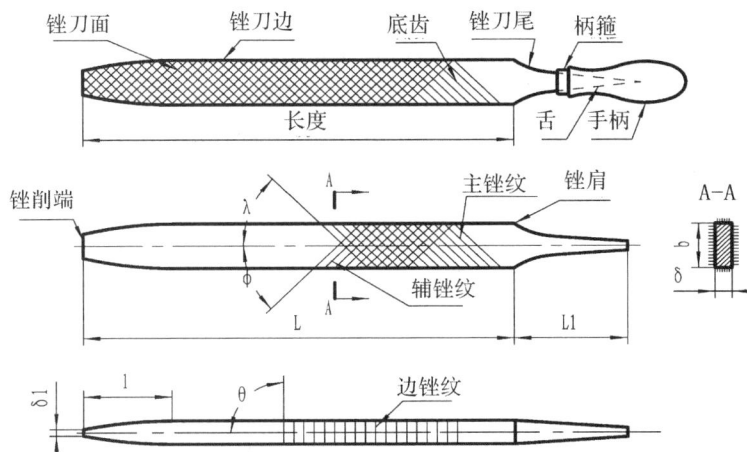

图 8-1-13　锉刀的构造

（1）普通锉。按截面形状不同分为：平锉（扁锉）、方锉、圆锉、半圆锉和三角锉五种，如表8-1-2（a）；按其长度可分为：100 mm、150 mm、200 mm、250 mm、300 mm、350 mm 和400 mm等七种；按其齿纹可分为：单齿纹、双齿纹（大多用双齿纹）；按其齿纹疏密可分为：粗齿、中齿、细齿、粗油光（双细齿）、细油光五种。

（2）特种锉。是为加工零件上特殊表面用的，它有直的、弯曲的两种，其截面形状很多，如表8-1-2（b）所示。

（3）整形锉（什锦锉）。主要用于精细加工及修整工件上难以机加工的细小部位。它由若干把各种截面形状的锉刀组成一套，如表8-1-2（c）所示。

表 8-1-2　锉刀断面形状

	（a）普通锉刀断面形状
	（b）异形锉刀断面形状
	（c）整形锉刀断面形状

3. 锉刀的选择方法。

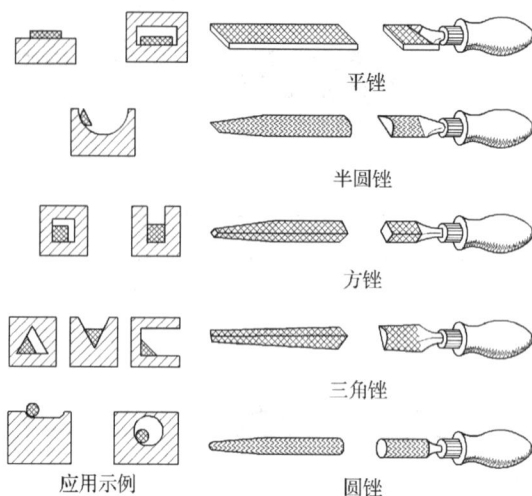

平锉

半圆锉

方锉

三角锉

应用示例　　　　　圆锉

图 8-1-14　不同截面的锉刀用法

根据工件表面的形状确定锉刀的截面形式。锉刀的断面形状应根据被锉削零件的形状来选择,使两者的形状相适应,如图 8-1-14 所示。锉削内圆弧面时,要选择半圆锉或圆锉;锉削内角表面时,要选择三角锉;锉削内直角表面时,可以选用扁锉或方锉等。选用扁锉锉削内直角表面时,要注意使锉刀没有齿的窄面(光边)靠近内直角的一个面,以免碰伤该直角表面。

(二)锉削的技能要领

1. 锉刀的握法。

锉刀的握法随锉刀规格和使用场合的不同而有所区别。一般握法是:右手心抵着锉刀木柄的端头,大拇指放在锉刀木柄的上面,其余四指弯在木柄的下面,配合大拇指捏住锉刀木柄,左手则根据锉刀的大小和用力的轻重,可有多种姿势。一般握法是将拇指的根部肌肉压在锉刀头上,拇指自然伸直,其余四指弯向手心,用中指、无名指捏住锉刀前端。如图 8-1-15所示。

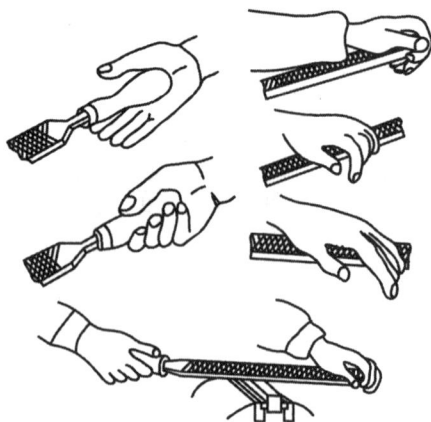

图 8-1-15　锉刀握法

2. 工件的装夹。

工件的装夹是否正确,直接影响到锉削质量的高低。应符合下列要求:

（1）工件尽量夹持在台虎钳钳口的中间。锉削面靠近钳口，以防锉削时产生震动。

（2）装夹要稳固，但用力不可太大，以防工件变形。

（3）工件伸出钳口不要太高，以免锉削时工件产生震动。

（4）装夹已加工表面和精密工件时，应在台虎钳钳口处衬上紫铜皮或铝皮等软的衬垫，以防夹坏表面。

（5）表面形状不规则的工件，夹持时要加衬垫。

3. 锉削姿势及动作，如图 8-1-16、表 8-1-3 所示。

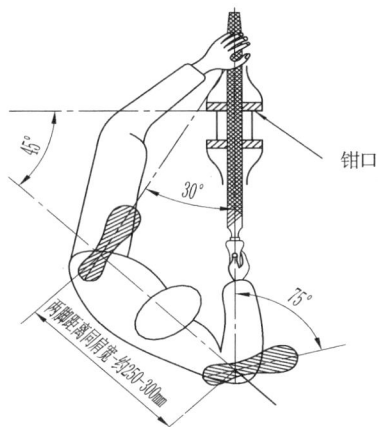

图 8-1-16　锉削姿势

站立姿势：两脚立正面对虎钳，与虎钳的距离为一臂之长，端平锉刀，锉刀尖部能搭放在工件上，迈出左脚，右脚尖到左脚跟的距离约等于锉刀长度，左脚与虎钳中线形成约 30°角，右脚与虎钳中线形成约 75°角，身体与钳口成 45°角。双手端平锉刀，左腿弯曲，右腿伸直，身体重心落在左脚上，两脚要始终站稳不动。推进锉刀时两手加在锉刀上的压力要能保持锉刀平稳，不上下摆动。

开始锉削时身体向前倾斜约 10°，左肘弯曲，右肘向后。锉刀推至 1/3 行程时，身体向前倾斜约 15°，使左腿稍弯曲，左肘稍直，右臂前推。锉刀推至 2/3 行程时，身体逐渐倾斜到 18°左右，使左腿继续弯曲，左肘渐直，右臂向前推进。锉刀将至满行程时，身体随着锉刀的反作用退回到约 15°的位置。终止时，把锉刀略抬高，使身体和锉刀退回到开始时的姿势，完成一次锉削动作，如此反复继续锉削。锉削时，靠左膝的屈伸使身体作往复运动，手臂和身体的运动要相互配合，并要充分利用锉刀的有效全长。

锉削时锉刀的平直运动是锉削的关键。锉削的力有水平推力和垂直压力两种。推力主要由右手控制，其大小必须大于锉削阻力才能锉去切屑，压力是由两个手控制的，其作用是使锉齿深入金属表面。

锉削速度一般为每分钟 30～60 次（一般为 40 次/min）。太快，操作者容易疲劳，且锉齿易磨钝；太慢，切削效率低。

表 8-1-3　锉削姿势全过程

锉削动作	10°	15°	18°	15°
锉削过程	开始锉削	锉刀推出 1/3 的行程	锉刀推出 2/3 的行程	锉刀推至行程终点时

(三)平面的锉削

1. 平面锉削方法,如表 8-1-4 所示。

平面锉削是最基本的锉削,常用三种方式锉削:

(1)顺向锉法。锉刀沿着工件表面横向或纵向移动,锉削平面可得到整齐一致的锉痕,比较美观。适用于工件锉光、锉平或锉顺锉纹。

(2)交叉锉法。是以交叉的两个方向顺序地对工件进行锉削。由于锉痕是交叉的,容易判断锉削表面的不平程度,因此也容易把表面锉平,交叉锉法去屑较快,适用于平面的粗锉。

(3)推锉法。两手对称地握着锉刀,用两大拇指推锉刀进行锉削。这种方式适用于锉削面较窄且已锉平、加工余量较小的情况,用来修正和减少表面粗糙度。

表 8-1-4　平面的三种锉削方式

	逐次自左向右锉削 第一锉向 第二锉向	推锉方向
顺向锉	交叉锉	推锉

2.锉削平面质量的检查。

(1)检查平面的直线度和平面度。用钢尺和直角尺以透光法来检查,要多检查几个部位并进行对角线检查,或者以刀口尺(或者配合塞尺)检查。

小提示: ① 刀口尺要垂直放在工件表面,视线与加工平面要平齐。

② 在加工面的纵向、横向、对角方向多处逐一进行检测。

③ 观察刃口与加工面之间的透光情况,记住不直的部位,便于下一次的锉削。

④ 改变检测位置时,刀口尺不能在平面上拖动。

①角尺检查,如图 8-1-17 和图 8-1-18 所示。

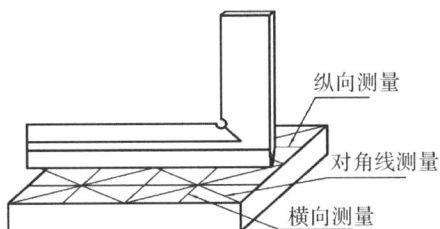

图 8-1-17　角尺检查平面度

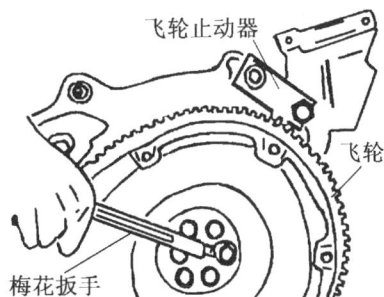

图 8-1-18　垂直度检查方法

②刀口尺检查,如图 8-1-19 所示。

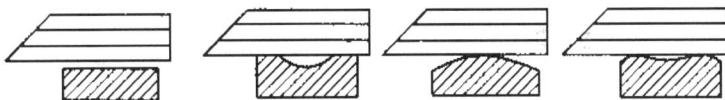

图 8-1-19　锉削平面度检查方法(透光法)

(四)垂直面的锉削

1. 先需锉削好长方体的一个基准面(一般是较大的表面),达到平面度要求后,在结合划线,依次进行相邻表面锉削加工,并随时做好角尺检查。

2. 检查垂直度。用直角尺采用透光法检查,检查前先将工件的锐边倒棱,再将角尺尺座基面贴紧工件基准面,然后从上到下轻轻移动,使角尺刀口与被测量表面接触,根据透光情况对其面进行检查。

记一记： 列出锉削的工具和方法：_____

_____

_____

四、锯割

利用锯条锯断金属材料(或工件)或者在工件上进行切槽的操作称为锯割。它具有方便、简单和灵活的特点,在单件小批生产、在临时工地以及切割异形工件、开槽、修整等场合应用较广,如图 8-1-20 所示。

图 8-1-20　锯割

锯割工作范围包括：

分割各种材料及半用品；锯掉工件上多余部分；在工件上锯槽。主要适用于较小材料或工件的加工。如图 8-1-21 为手锯的主要工作范围，图（a）为把材料锯断，图（b）为锯掉工件上的多余部分，图（c）为在工件上锯槽。

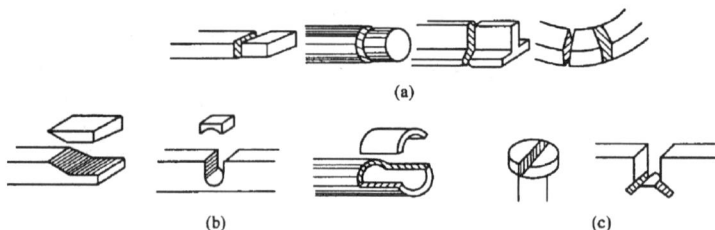

图 8-1-21　锯割的应用范围

1. 锯割的工具。

（1）手锯：手锯由锯弓和锯条两部分组成。锯弓是用来夹持和拉紧锯条的工具。有固定式和可调式两种。固定式锯弓只能装一种长度规格的锯条。可调式锯弓（如图 8-1-22）的弓架分成前后两段，由于前段在后段套内可以伸宿，因此可以安装几种长度规格的锯条，目前广泛使用的锯弓是可调式。

（2）锯条：锯条是用碳素工具钢（如 T10 或 T12）或合金工具钢，并经热处理制成。锯条的规格以锯条两端安装孔之间的距离来表示（长度有 150～400 mm），常用锯条的宽度为 10～25 mm，厚度为 0.6～1.25 mm。常用的锯条是长 300 mm、宽 12 mm、厚 0.8 mm。

锯齿的粗细是按锯条上每 25 mm 长度内的齿数表示的。14～18 齿为粗齿，22～24 齿为中齿，32 齿为细齿。锯齿的粗细也可按齿距 t 的大小来划分：粗齿的齿距 $t=1.6$ mm，中齿的齿距 $t=1.2$ mm，细齿的齿距 $t=0.8$ mm。锯齿的粗细应根据加工材料的硬度、厚薄来选择。

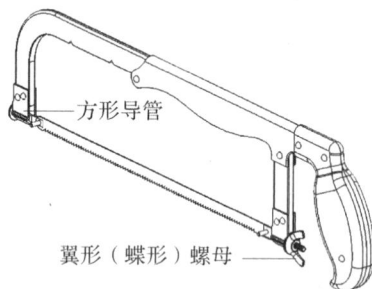

方形导管

翼形（蝶形）螺母

图 8-1-22　手锯结构

锯条的安装：

手锯是向前推时进行切割，在向后返回时不起切削作用，因此安装锯条时应锯齿向前，如图 8-1-23 所示。锯条的松紧要适当，同时，一定要注意观察锯条平面是否平行于锯弓中心平面，防止倾斜和扭曲。

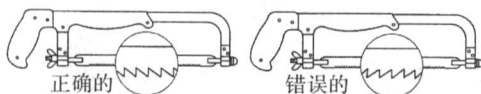

正确的　　　　　错误的

图 8-1-23　锯条的安装方法

2. 锯割工件的装夹方法。

工件的夹持要牢固,不可有抖动,以防锯割时因工件移动而使锯条折断,同时也要防止夹坏已加工表面和使工件变形。工件尽可能夹持在虎钳的左面,以方便操作;锯割线应与钳口侧面平行,以防锯歪斜;工件右端伸出钳口的部分应该尽量短;工件装夹应使锯缝距离钳口侧面锯路为 20 mm 左右;对于薄壁、管子及已加工表面,要防止夹持太紧而使工件或表面变形。

3. 锯割的方法。

锯割时站立姿势与锉削相同:左脚在前,右脚在后,两脚距离约为锯弓之长,成"L"形。

锯弓的握法:右手推锯柄,左手大拇指扶在锯弓前面的弯头处,其他四指握住下部。锯割时推力和压力均主要由右手控制。左手所加压力不要太大,主要起扶正锯弓的作用。

起锯方法:起锯的方式有远边起锯和近边起锯两种,一般情况采用远边起锯。因为此时锯齿是逐步切入材料,不易卡住,起锯比较方便。起锯角以 15°左右为宜。为了使起锯的位置正确和平稳,可用左手大拇指挡住锯条来定位。起锯时压力要小,往返行程要短,速度要慢,这样可使起锯平稳。如图 8-1-24 所示。

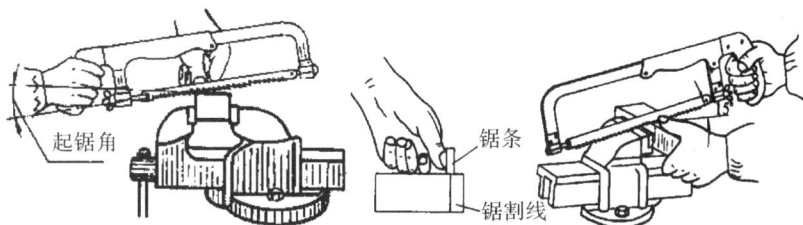

图 8-1-24　起锯方法

正常锯割:锯割时,手握锯弓要舒展自然,右手握住手柄向前施加压力,左手轻扶在弓架前端,稍加压力。人体重量均布在两腿上。锯割时速度不宜过快,以每分钟 30~60 次为宜,并应用锯条全长的 2/3 工作,以免锯条中间部分迅速磨钝。如图 8-1-25 所示。

推锯时锯弓运动方式有两种:一种是直线运动,适用于锯割锯缝底面要求平直的槽和对薄壁工件的锯割;另一种锯弓上下摆动,这样操作自然,两手不易疲劳。手锯在回程中,不应施加压力,以免锯齿磨损。

锯割到材料快断时,用力要轻,以防碰伤手臂或折断锯条。

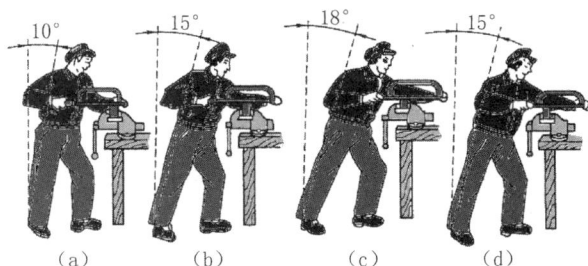

图 8-1-25　锯削动作要领和方法

4. 不同工件的锯削方法。

(1)棒料的锯削方法。

可用长方形硬纸片围住圆钢划线,以便得到垂直于轴线的整齐的锯缝(管子的锯割划线与此同)。锯割圆钢时,为了得到整齐的锯缝,应从起锯开始以一个方向锯至结束。如果对断面要求不高,可逐渐变更起锯方向,以减少抗力,便于切入。

（2）管子的锯削。

锯割圆管时,一般把圆管水平地夹持在虎钳内,对于薄管或精加工过的管子,应夹在木垫之间。锯割管子不宜从一个方向锯到底,应该锯到管子内壁时停止,然后把管子向推锯方向旋转一定角度,仍按原有锯缝锯下去,这样不断转锯,直到锯断为止。如图 8-1-26 所示。

管子及圆钢的划线方法	管子的锯割方法	(a) 正确　(b) 错误
		管子的锯割运锯路线

图 8-1-26　管子的锯削

（3）薄板料的锯削。

锯割薄板时,应该尽可能地从板料的宽面上锯下去,或者直接将板料夹持在台虎钳上,用手锯做横向斜线锯割,如图 8-1-27(a)所示,或用木板夹住薄板两侧进行锯割,连木块一起锯下,如图 8-1-27(b)所示。

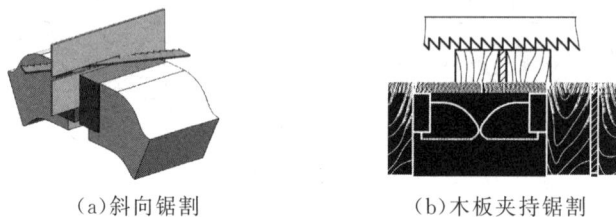

（a)斜向锯割　　　　　　（b)木板夹持锯割

图 8-1-27　薄板的锯割方法

（4)深缝的锯割方法。

当锯缝的深度超过锯弓的高度时,应该将锯条翻转 90°重新安装,使锯弓转到工件的侧面,当锯弓转 90°依然高度不够时,可以使锯齿朝内(转动 180°)安装以便进行锯割。如图 8-1-28所示。

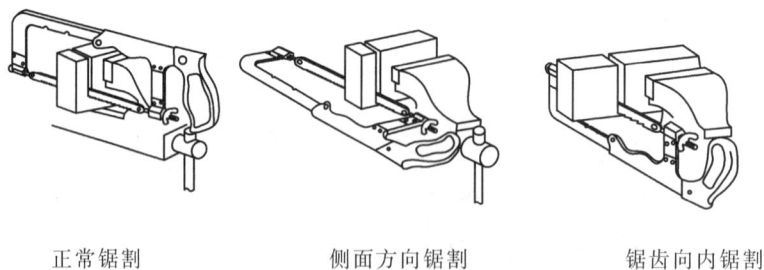

正常锯割　　　　　　　　侧面方向锯割　　　　　　　　锯齿向内锯割

图 8-1-28　深缝的锯割方法

记一记: 列出锯削的工具和方法:_____

_____

_____

汽车维修基本技能

五、錾削

(一)錾子

錾子是錾削工件的刀具,由头部、切削部分及錾身三部分组成。尖端通常制成锥形,顶端略带球形,以便锤击力能通过錾子轴心。柄部一般制成六边形,以便操作者定向握持。錾子一般用碳素工具钢(T7A、T8A)锻打成型后,切削部分经刃磨和热处理而成,其硬度可达HRC56～HRC62。

錾子切削部分根据錾削对象的不同,可分为以下三种类型。

1. 扁錾。

扁錾又称为平錾、阔錾,切削刃较长,切削部分为扁平状,刃口略带弧形,主要用来錾削平面,去除毛刺、飞边和切割板料等,应用最为广泛。如图 8-1-29(a)所示。

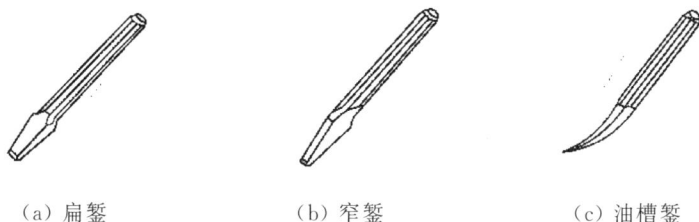

（a）扁錾　　　　　（b）窄錾　　　　　（c）油槽錾

图 8-1-29　常用錾子

2. 窄錾。

窄錾又称尖錾,窄錾的切削刃比较短,且一刃两侧面自切削刃起向柄部逐渐变狭窄,以防止在切槽时两侧被卡住,窄錾用于錾沟槽和将板料切割成曲线等。如图 8-1-29(b)所示。

3. 油槽錾。

油槽錾切削刃很短,且成圆弧形。为了能在对开式的内曲面上錾削油槽,其切削部分做成半圆形状。其主要用于錾削平面或曲面上的润滑油槽等。如图 8-1-29(c)所示。

(二) 手锤

手锤又叫榔头,是钳工常用的敲击工具,常被用于装配、修理机器和设备。手锤由锤头、木柄和楔子组成,根据用途的不同,锤头有软、硬之分。软锤头的材料种类有铅、铝、铜、硬木、橡皮等几种,多用于装配和矫正。硬锤头主要用于錾削。如图 8-1-30 所示。

手锤的规格指锤头的质量,常用的规格有 0.25 kg、0.5 kg、1 kg 等几种。手柄的截面形状为椭圆形,以便操作时定向握持。柄长 350 mm,若过长,会使操作不便,过短则又使挥力不够。

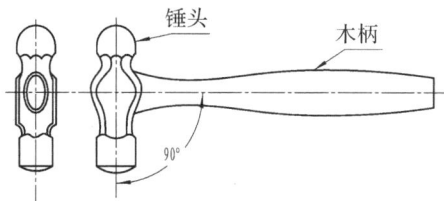

锤头　　　木柄

图 8-1-30　手锤

(三) 錾削方法

1. 錾子的握法。

要想有好的錾削质量,必须掌握錾子正确的握法。錾子有正握法、反握法和立握法三种。

(1)正握法。

正握法的方法:握錾时手心向下,用中指和无名指握住錾子,小指自然合拢,食指和大拇指自然地接触,錾子头部伸出约 20 mm。如图 8-1-31(a)所示。

(2)反握法。

握錾时手心向上,大拇指捏住錾子前部,中指、小指自然握住錾子,手掌悬空,小指自然合拢,食指自然地接触錾子,錾子头部伸出约 20 mm。如图 8-1-31(b)所示。

(3)立握法:主要用于垂直錾削板料。如图 8-1-31(c)所示。

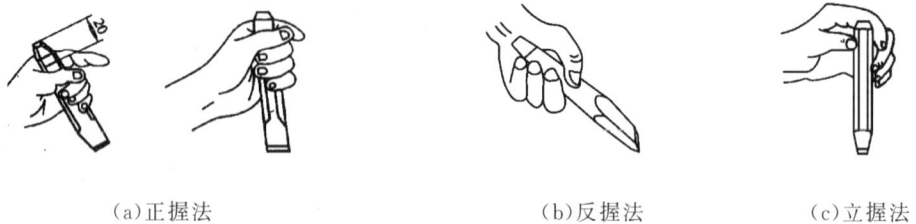

(a)正握法　　　　　　　　(b)反握法　　　　　　　　(c)立握法

图 8-1-31　錾子的握法

2. 手锤的握法。

(a)紧握法　　　　　　　　　　　(b)松紧法

图 8-1-32　手锤的握法

(1)紧握法:用右手五指紧握锤柄,大拇指轻压在食指上,虎口与锤头方向一致,木柄尾端露出 15～30 mm。敲击过程中五指始终紧握。如图 8-1-32(a)所示。

(2)松握法:只用大拇指和食指始终握紧锤柄,挥锤时,小指、无名指、食指则依次放松。其优点是手不易疲劳,锤击力大。如图 8-1-32(b)所示。

3. 挥锤的方法。

錾削时挥锤要有节奏,挥锤速度一般约为 40 次/分,手锤敲下去时应加速度,这样可以增加锤击的力量,挥锤方法有腕挥锤法、肘挥锤法、臂挥锤法三种。

(1)腕挥锤法。只依靠手腕的运动来挥锤。这种方法锤击力量小,一般用于錾削的开始和结尾。錾油槽、直槽、加工模具等可用此方法。如图 8-1-33(a)所示。

(2)肘挥锤法。是利用腕和肘一起运动来挥锤,敲击力较大,切削效果高,应用广泛。常用于錾削平面、切断材料或錾削较长的直槽。如图 8-1-33(b)所示。

(3)臂挥锤法。是利用手腕、肘和臂一起挥锤,锤击力最大,用于需要大量錾削的场合。如图 8-1-33(c)所示。

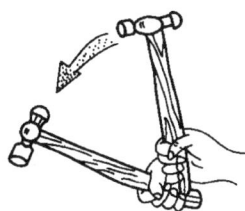

(a)腕挥锤法　　　　　　　　(b)肘挥锤法　　　　　　　　(c)臂挥锤法

图 8-1-33　挥锤方法

4. 錾削姿势。

錾削的站立姿势很重要,它关系到錾削质量。錾削时,身体与台虎钳纵向中心线成 45°,两脚间距约 300 mm,同时互成一定角度,左脚跨前半步,右脚稍微朝后,身体自然站立,重心偏于右脚。右脚要站稳,右腿伸直,左腿膝盖关节微自然弯曲。眼睛注视錾削处,以便观察錾削的情况,左手握錾使其在工件上保持正确角度,右手挥锤,使锤头沿弧线运动,进行锤击。如图 8-1-34 所示。

图 8-1-34　錾削姿势

5. 锤击要领和錾削要领。

(1)挥锤:肘收臂提,举锤过肩,手腕后弓,三指微松,锤面朝天,稍停瞬间。

(2)锤击:目视錾刃,臂肘齐下,收紧三指,手腕加劲,锤錾一线,锤走弧形,左脚着力,右腿伸直。

(3)要求:稳——速度节奏 40 次/分,准——命中率高,狠——锤击有力。

6. 錾削方法。

錾削平面是使用的扁錾,每次錾削量(錾削深度)0.5～2 mm,余量太少錾子容易打滑,余量太大则錾削费力又不易錾平,因此錾削时必须掌握好起錾、工作面錾削、终錾三个步骤。

(1)起錾。

起錾方法:在錾削平面时,起錾应从工件的边缘尖角处将錾子向下倾斜,轻敲錾子就容易錾入工件,而不会产生滑脱、弹跳等现象。如图 8-1-35(a)所示。

在錾削键槽时,不允许从工件的边缘尖角处起錾,则须采用正面起錾的方法,即起錾切削刃要紧贴工件錾削部位的端面,錾子头部仍向下倾斜至与工作端面基本垂直,再轻敲錾子,然后按正常角度进行錾削。如图 8-1-35(b)所示。

图 8-1-35 起錾的角度

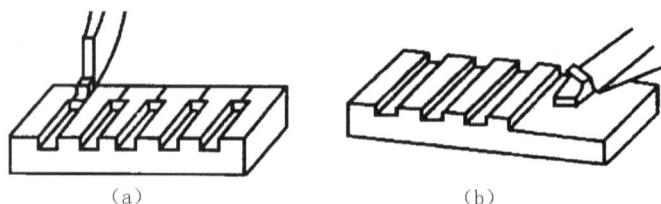

图 8-1-36 间隔开槽

（2）工作面錾削。

起錾完成后将进行正常的平面錾削,在平面錾削时根据錾削面的大小选择錾削方式,在錾削较宽平面时,应先用窄錾在工件上錾若干条平行槽,再用扁錾将剩余部分錾去,这样能避免錾子的切削部分两侧受工件的卡阻,如图 8-1-36 所示。在錾削较窄平面时,应选用扁錾,并使切削刃与錾削方向呈一定倾斜角度,其作用是易稳定住錾子,防止錾子左右晃动而使錾出的表面不平。如图 8-1-37 所示。

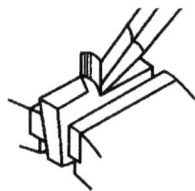

图 8-1-37 平面錾削

（3）终结錾削。

当錾削快结束时,要防止工件边缘材料的崩裂,尤其是錾铸铁、青铜等脆性材料时更要特别注意。在錾削接近尽头 10～15 mm 时,必须调头沿相反方向錾去余下的部分。

记一记: 列出錾削的工具和方法:_____

_____

_____

六、钻削

钻削是用各种孔加工刀具进行钻孔、扩孔、铰孔、锪孔及攻螺纹的切削加工,如图8-1-38所示。

（一）钻孔

用钻头在实体材料上加工出孔的方法叫钻孔。在钻床上钻孔时,一般情况下,钻头应同时完成两个运动:主运动,即钻头绕轴线的旋转运动(切削运动);辅助运动,即钻头沿着轴线方向对着工件的直线运动(进给运动)。钻孔时,由于钻头结构上的缺点,加工精度只能达到IT11～IT10 级,表面粗糙度为 Ra 100～25 μm 左右,属于粗加工。

汽车维修基本技能

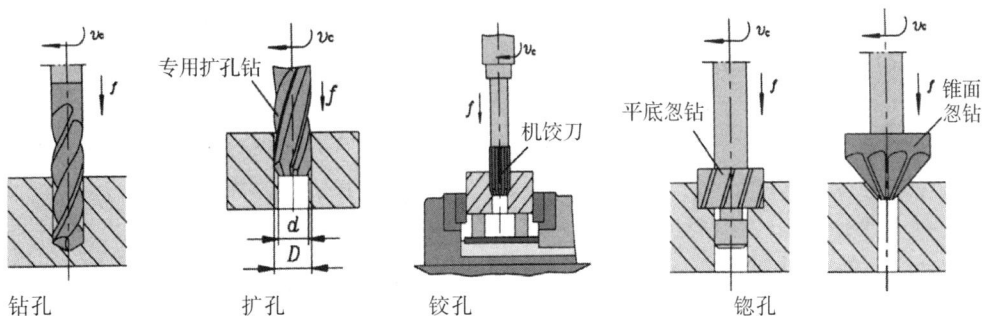

图 8-1-38　钻削加工

1. 麻花钻。

麻花钻是钻孔用的切削工具,常用高速钢(W18Cr4V2)制造,工作部分经热处理淬硬至HRC62～HRC68。由柄部、颈部及工作部分组成,见图 8-1-39。

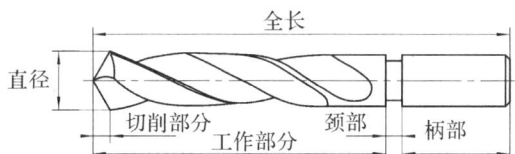

图 8-1-39　麻花钻结构

柄部:是钻头的夹持部分,起传递动力的作用,柄部有直柄和锥柄两种,直柄传递扭矩较小,一般用在直径小于 13 mm 的钻头上;锥柄可传递较大扭矩(主要是靠柄的扁尾部分),用在直径大于 13 mm 的钻头上。

颈部:是砂轮磨削钻头时退刀用的,钻头的规格、材料、商标等一般也刻在颈部。

工作部分:它包括导向部分和切削部分。导向部分有两条狭长、螺纹形状的刃带(棱边亦即副切削刃)和螺旋槽。棱边的作用是引导钻头和修光孔壁;两条对称螺旋槽的作用是排除切屑和输送切削液(冷却液)。切削部分结构见图 8-1-39,它有两条主切屑刃和一条横刃。两条主切屑刃之间通常为118°±2°,称为顶角。

切削部分:切削部分的六面五刃:两个前刀面 ,两个后刀面,两个副后刀面,两条主切削刃,两条副切削刃,一条横刃,见图 8-1-40。

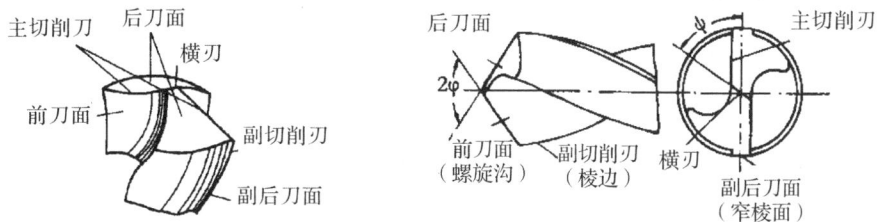

图 8-1-40　麻花钻切削部分结构

(1)前刀面。前刀面即螺旋沟表面,是切屑流经表面,起容屑、排屑作用,需抛光以使排屑流畅。

(2)后刀面。后刀面与加工表面相对,位于钻头前端,形状由刃磨方法决定,可为螺旋面、圆锥面和平面、手工刃磨的任意曲面。

（3）副后刀面。副后刀面是与已加工表面(孔壁)相对的钻头外圆柱面上的窄棱面(棱带)。

（4）主切削刃。主切削刃是前刀面(螺旋沟表面)与后刀面的交线,标准麻花钻主切削刃为直线(或近似直线)。

（5）副切削刃。副切削刃是前刀面(螺旋沟表面)与副后刀面(窄棱面)的交线,即棱边。

（6）横刃。横刃是两个(主)后刀面的交线,位于钻头的最前端,亦称钻尖。

2. 钻孔方法。

（1）钻削用量及其选择。

①钻削用量。钻削用量包括三要素：切削速度 v、进给量 f、切削深度 a。

②钻削用量的选择。

钻削用量选择的目的,首先是在保证钻头加工精度和表面粗糙度以及保证钻头有合理的使用寿命的前提下,使生产率最高;不允许超过机床的功率和机床、刀具、夹具的强度和刚度范围。

钻孔时选择钻削用量的基本原则是在允许范围内,尽量先选择较大的进给量,当进给量的选择受到表面粗糙度和钻头刚性的限制时,再考虑选择较大的切削速度 v。

直径小于 30 mm 的孔一次钻出;直径 30～80 mm 的孔可分两次钻削,先用(0.5～0.7)d（d 为要求加工的孔径)的钻头钻底孔,然后用直径为 d 的钻头将孔扩大。

孔的精度要求较高且表面粗糙度值较小时,应选择较小的进给量;钻较深孔、钻头较长以及钻头刚性、强度较差时,也应选择较小的进给量。

当钻头直径和进给量确定后,钻削速度应按钻头的寿命选取合理的数值,一般根据经验选取。孔较深时,取较小的切削速度。

（2）工件的装夹。

钻孔时应根据工件形状、钻孔直径大小和工件大小的不同,采用合适的夹持方法,以确保钻孔质量及生产安全。如图 8-1-41 所示。

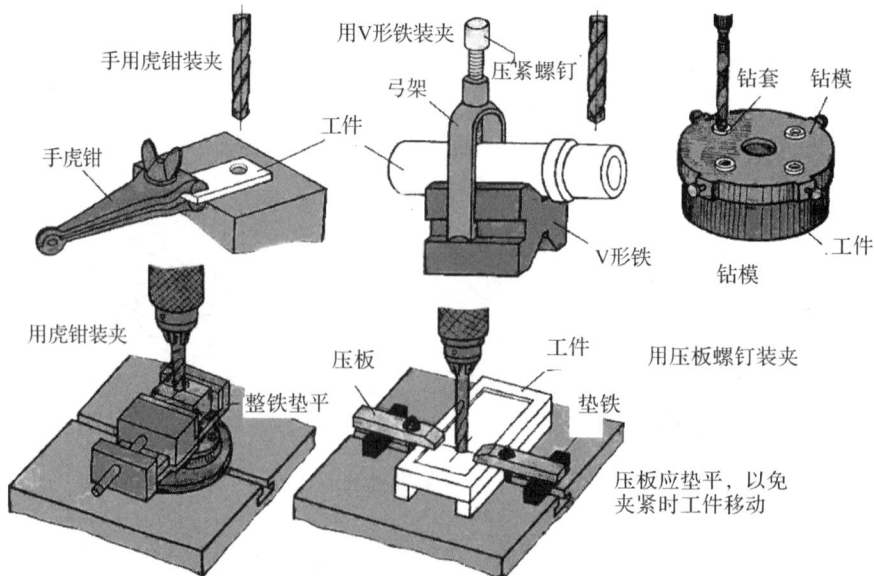

图 8-1-41　工件的装夹方法

（3）钻孔操作方法和步骤。

先划十字中心线,并打好样冲眼,按孔的大小花好圆周线。同时对较大直径的孔划上一组间隔均匀的正方形或是圆。最大尺寸在孔径左右间距为 2 mm 左右,通常划 2～3 圈。

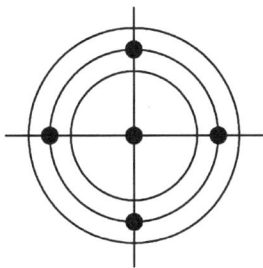

图 8-1-42　划孔的加工界线

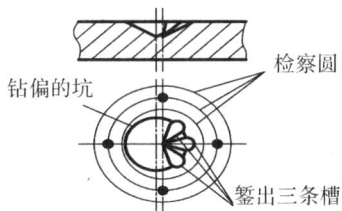

图 8-1-43　起钻歪斜矫正歪斜

试钻。钻孔前,先把孔中心的样冲眼冲大一些,这样钻孔时钻头不易偏斜。试钻一浅坑,注意从两个方向观察,使起钻孔处于最内圈的圆或方框两方向的中间位置。钻削进给时用力均匀,并经常注意退出钻头,工件将钻穿时注意到进给力要小。

借正。当试钻不同心时,应及时借正。一般靠移动工件位置借正。如果偏离较多,可用样冲或油槽錾在需要多钻去材料的部位錾几条槽,以减少此处的切削阻力而让钻头偏过来。如图 8-1-42、图 8-1-43 所示。

在钻削过程中,特别钻深孔时,要经常退出钻头以排出切屑和进行冷却,否则可能使切屑堵塞或钻头过热磨损甚至折断,并影响加工质量。

钻通孔时,当孔将钻透时,进刀量要减小,避免钻头在钻穿时瞬间抖动,出现“啃刀”现象,影响加工质量,损伤钻头,甚至发生事故。

钻削时的冷却润滑:钻削钢件时常用机油或乳化液;钻削铝件时常用乳化液或煤油;钻削铸铁时则用煤油。

记一记: 列出钻孔的工具和方法:_____

_____

(二)扩孔

用以扩大已加工出的孔(铸出、锻出或钻出的孔),它可以校正孔的轴线偏差,并使其获得正确的几何形状和较小的表面粗糙度,其加工精度一般为 IT9～IT10 级,表面粗糙度 $Ra=25～6.3\ \mu m$。扩孔的加工余量一般为 0.2～4 mm。扩孔钻的形状与钻头相似,不同是:扩孔钻有 3～4 个切削刃,且没有横刃,其顶端是平的,螺旋槽较浅,故钻芯粗实、刚性好,不易变形,导向性好。如图 8-1-44 所示。

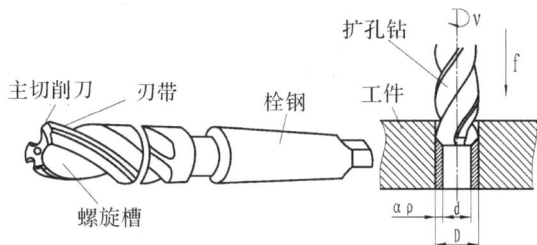

图 8-1-44　扩孔钻

因此扩孔与钻孔相比,加工精度高,表面粗糙度较低,且可在一定程度上校正钻孔的轴线误差。此外,适用于扩孔的机床与钻孔相同。

(三)锪孔

锪孔是用锪孔钻在预制孔的一端加工沉孔、锥孔、局部平面或球面等,以便安装螺钉头或垫圈等紧固件,或者使连接零件能齐平安装。锪孔时使用的刀具称为锪钻,一般用高速钢制造。如图 8-1-45 所示。

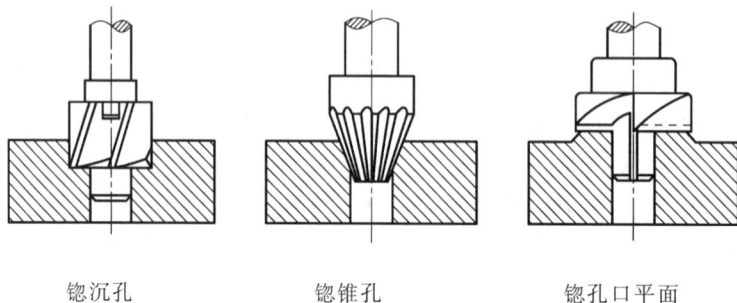

锪沉孔　　　　　　　锪锥孔　　　　　　　锪孔口平面

图 8-1-45　锪孔

1. 锪孔钻。锪钻分为柱形锪钻、锥形锪钻和端面锪钻三种。

2. 锪孔方法。

锪孔方法和钻孔方法基本相同。锪孔时存在的主要问题是由于刀具振动而使所锪孔口的端面或锥面产生振痕。为了避免这种现象,在锪孔时应注意以下几点。

(1)锪孔时的切削速度应比钻孔低,一般为钻孔切削速度的 1/2～1/3。同时,由于锪孔时的轴向抗力较小,所以手进给压力不宜过大,并要均匀。精锪时,往往采用钻床停车后主轴惯性来锪孔,以减少振动而获得光滑表面。

(2)锪孔时,由于锪孔的切削面积小,标准锪钻的切削刃数目多,切削较平稳,所以进给量为钻孔的 2～3 倍。

(3)锪钻的刀杆和刀片,配合要合适,装夹要牢固,导向要可靠,工件要压紧,锪孔时不应发生振动。

(4)要先调整好工件的螺栓通孔与锪钻的同轴度,再夹紧工件。调整时,可旋转主轴做试钻,使工件能自然定位。工件夹紧要稳固,以减少振动。

(5)为控制锪孔深度,用钻床上的深度标尺和定位螺母,做好调整定位工作。

(6)当锪孔表面出现多角形振纹等情况,应立即停止加工,并找出钻头刃磨等问题,及时修正。

(7)锪钢件时,因切削热量大,要在导柱和切削表面加润滑油。

记一记：列出锪孔的工具和方法：_____

(四)铰孔

铰孔是用铰刀从工件壁上切除微量金属层,以提高孔的尺寸精度和表面质量的加工方法。铰孔是应用较普遍的孔的精加工方法之一,其加工精度可达 IT9～IT6 级,表面粗糙度 $Ra=3.2～0.8\ \mu m$。

1. 铰刀。

铰刀一般分为整体圆柱形机铰刀和手铰刀。手用铰刀的顶角较机用铰刀小,其柄为直柄(机用铰刀有直柄和锥柄)。铰刀的工作部分由切削部分和修光部分所组成。如图8-1-46、图 4-1-47 所示。

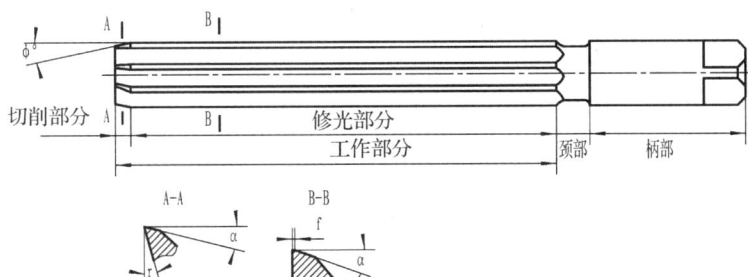

图 8-1-46　普通手用铰刀

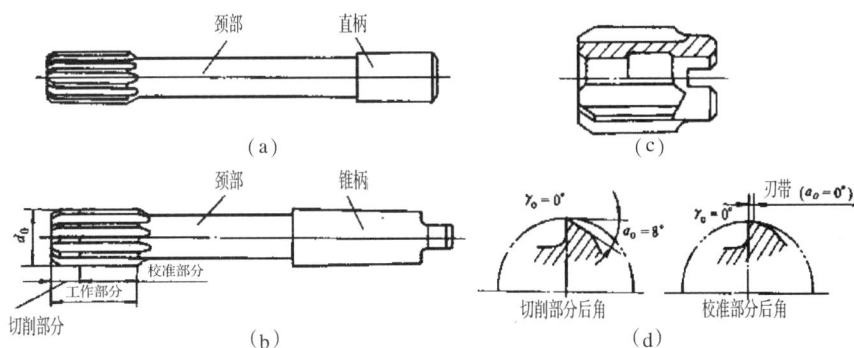

图 8-1-47 机用铰刀

(a)直柄机用铰刀　(b)锥柄机用铰刀　(c)套式机用铰刀　(d)切削校准部分角度

标准铰刀有 4～12 齿。铰刀的齿数除与铰刀直径有关外,主要根据加工精度的要求选择。齿数过多,刀具的制造重磨都比较麻烦,而且会因齿间容屑槽减小,而造成切屑堵塞、划伤孔壁以致使铰刀折断的后果。齿数过少,则铰削时的稳定性差,刀齿的切削负荷增大,且容易产生几何形状误差。铰刀齿数可参照表8-1-5选择。

表 8-1-5　铰刀齿数选择

铰刀直径/ mm		1.5～3	3～14	14～40	＞40
齿数	一般加工精度	4	4	6	8
	高加工精度	4	6	8	10～12

2. 手用铰刀铰孔的方法。

(1)工件要夹正、夹紧,尽可能使被铰孔的轴线处于水平或垂直位置。对薄壁零件夹紧力不要过大,防止将孔夹扁,铰孔后产生变形。

(2)手铰过程中,两手用力要平衡、均匀,防止铰刀偏摆,避免孔口处出现喇叭口或孔径扩大。

(3)铰削进给时不能猛力压铰杠,应一边旋转,一边轻轻加压,使铰刀缓慢、均匀地进给,保证获得较细的表面粗糙度。

(4)铰削过程中,要注意变换铰刀每次停歇的位置,避免在同一处停歇而造成振痕。

(5)铰刀不能反转,退出时也要顺转,否则会使切屑卡在孔壁和后刀面之间,将孔壁拉毛,铰刀也容易磨损,甚至崩刃。

(6)铰削钢料时,切屑碎末易黏附在刀齿上,应注意经常退刀清除切屑,并添加切削液。

(7)铰削过程中,发现铰刀被卡住,不能猛力扳转铰杠,防止铰刀崩刃或折断,而应及时取出铰刀,清除切屑和检查铰刀。继续铰削时要缓慢进给,防止在原处再次被卡住。

3. 机用铰刀的铰削方法。

使用机用铰刀铰孔时,除注意手铰时的各项要求外,还应注意以下几点:

(1)要选择合适的铰削余量、切削速度和进给量。

(2)必须保证达到钻床主轴、铰刀和工件孔三者之间的同轴度要求。对于高精度孔,必要时要采用浮动铰刀夹头来装夹铰刀。

(3)开始铰削时先采用手动进给,正常切削后改用自动进给。

(4)铰不通孔时,应经常退刀清除切屑,防止切屑拉伤孔壁;铰通孔时,铰刀校准部分不能全部出头,以免将孔口处刮坏,退刀时困难。

(5)在铰削过程中,必须注入足够的切削液,以清除切屑和降低切削温度。

(6)铰孔完毕,应先退出铰刀后再停车,否则孔壁会拉出刀痕。

记一记:列出铰孔的工具和方法:_____

_____

_____

七、螺纹加工

(一)攻螺纹

用丝锥在孔中切削加工内螺纹的方法称为攻螺纹。

1. 攻螺纹工具。

(1)丝锥。

丝锥是加工内螺纹的工具,一般分为手用丝锥和机用丝锥。

通常手用丝锥中 M6~M24 的丝锥为两支一套,小于 M6 和大于 M24 的丝锥为三支一套,称为头锥、二锥、三锥。如图 8-1-48 所示。

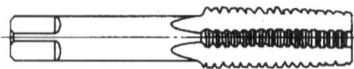

图 8-1-48 丝锥

（2）丝锥的构造。

丝锥由工作部分和柄部组成。工作部分包括切削部分和校准部分，切削部分磨出锥角。校准部分具有完整的齿形，柄部有方榫。如图 8-1-49 所示。

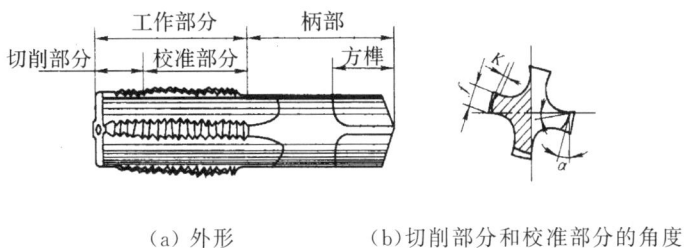

（a）外形　　　　（b）切削部分和校准部分的角度

图 8-1-49　丝锥的构造

2. 铰杠。

铰杠是手工攻螺纹时用的一种辅助工具。铰杠分普通铰杠和"丁"字形铰杠两类。常用的是可调式铰杠。旋转手柄即可调节方孔的大小，以便夹持不同尺寸的丝锥。铰杠长度应根据丝锥尺寸大小进行选择，以便控制攻螺纹时的扭矩，防止丝锥因施力不当而扭断。如图 8-1-50 所示。

 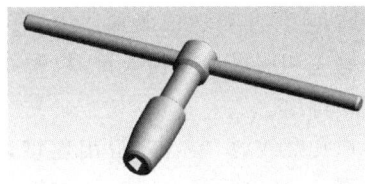

（a）普通铰杠　　　　　　　　（b）"丁"字形铰杠

图 8-1-50　铰杠

3. 攻螺纹方法。

（1）攻螺纹前螺纹底孔直径和钻孔深度的确定。

螺纹底孔直径的大小，应根据工件材料的塑性和钻孔时的扩张量来考虑，使攻螺纹时既有足够的空隙来容纳被挤出的材料，又能保证加工出来的螺纹具有完整的牙形。如表8-1-6。

表 8-1-6　螺纹底孔直径的计算公式

被加工材料和扩张量	钻头直径计算公式
钢和其他塑性大的材料，扩张量中等	$D_0 = D - P$
铸铁和其他塑性小的材料，扩张量较小	$D_0 = D - (1.05 \sim 1.1)P$

攻不通孔螺纹时，一般取：钻孔深度＝所需螺孔深度＋0.7D。

（2）攻螺纹要点。如图 8-1-51 所示。

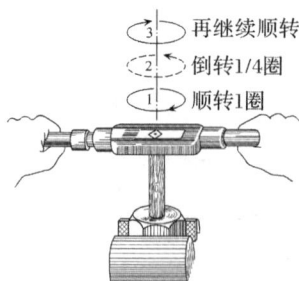

图 8-1-51 攻螺纹方法

①攻螺纹前螺纹底孔口要倒角,通孔螺纹两端孔口都要倒角。这样可使丝锥容易切入,并防止攻螺纹后孔口的螺纹崩裂。

②攻螺纹前,工件的装夹位置要正确,应尽量使螺孔中心线置于水平或垂直位置,其目的是攻螺纹时便于判断丝锥是否垂直于工件平面。

③开始攻螺纹时,应把丝锥放正,用右手掌按住铰杠中部沿丝锥中心线用力加压,此时左手配合作顺向旋进;或两手握住铰杠两端平衡施加压力,并将丝锥顺向旋进,保持丝锥中心线与孔中心线重合,不能歪斜。

当切削部分切入工件 1~2 圈时,用目测或角尺检查和校正丝锥的位置。当切削部分全部切入工件时,应停止对丝锥施加压力,只需平稳地转动铰杠靠丝锥上的螺纹自然旋进。

④为了避免切屑过长咬住丝锥,攻螺纹时应经常将丝锥反方向转动 1/4 至 1/2 圈,使切屑碎断后容易排出。

⑤攻不通孔螺纹时,要经常退出丝锥,排除孔中的切屑。当将要攻到孔底时,更应及时排出孔底积屑,以免攻到孔底时丝锥被轧住。

⑥攻通孔螺纹时,丝锥校准部分不应全部攻出头,否则会扩大或损坏孔口最后几牙螺纹。

⑦丝锥退出时,应先用铰杠带动螺纹平稳地反向转动,当能用手直接旋动丝锥时,应停止使用铰杠,以防铰杠带动丝锥退出时产生摇摆和振动,破坏螺纹粗糙度。

⑧在攻螺纹过程中,换用另一支丝锥时,应先用手握住旋入已攻出的螺孔中。直到用手旋不动时,再用铰杠进行攻螺纹。

⑨在攻材料硬度较高的螺孔时,应头锥、二锥交替攻削,这样可减轻头锥切削部分的负荷,防止丝锥折断。

⑩攻塑性材料的螺孔时,要加切削液。一般用机油或浓度较大的乳化液,要求高的螺孔也可用菜油或二硫化钼等。

(二)套螺纹

用板牙在圆杆或管子上切削加工外螺纹的方法称为套螺纹。

1. 套螺纹工具。

(1)圆板牙。

外形像一个圆螺母,只是在它上面钻有几个排屑孔并形成刀刃。板牙是加工外螺纹的刀具,用合金工具钢(9SiGr)制成,并经热处理淬硬。板牙由切屑部分、定位部分和排屑孔组成。圆板牙螺孔的两端有 40°的锥度部分,是板牙的切削部分。定位部分起修光作用。板牙的外圆有一条深槽和四个锥坑,锥坑用于定位和紧固板牙。如图 8-1-52 所示。

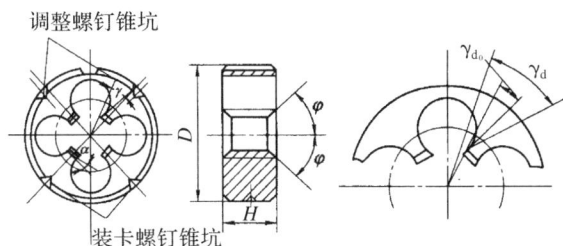

图 8-1-52　圆柱板牙

（2）板牙铰杠。

板牙铰杠是手工套螺纹时的辅助工具。

板牙铰杠的外圆旋有四只紧定螺钉和一只调松螺钉，使用时，紧定螺钉将板牙紧固在绞杠中，并传递套螺纹时的扭矩。当使用的圆板牙带有"V"形调整槽时，通过调节上面二只紧定螺钉和调整螺钉，可使板牙螺纹直径在一定范围内变动。如图 8-1-53、图 8-1-54 所示。

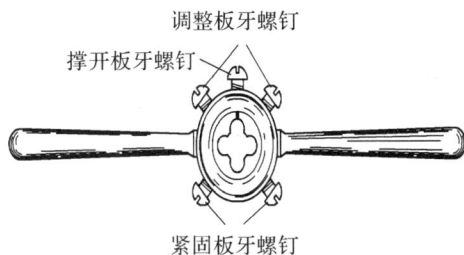

图 8-1-53　板牙铰杠

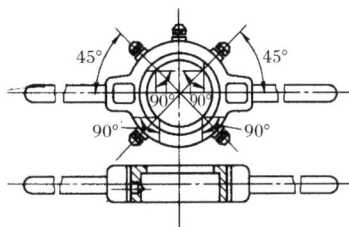

图 8-1-54　板牙铰杠角度

2. 套螺纹方法。

（1）套螺纹前圆杆直径的确定。

$$d \approx d - (0.13 \sim 0.2)P$$

（2）套螺纹要点。

①为使板牙容易对准工件和切入工件，套螺纹前圆杆端部应倒角。倒角长度应大于一个螺距，斜角为 $15° \sim 20°$，使圆杆端部要倒成圆锥斜角的锥体。锥体的最小直径可以略小于螺纹小径，使切出的螺纹端部避免出现锋口和卷边而影响螺母的拧入。如图 8-1-55 所示。

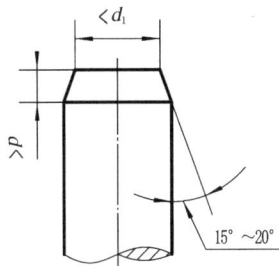

图 8-1-55　圆杆端部应倒角

②为了防止圆杆夹持出现偏斜和被夹出痕迹，圆杆应装夹在用硬木制成的"V"形钳口或软金属制成的衬垫中，在加衬垫时圆杆套螺纹部分离钳口要尽量近。

③套螺纹时应保持板牙端面与圆杆轴线垂直，否则套出的螺纹两面会深浅不一，甚至烂牙。

④在开始套螺纹时，可用手掌按住板牙中心，适当施加压力并转动绞杠。当板牙切入圆

杆 1～2 圈时,应目测检查和校正板牙的位置。当板牙切入圆杆 3～4 圈时,应停止施加压力,而仅平稳地转动绞杠,靠板牙螺纹自然旋进套螺纹。

⑤为了避免切屑过长,套螺纹过程中板牙应经常倒转。

⑥在钢件上套螺纹时要加切削液,以延长板牙的使用寿命,减小螺纹的表面粗糙度。

(3)套螺纹操作方法。

套螺纹与攻螺纹在操作步骤和操作方法上十分相似。装夹检查时要使切削刃具垂直于工件(套螺纹:板牙平面与圆杆垂直;攻螺纹:丝锥与孔口平面垂直)。开始时用加压旋转方式进行切削,力求刃具与工件保持垂直。在切削过程中要及时倒转刃具断去切屑。与攻螺纹不同之处主要表现为板牙装入板牙铰杠的方法与丝锥装入丝锥铰杠的方法有所不同。观察板牙模具,认出板牙有斜角一面的特征;该面刀齿围成的内圆孔口要比另一面孔口稍大一些。通常板牙有斜角的一面上无字。如图 8-1-56 所示。

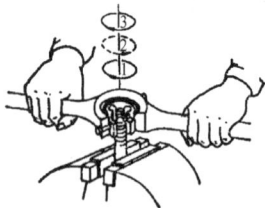

图 8-1-56 套螺纹方法

记一记:列出螺纹加工的工具和方法:_____

_____

_____

八、刮削与研磨

刮削的作用是提高互动配合零件之间的配合精度和改善存油条件,刮刀对工件表面有推挤和压光作用,对工件表面的硬度也有一定的提高,刮削后留在工件表面的小坑可存油使配合工件在往复运动时有足够的润滑而不致过热引起拉毛现象。

研磨是用研磨工具和研磨剂,从工件上研去一层极薄表面层的精加工方法,用以获得较高表面质量的工件,如量具、模具型芯等。研磨可用于加工各种金属和非金属材料,可加工平面,内、外圆柱面和圆锥面,凸、凹球面,螺纹,齿面及其他型面。精度可达 IT5～IT01,表面粗糙度可达 $Ra1.6～0.012\ \mu m$。

(一)平面刮削

1. 平面刮削的基本操作方法。

(1)手刮。手刮的姿势如图 8-1-57 所示,右手握刀柄,左手四指向下蜷曲握住刮刀距离刀端约 50 mm 处,刮刀与工件表面成 $20°～30°$。刮削时刀刃抵住刮削面,左脚跨前一步,右手随着上身前倾前推刮刀,同时左手下压刮刀,完成一个刀迹长度时,左手立即提刀,完成一次刮削。手刮动作灵活、适应性强,但易疲劳,不宜刮削余量较大的工件。

(2)挺刮。挺刮姿势如图 8-1-58 所示,刀柄抵在小腹右下侧肌肉处,双手并拢握住刮刀前部,左手距刀端 80～100 mm。刮削时刀刃抵在工件表面上,双手下压刮刀,利用腿和腰产生的爆发力前推刮刀,完成一个刀迹长度时立即提刀,完成一次刮削。挺刮的切削量较大,适合大余量刮削,效率高,但腰部易疲劳,因操作姿势的制约,刮削大面积工件较困难。对于大面积工件,用手刮和挺刮相结合的方法可以提高工效。

(3)手刮和挺刮的工艺方法。

①粗刮。用粗刮刀在刮削平面上均匀地铲去一层金属,以很快除去刀痕,锈斑或过多的余量。当工件表面研点为 4~6 点/25 mm×25 mm,并且有一定细刮余量时为止。

②细刮。用细刮刀在经粗刮后的表面上刮去稀疏的大块高研点,进一步改善不平现象。细刮时要朝一个方向刮,第二遍时要沿 45°或 65°方向交叉刮削出网纹。当平均研点为 10~14 点/25 mm×25 mm 时停止。

③精刮。用小刮刀或带圆弧的精刮刀进行刮削,使研点达:20~25 点/25 mm×25 mm。精刮时常用点刮法(刀痕长为 5 mm),且落刀要轻,起刀要快。

④刮花。刮花的目的主要是美观和积存润滑油。常见的花纹有:斜纹花纹、鱼鳞花纹和燕形花纹等。

尽量使刀迹长度和深度一致,同时要求刮点准确,动作富有力感和节奏感。

图 8-1-57　手刮方法

图 8-1-58　挺刮方法

2. 平面刮刀。

平面刮刀是刮削平面的主要工具,一般用碳素工具钢或轴承钢锻造,其切削部分刃磨成一定的几何形状,刃口锋利,有足够硬度。平面刮刀的规格见表 8-1-7。平面刮刀分为普通刮刀和活头刮刀两种。如图 8-1-59 所示。

表 8-1-7　平面刮刀的规格(单位:mm)

尺寸 种类	全 长 L	宽 度 B	厚 度 t
粗 刮 刀	400~600	25~30	3~4
细 刮 刀	400~500	15~20	2~3
精 刮 刀	400~500	10~12	1.5~2

(1)平面刮刀刃磨与热处理方法。

平面刮刀的头部几何形状和角度如图 8-1-60 所示,除韧性材料刮刀(一般用于粗刮)外,均为负前角,粗刮刀顶端角度为 90°~92.5°,刀刃平直;细刮刀为 95°左右,刃部稍带圆弧;精刮刀为 97.5°左右,刀刃为圆弧形。平面刮刀的刃磨和热处理过程为:粗磨—热处理(淬火)—细磨—精磨。

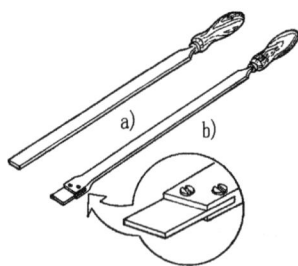

（a）普通刮刀　　（b）活头刮刀

图 8-1-59　平面刮刀

①刮刀的粗磨方法如下：

在砂轮棱边上磨去刮刀两平面上的氧化皮后在砂轮侧平面上磨平两平面，刀端磨出切削部分厚度（注意厚度要求一致）。刃磨时由轮缘逐步平贴在砂轮侧面上，不断前后移动进行刃磨。如图 8-1-61（a）所示。

在砂轮轮缘上修磨刮刀顶端面。为了防止弹抖和出事故，刃磨时先以一定的倾斜角度缓慢与砂轮接触，再逐步转动至水平。磨刮刀时，施加的力应通过砂轮轴线，力的大小要适当，避免弹抖过大。人体应站在砂轮的侧面，严禁正面朝向砂轮。粗磨后的刮刀两平面应平整，切削部分有一定厚度，刮刀两侧面与刀身中心线对称，刀端面与刀身中心线应垂直。如图 8-1-61（b）、（c）所示。

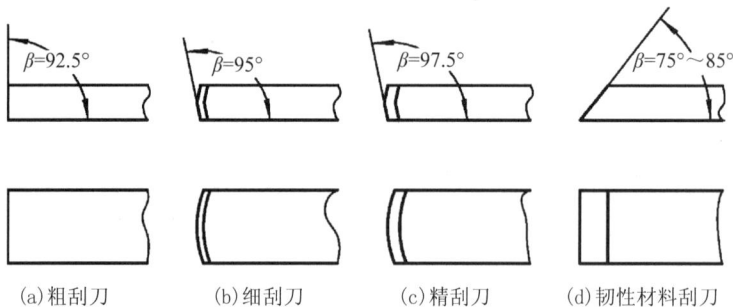

（a）粗刮刀　　　　（b）细刮刀　　　　（c）精刮刀　　　（d）韧性材料刮刀

图 8-1-60　刮刀头部几何形状和角度

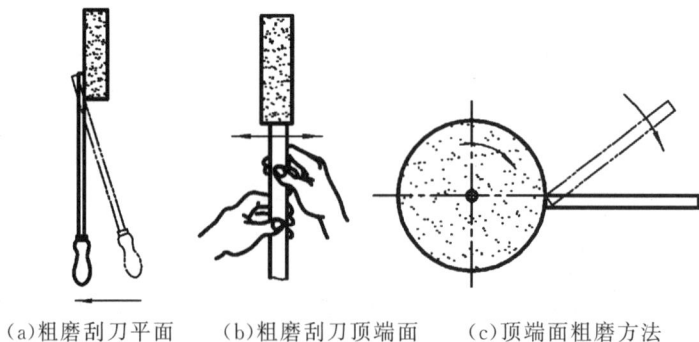

（a）粗磨刮刀平面　　（b）粗磨刮刀顶端面　　（c）顶端面粗磨方法

图 8-1-61　平面刮刀的刃磨

②平面刮刀的热处理方法如下：

将粗磨好的刮刀头部(长 25～30 mm)，放在炉中加热到 780～800 ℃(呈樱桃色)，取出后迅速放入冷水(或者加盐 10%的水)中冷却，刀头浸入水中深度 8～10 mm，刮刀做缓慢平移和少许上下移动以免使淬硬部分产生明显界限，当刮刀露出水面部分呈黑色时，从水中取出刮刀，刀刃部分变为白色时，迅速将刮刀浸入水中冷却，直到刮刀全部冷却取出。精刮刀及刮花刮刀可用油冷却，可以避免裂纹产生。

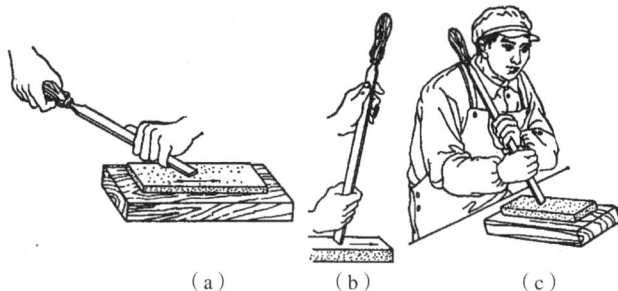

（a）　　　　　（b）　　　　　（c）

图 8-1-62　平面刮刀在油石上的刃磨

③细磨与精磨。热处理后的刮刀可在细砂轮上细磨，当其基本达到刮刀的几何形状和要求后，用油石加机油进行精磨。

精磨刮刀切削部分两平面。如图 8-1-62(a)所示 ，右手握刀身上部手柄，右手肘抬平刮刀，左手掌压平刮刀使刀面平贴油石横向来回直线移动，依次磨平两平面。

精磨刮刀切削部分端面。如图 8-1-62(b)所示，初学者可按图 8-1-62(c)的方法刃磨，左手扶住刀身，右手握住刀身下部，刀端贴油石面上，刀身略前倾，加压前推刮刀，回程略上提。精磨后的刮刀其切削部分的形状应达到两平面平整光洁，刃口锋利，角度正确的要求。

（2）油石的使用和保养。

新油石要放入机油中浸透才能使用。刃磨时油石表面加足机油并保持表面清洁，刮刀在油石上要经常改变位置，避免油石表面磨出沟槽。

3. 原始平板的刮削。

原始平板的刮削是采用三块原始平板依次相互循环互研互刮，在没有标准平板的情况下获得符合平面度要求的刮削方法。要注意三块平板的对研顺序，不能错误，通过反复的对研粗刮、细刮、精刮，并用 25 mm×25 mm 方框检测点数，用百分表测量平面的扭曲度程度，以加工出合格的平板。如图 8-1-63 所示。

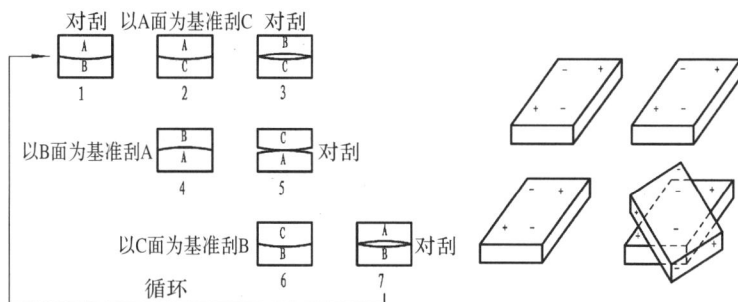

图 8-1-63　原始平板的刮削工艺

刮削原始平板一般采用渐进法(三板互研法)。三板互研法就是以三块粗刮后的平板为一组,经过正研循环和对角研两个刮研过程,逐步使三块平板达到标准平板精度要求的操作方法。方法如下:

(1)正研循环。三块平板的正研循环如图 8-1-63 所示。三块平板分别编号"A、B、C",按一定次序两两组合,涂显示剂进行正研显点,然后作为基准面的平板不刮,只修刮不是基准面的平板,经过多次反复循环刮研后,三块平板逐步消除纵、横方向误差,各块板面显点基本一致,达到 12～15 点/25×25 mm2,正研是相互对研的两块平板,在纵向或横向方向上作直线对研的操作过程。

(2)对角研。正研循环后,板面可能扭曲,将互研的两块平板互错一定角度进行对角研刮,可以消除板面的扭曲。

(3)经过对角刮研后,三块平板无论正研、对角研或调头研,其研点都一致,点子符合要求时,原始平板的刮研即可结束。点数达 25 点以上/25 mm×25 mm 为 0 级精度,点数达 25 点/25 mm×25 mm 为 1 级精度,点数达到 20 以上点/25 mm×25 mm 为 2 级精度,点数达到 16 点以上/25 mm×25 mm 为 3 级精度。

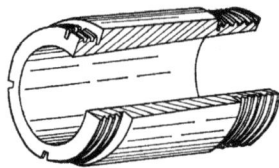

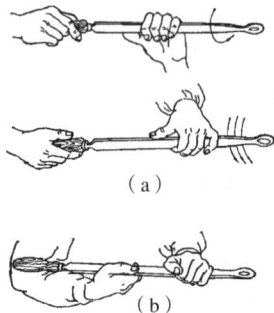

图 8-1-64　铜轴承　　　图 8-1-65　内曲面刮削姿势　　　图 8-1-66　外曲面刮削姿势

(二)曲面刮研

为了使曲面配合面的工件有良好的配合精度,往往需要对曲面进行刮研加工,如轴承的轴瓦(如图 8-1-64)、模具零件的一些曲面配合处等。

1. 曲面刮削操作方法。

(1)短柄三角刮刀的操作。刮削内曲面时,右手握刀柄,左手横握刀身,拇指抵住刀身。刮削时左右手同时做圆弧运动,顺着曲面使刮刀做后拉或前推的螺旋运动,刀具运动轨迹与曲面轴线成约 45°角,且交叉进行。如图 8-1-65(a)所示。

(2)长柄三角刮刀的操作。刮削内曲面时,刀柄放在右手肘上,双手握住刀身。刮削动作和运动轨迹与短柄三角刮刀相同。如图 8-1-65(b)所示。

(3)外曲面刮削姿势。如图 8-1-66 所示,两手捏住刮刀的刀身,右手掌握方向,左手加压或者提起,刮刀柄搁置在右手小臂上。刮削时刮刀面与轴承端面倾斜成 30°,应交叉刮削。

2. 曲面刮削质量的检测。

(1)涂色检验研点数。检验一般以相配合的轴作为校准工具,涂上显示剂与曲面互研显点,用 25 mm×25 mm 方框在曲面的任意位置检查,以方框内最少研点数来表示曲面的刮研质量,见表 8-1-8。

表 8-1-8　曲面刮削的检验点数

轴承直径（mm）	机床或精密机械主轴轴承			锻压设备、通用机械的轴承		动力机械、冶金设备的轴承	
	高精度	精密	普通	重要	普通	重要	普通
	每 25 mm×25 mm 内的研点数						
≤120	25	20	16	12	8	8	5
>120		16	10	8	6	6	2

（2）涂色检验接触率。检验时一般过程与检验研点数过程相同，只是在表示刮研质量时，用研点区域的面积与整个曲面的面积的百分比（接触质量）来表示。

3. 铜轴承曲面刮削操作工艺。

（1）将轴承座轴瓦装夹到台虎钳上，采用正前角粗刮三角刮刀粗刮轴瓦，并用相配合的轴为校准工具进行互研检验，达到 25 mm×25 mm 内的研点数 16 点。

（2）采用较小前角细刮三角刮刀细刮轴瓦，并用相配合的轴为校准工具进行互研检验，达到 25 mm×25 mm 内的研点数 20 点。

（3）采用负前角精刮三角刮刀精刮轴瓦，并用相配合的轴为校准工具进行互研检验，达到 25 mm×25 mm 内的研点数 25 点。

4. 曲面刮刀。

常用的曲面刮刀有三角刮刀、舌头刮刀和柳叶刮刀等几种。三角刮刀一般用工具钢锻制或用三角锉刀刃磨改制，市面上也有成品出售，用于内曲面的刮削。三角刮刀根据刮削性质的不同，其前角角度有不同的要求，一般用于粗刮的三角刮刀采用正前角，其切屑较厚；用于细刮的三角刮刀采用较小的正前角，其切屑较薄；用于精刮的三角刮刀采用负前角，其只对刮研面进行修光。如图 8-1-67(a)(b)所示。舌头刮刀由工具钢锻制成形，它利用两圆弧面刮削内曲面，它的特点是有四个刀口，为了使平面易于磨平，在刮刀头部两个平面上各磨出一个凹槽，如图 8-1-67(c)所示。

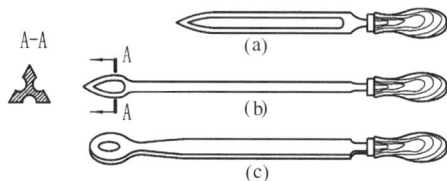

图 8-1-67　曲面刮刀

记一记：列出刮削的工具和方法：＿＿＿＿＿＿＿＿＿＿＿＿＿＿

＿＿＿＿＿＿＿＿＿＿＿＿＿＿＿＿＿＿＿＿＿＿＿＿＿＿＿＿＿＿＿＿

＿＿＿＿＿＿＿＿＿＿＿＿＿＿＿＿＿＿＿＿＿＿＿＿＿＿＿＿＿＿＿＿

（三）研磨

用研磨工具和研磨剂从工件上研去一层极薄表面层的精加工方法称为研磨。研磨是一种精加工，能使工件获得精确的尺寸和极细的表面粗糙度。经研磨的工件，其耐磨性、抗腐蚀性和抗疲劳强度也都相应提高，延长了工件的使用寿命。在汽车制造和修理行业中均有应用,如研磨发动机气门、气门座、高压油泵柱塞阀、喷油嘴等。

研磨方法一般可分为湿研、干研和半干研三类。①湿研:又称敷砂研磨,把液态研磨剂连续加注或涂敷在研磨表面,磨料在工件与研具间不断滑动和滚动,形成切削运动。湿研一般用于粗研磨,所用微粉磨料粒度粗于 W7。②干研:又称嵌砂研磨,把磨料均匀地压嵌在研具表面层中,研磨时只需在研具表面涂以少量的硬脂酸混合脂等辅助材料。干研常用于精研磨,所用微粉磨料粒度细于 W7。③半干研:类似湿研,所用研磨剂是糊状研磨膏。研磨既可用手工操作,也可在研磨机上进行。

1. 研具。

研具是研磨时决定工件表面形状的标准工具,同时又是研磨剂的载体。研具工作面的硬度应稍低于工件的硬度,常用的材料有灰铸铁、球墨铸铁、软钢、铜等。湿研研具的金相组织以铁素体为主;干研研具则以均匀细小的珠光体为基体。研磨 M5 以下的螺纹和形状复杂的小型工件时,常用软钢研具。研磨小孔和软金属材料时,大多采用黄铜、紫铜研具。研具在研磨过程中也受到切削和磨损,如操作得当,它的精度也可得到提高,使工件的加工精度能高于研具的原始精度。

研具有不同的类型,常用的有研磨平板、研磨环、研磨棒等,如图 8-1-68 所示。

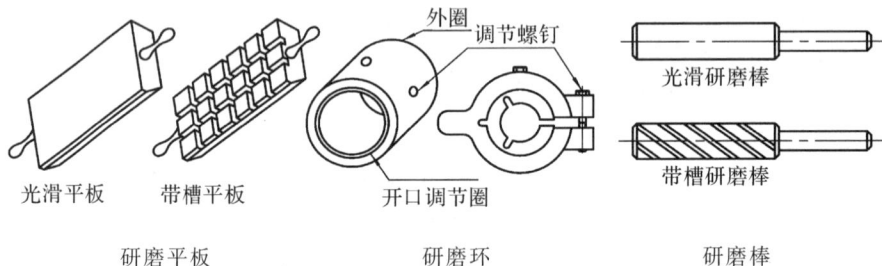

图 8-1-68　研磨工具

2. 磨料、研磨剂与研磨液。

(1)磨料。磨料在研磨中起切削作用,常用的磨料有以下三类:如表 8-1-9。

表 8-1-9　磨料的种类与用途

系列	磨料名称	代号	特性	使用范围
氧化铝系	棕刚玉	GZ(A)	棕褐色,硬度高,韧性大,价格便宜	粗精研磨钢、铸铁、黄铜
	白刚玉	GB(WA)	白色,硬度比棕刚玉高,韧性比棕刚玉差	精研磨淬火钢、高速钢、高碳钢及薄壁零件
	铬刚玉	GG(PA)	玫瑰红或紫色,韧性比白刚玉高,磨削粒粗糙度值低	研磨量具、仪表零件等
	单晶刚玉	GD(SA)	淡黄色或白色,硬度和韧性比白刚玉高	研磨不锈、高钒高速钢等高强度、韧性大的材料

续表

系列	磨料名称	代号	特性	使用范围
碳化物系	黑碳化硅	TH(C)	黑色有光泽,硬度比白刚玉高,脆而锋利,导热性和导电性良好	研磨铸铁、黄铜、铝、耐火材料及非金属
	绿碳化硅	TL(GG)	绿色、硬度和脆性比黑碳化硅高,导热性和导电性良好	研磨硬质合金、宝石、陶瓷、玻璃等材料
	碳化硼	TP(BC)	灰黑色,硬度仅次于金刚石,耐磨性好	精研和抛光硬质合金、人造宝石等硬质材料
金刚石系	人造金刚石		无色透明或淡黄色、黄绿色、黑色,硬度高,比天然金刚石脆,表面粗糙	粗精研磨质合金、人造宝石、半导体等高硬度脆性材料
	天然金刚石		硬度最高,价格昂贵	
其他	氧化铁		红色至暗红色,比氧化铬软	精研磨或抛光钢、玻璃等材料
	氧化铬		深绿色	

①氧化物磨料。氧化物磨料有粉状和块状两种,主要用于碳素工具钢、合金工具钢、高速工具钢和铸铁工件的研磨。

②碳化物磨料。碳化物磨料呈粉状,它的硬度高于氧化物磨料,除了用于一般钢材制件的研磨外,主要用来研磨硬质合金、陶瓷之类的高硬度工件。

③金刚石磨料。金刚石磨料分为人造与天然两种,其切削能力、硬度比氧化物磨料都高,实用效果也好。一般用于硬质合金、宝石、玛瑙、陶瓷等高硬度材料的精研加工。

磨料的粗细用粒度来表示,磨料标准 GB2477—83 规定粒度用 41 个粒度代号来表示,颗粒尺寸大于 $50\mu m$ 的磨砺粒用筛网法测定,有 4 号、5 号……240 号共 27 种,号数愈大,磨料愈细;颗粒尺寸很小的磨料用显微镜测定,W 表示微粉,数字表示实际宽度,有 W63、W50……W05共 15 种,这一组号数愈大,磨粒愈粗。各类磨料的应用情况见表8-1-10。

表 8-1-10 磨料粒度选用

号数	研磨加工类别	表面粗糙度质量
100～W50	用于最初的研磨加工	
W40～W20	用于粗研磨加工	$Ra\,0.4\sim0.2\mu m$
W40～W20	用于半精研磨加工	$Ra\,0.2\sim0.1\mu m$
W5 以下	用于精研磨加工	$Ra\,0.1\mu m$ 以下

(2)研磨液。研磨液在研磨中起调和磨料、冷却和润滑的作用。常用的研磨液有煤油、汽油、10 号机油、工业用甘油、熟猪油等。研磨液大体上分成油剂及水剂两类。油剂研磨液有航空汽油、煤油、变压器油及各种植物油、动物油及烃类,配以若干添加剂组成。水剂研磨液由水及各种皂剂配制而成。油剂主要是黏度、润滑及防锈性能好,清洗必须配以有机溶剂,有环境污染及费用较高等缺点。水剂则防锈能力差。工作中要求研磨液应具备以下条件:

①有一定的稠度和稀释能力。磨料通过研磨液的调和与研具表面有一定的粘附性,才能使磨料对工件产生切削作用。

②有良好的润滑冷却作用。

③对操作者健康无害,对工件无腐蚀作用,且易于洗净。

(3)研磨剂。用磨料、研磨液和辅助材料(石蜡、蜂蜡等填料和黏性较大而氧化作用较强的油酸、脂肪酸、硬脂酸等)制成的混合剂,习惯上也列为磨具的一类。研磨剂用于研磨和抛光,使用时磨粒呈自由状态。由于分散剂和辅助材料的成分和配合比例不同,研磨剂有液态、膏状和固体的三种。

液态研磨剂不需要稀释即可直接使用。

膏状的研磨剂常称作研磨膏,可直接使用或加研磨液稀释后使用,用油稀释的称为油溶性研磨膏;用水稀释的称为水溶性研磨膏。

固体研磨剂(研磨皂)常温时呈块状,可直接使用或加研磨液稀释后使用。

(四)研磨的方法

1. 一般平面研磨方法。

平面研磨时,首先要用压嵌法和涂敷法加上磨料,压嵌法是用工具(淬硬压棒或者三板互研)将研磨剂均匀嵌入平板,研磨质量较高;涂敷法是将研磨剂涂敷在工件和研具上,磨料难以分布均匀,质量不及压嵌法高。正确处理好研磨的运动轨迹是提高研磨质量的重要条件。在平面研磨中,一般要求:

①工件相对研具的运动,要尽量保证工件上各点的研磨行程长度相近。

②工件运动轨迹均匀地遍及整个研具表面,以利于研具均匀磨损。

③运动轨迹的曲率变化要小,以保证工件运动平稳。

④工件上任一点的运动轨迹尽量避免过早出现周期性重复。工件可沿平板全部表面,按直线、"8"字形、仿"8"字形、螺旋形运动等轨迹进行研磨。图 8-1-69 为常用的平面研磨运动轨迹。

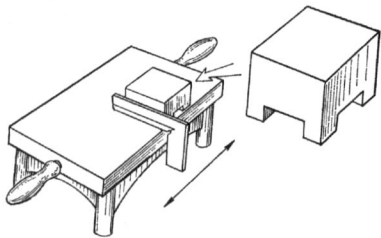

⑤研磨时工件受压均匀,压力大小适中。压力大,切削量大,表面粗糙度值大,反之切削量小,表面粗糙度值小。为了减少切削热,研磨一般在低压低速条件下进行。粗研的压力不超过 0.3 Pa,精研压力一般采用 0.03~0.05 Pa。

⑥手工研磨时速度不应太快:手工粗研磨时,每分钟往复 20~60 次;手工精研磨时,每分钟 20~40 次(粗研速度一般为 20~120 m/min,精研速度一般取 10~30 m/min)。

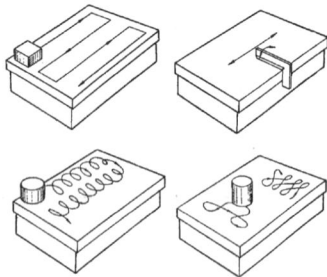

图 8-1-69　平面研磨方法　　　　　　图 8-1-70　导靠块

2. 狭窄平面研磨方法。

狭窄平面研磨时为防止研磨平面产生倾斜和圆角,应用金属块做成"导靠块",采用直线研磨轨迹。如图 8-1-70 所示。若工件要研磨成半径为 R 的圆角,则采用摆动式直线研磨运动轨迹。

3. 圆柱面的研磨方法。

圆柱面研磨一般是手工与机器配合进行研磨。工件由车床或钻床带动旋转,其上均匀涂布研磨剂,用手推动研磨环在旋转的工件上沿轴线方向做反复运动研磨。一般机床转速:直径小于 80 mm 时为 100 r/min;直径大于 100 mm 时为 50 r/min;当出现 45°交叉网纹时,说明研磨环移动速度适宜。

圆柱孔研磨时,可将研磨棒用车床卡盘夹紧并转动,把工件套在研磨棒上进行研磨。机体上大尺寸孔,应尽量置于垂直地面方向,进行手工研磨。

记一记: 列出研磨的工具和方法:_____

_____

_____

【任务实施】

六角螺母的制作

一、作业计划(实训工单)

作业任务								
学生姓名		班级		日期		场地	时间	分钟
作业准备	设备、工量具及材料:							
自定义作业								
作业步骤	作业项目				作业检查/确认/记录			作业评估
1								
2								
3								
4								
5								
作业安全								
作业计划审核	小组审核意见: 组长签字:				教师审核意见: 教师签字:			

二、作业准备

游标高度划线尺、游标卡尺、千分尺、活络角尺、万能游标量角器、划线平台、划针、划规、样冲、榔头、挡块(V形铁)、直径5~8 mm麻花钻、M6丝锥和大、小锉刀。

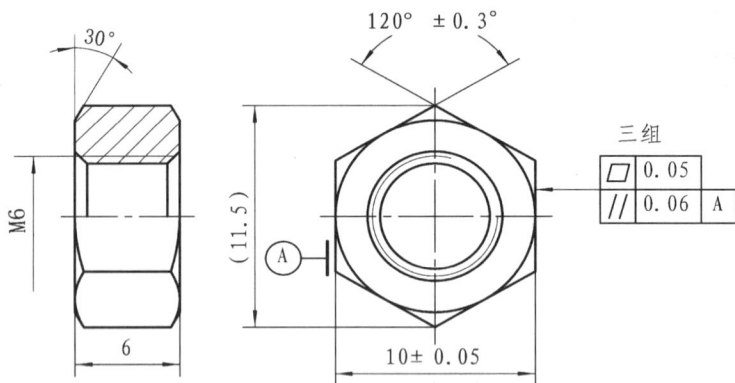

三、作业要求

1. 熟练地掌握攻钻孔、攻螺纹技能。
2. 六方体的锉削质量达到图样精度。
3. 能正确地进行划线、锯割、打样冲操作。

扫码看微课

钳工基本技能：锉削　　钳工基本技能：锯削　　钳工基本技能：錾削

四、作业步骤及要点

步骤	工艺方法	工艺步骤图
1.下料	用手锯锯割两段直径12 mm，宽9 mm的圆钢。直径_____mm	
2.划线、打样冲眼	以毛坯外圆为基准，用划规和角尺找正圆心，借助"V"形铁和高度游标划线尺，用划针和划规划出六边形和内切圆轮廓线	

汽车维修基本技能

步骤	工艺方法	工艺步骤图
3.锉削第一面	根据划线基准线,用粗齿、细齿锉刀锉削出第一个表面,以尺寸 11 mm 为参考进行测量。注意达到平面度要求	
4.锉削平行面	根据第一个锉削面,用粗齿、细齿锉刀锉削出第二个表面,保证尺寸 10±0.05 mm。注意达到平面度 0.05 mm 和平行度 0.06 mm 要求。平面度_____ mm,平行度_____ mm	
5.锉削第三面	根据第一个锉削基准面,用粗齿、细齿锉刀锉削出第三个表面,参考尺寸 11 mm。注意达到平面度 0.05 mm 和角度 120°±0.03°的要求,结合游标量角器或者活络角尺检查。平面度_____ mm,角度_____	
6.锉削第四面	根据第二、三个锉削面,用粗齿、细齿锉刀锉削出第四个表面,参考尺寸 11 mm。注意达到平面度 0.05 mm 和角度 120°±0.03°的要求,结合游标量角器或者活络角尺检查。平面度_____ mm,角度_____	
7.锉削平行面	以第三、四个锉削面为基准,用粗齿、细齿锉刀锉削出第五六个表面,保证尺寸 10±0.05 mm。注意达到平面度 0.05 mm、平行度 0.06 mm 和角度 120°±0.03°的要求,结合游标量角器或者活络角尺检查平面度_____ mm,平行度_____ mm,角度_____	
8.钻底孔	以样冲眼为基准(注意检查,如不合格则需要调整),钻直径为 5 mm 的底孔。直径____ mm	

步骤	工艺方法	工艺步骤图
9.孔口倒角	用直径 8 mm 以上直径的钻头进行孔口倒角（注意直径要接近于 7 mm）。直径_____ mm	
10.攻螺纹	用 M6 的丝锥攻螺纹。可加少量机油,可用角尺从两个方向（角尺旋转 90°）检查丝锥是否和孔口面垂直,避免牙型歪斜,注意用力均匀,防止断牙。正常套丝后,要及时进行断屑动作处理。套丝完毕,用标准的螺杆进行检查。检查结果_____	
11.倒角、整形	用粗齿、细齿锉刀倒角、精修外形。检查结果_____	

五、任务考核

表 8-1-11 螺母课题评分标准

姓名		工件号		总成绩	
序号	考核要求	配分	评分标准	实测结果	得分
1	螺母 M6	30	超差不得分		
2	螺母 M6 底孔孔口倒角至直径为 7.0 mm	10	超差不得分		
3	螺母六角对边尺寸 10 ± 0.05 mm 三组	30	每超差 0.02 扣 2 分,扣完为止		
4	螺母外形倒角	10	超差不得分		
5	操作安全	10	安全文明生产,违者不得分		
6	工时定额 18 h	扣分	超过 20 分钟内扣 5 分,30 分钟内扣 10 分		

【任务检测】

一、填空题

1.钳工是使用_____并经常在_____进行手工操作的一个工种。钳工主要从事各种_____、_____、_____、_____、_____的加工,以及各种专用设备、机械设备的_____、_____等工作。

2.划针分为_____两大类。直划针一般用于_____,弯头划针用于_____的场合。

3.手锯由_____和_____两部分组成。

4.錾子根据切削部分錾削对象的不同,可分为_____、_____、_____三种类型。

5.锉刀按用途不同主要有_____、_____、_____三类。其中_____使用频率最高。

6.锉削时锉刀的_____是锉削的关键。锉削的力有_____两种。

7.钻削是用各种_____刀具进行_____、_____、_____、_____的切削加工。

8.丝锥是加工_____的工具,一般分为_____。

9.刮削的作用是提高互动配合零件之间的_____和改善_____条件

10.常用的曲面刮刀有_____、_____和_____等几种。

二、判断题

1.根据工件材料的硬度选择锯条的粗细:锯薄板或薄壁管时,选细齿锯条。　　（　　）

2.锉刀按用途不同主要有普通锉(或称钳工锉)、特种锉和整形锉(或称什锦锉)三类。其中特种锉刀使用最多。　　（　　）

3.套螺纹时,板牙没有经常倒转容易烂牙。　　（　　）

4.粗精研磨要分开进行,如粗精研磨必须在一块平板上完成,粗研后必须全面清洗平板。　　（　　）

5.锯缝歪斜或者更换新锯条后锯割一定要降低速度,防止锯条折断伤人。　　（　　）

三、简答题

1.简述游标卡尺的读数方法。

2.简述千分尺的读数方法。

3.简述锉削的动作要领和锉削方法。

4.简述不同类型的工件的锯割方法。

5.简述普通麻花钻的结构。

6.简述磨料的分类方法和应用范围。

四、钳工基本技能综合练习题:錾口榔头制作

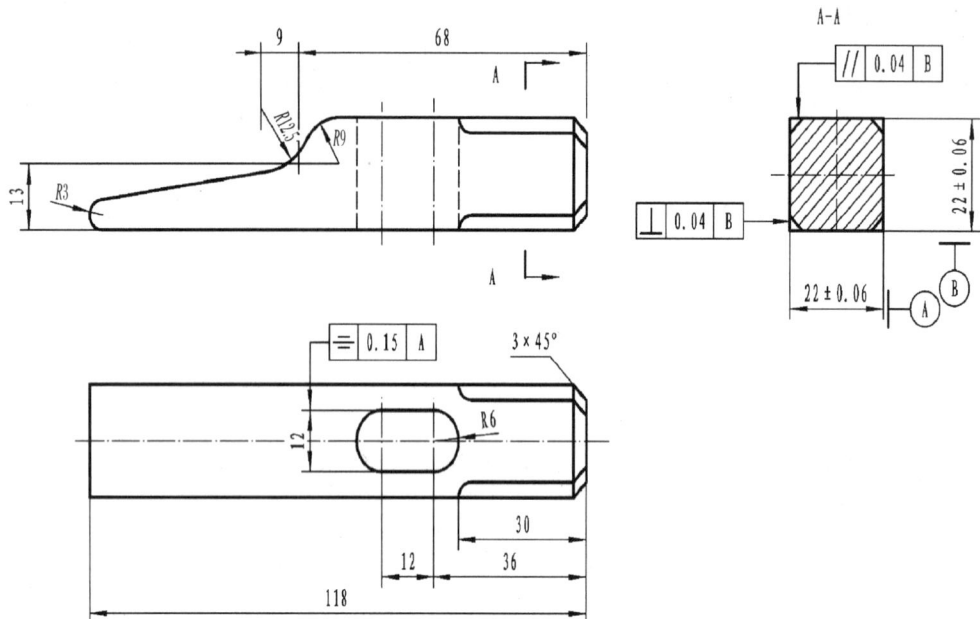

【任务拓展】

扫码学知识

气门的研磨方法

【任务评价】

班级：　　　　　　　　姓名：　　　　　　　　指导教师：

序号	评分项	评分内容		配分	评分要求	自评	互评	师评
1	A 思想政治与情感素养养成考核（20 分）	A1 出勤/纪律/态度/行为规范及其表现		5	违规 1 次扣 2 分			
		A2 劳动精神、工匠素养和社会主义核心价值观的养成		10	综合考核为"优"得 10 分、"良"得 8 分、"中"得 6 分、"差"不得分			
		A3 职业素养：安全防护、"5S"/"EHS"、物料检查、安全使用和存放保养		5	未完成 1 项扣 2 分，扣完为止			
2	B 知识考核（35 分）	B1 课堂学习（完成"记一记"）		5	综合考核为"优"得 5 分、"良"得 4 分、"中"得 3 分、"差"不得分			
		B2 作业完成		5	未完成扣 5 分			
		B3 知识测验		20	实际测验成绩的 20%计			
		B4 拓展知识学习		5	未完成扣 5 分			
3	C 技能考核（45 分）	C1 资讯收集和作业计划、决策（实训工单）		3	未完成扣 3 分			
		C2 作业准备		1	未完成扣 1 分			
		C3 作业步骤	C3-1 下料、划线、打样冲眼	5	未完成 1 项扣 2 分，扣完为止			
			C3-2 锉削第一面、平行面	8	未完成 1 项扣 4 分，扣完为止			
			C3-3 锉削第三面、第四面和平行面	8	未完成 1 项扣 3 分，扣完为止			
			C3-4 钻底孔、孔口倒角	8	未完成 1 项扣 4 分，扣完为止			
			C3-5 攻螺纹、倒角和整形	6	未完成 1 项扣 2 分，扣完为止			
			C3-6 整理、清洁	1	未完成扣 1 分			
		C4 作业质效判断和分析（完成实训工作页/实训报告）		2	未完成扣 3 分			
		C5 拓展技能学习		2	未完成扣 2 分			
总分				100				

【任务反思】

序号	优点	存在问题	解决方案

教师签字：

任务二　装配钳工

【任务目标】

目标类型	目标要求
1.认知目标	(1)明确装配钳工的基本定义； (2)了解装配钳工的工作内容。
2.技能目标	(1)学习装配钳工的基本工艺； (2)练习装配钳工的基本技能。
3.情感目标	(1)培养良好的装配操作习惯； (2)培养吃苦耐劳的意志品质和一丝不苟的工作作风。

【任务描述】

装配就是按照规定的技术要求,将若干个零件组装成部件或将若干个零件和部件组装成产品的过程。装配在工业化生产和机器设备、汽车维修方面有极其重要的地位。装配工艺和技能的优劣对设备的整体质量有很大的影响。

装配分为:组件装配、部件装配和总装装配。装配方法有互换装配法、分组装配法、修配法、调整法四种。装配的三要素为:定位、加紧、支撑。

在汽车维修中,装配和拆卸是联系在一起的,要修理机器必然先进行拆卸,拆卸完成以后必进行装配。拆卸是指把机器等拆开并卸下部件的工作过程。

【任务准备】

一、装配钳工的工艺过程

(一)装配的准备工作

1. 熟悉产品装配图及有关技术资料、产品的结构、各零件的作用、相互关系及连接方法。

2. 确定装配方法、装配顺序、装配工具。

3. 划分装配单元,确定装配顺序。

4. 制订装配工艺卡片。

(二)清理和清洗零件

在装配过程中,必须保证没有杂质留在零件或部件中,否则,就会迅速磨损机器的摩擦表面,严重的会使机器在很短的时间内损坏。由此可见,零件在装配前的清理和清洗工作对提高产品质量,延长其使用寿命有着重要的意义,特别是对于轴承精密配合件、液压元件、密封件以及有特殊清洗要求的零件都很重要。对零件的清理和清洗内容包括:

(1)装配前,清除零件上的残存物,如型砂、铁锈、切屑、油污及其他污物。

(2)装配后,清除在装配时产生的金属切屑,如配钻孔、铰孔、攻螺纹等加工的残存切屑。

(3)部件或机器试车后,洗去由摩擦、运行等产生的金属微粒及其他污物。

(三)装配过程

1. 部件装配:把零件装配成部件的过程叫部件装配。

2. 总装配:把零件和部件装配成完整产品的过程叫总装配。

3. 调整、精度检验:调整工作就是调节零件或机构部件的相互位置、配合间隙、结合松紧等,使机构或机器工作协调,性能良好。精度检验就是对产品的工作精度、几何精度进行检验,直至达到技术要求为止。

4. 试车:检查机器或部件整体运转的性能,如噪声、温度、转速、震动等是否达标。

5. 喷漆、涂油、装箱等:喷漆是为了防止不加工面锈蚀和使产品外表美观。涂油是使产品工作表面和零件的已加工表面不生锈。装箱是产品的保管,待发运。

(四)拆卸工作的要求

1. 机器拆卸工作,应按其结构的不同,预先考虑操作顺序,以免先后倒置,或贪图省事猛拆猛敲,造成零件的损伤或变形。

2. 拆卸的顺序,应与装配的顺序相反。

3. 拆卸时,使用的工具必须保证对合格零件不会发生损伤,严禁用手锤直接在零件的工作表面上敲击。

4. 拆卸时,零件的旋松方向必须辨别清楚。

5. 拆下的零部件必须有次序、有规则地放好,并按原来结构套在一起,配合件上做记号,以免搞乱。丝杠、长轴类零件必须正确放置,防止变形。

记一记: 列出装配钳工的工艺要点:_____

_____

_____

二、螺纹连接的装配技术要求

1. 足够的预紧力。

为了达到螺纹连接可靠和紧固的目的,螺纹之间必须具有一定的摩擦力矩,为此螺纹连接在装配时必须保证一定的拧紧力。

2. 可靠的防松装置。

螺纹连接一般具有自锁性,在静载荷情况下不会自动松脱,但在交变载荷和震动、冲击作用下,会使摩擦力矩减小,使螺纹连接松动。所以,螺纹连接需要可靠的防松装置,使螺纹连接稳定可靠。

一般螺栓连接时采用紧固连接。螺栓紧固的目的是增强连接的刚性、紧密性和防松能力,提高受拉螺栓的抗疲劳强度,增大连接中受剪螺栓的摩擦力,从而提高传递载荷的能力。

螺栓装配前,应检查螺栓孔是否干净,有无毛刺;检查被连接件与螺栓、螺母接触的平面,是否与螺栓孔垂直;同时,还应检查螺栓与螺母配合的松紧程度。

记一记: 列出螺纹连接的装配要点:_____

_____

_____

三、轴承的安装技术要求

轴承安装不正确，会出现卡住零件、温度过高等情况，导致轴承早期损坏，因而轴承安装的好坏与否，将影响到轴承的精度、寿命和性能。

1. 轴承装配前的注意事项。

（1）轴承的准备。

由于轴承经过防锈处理并加以包装，因此不到临安装前不要打开包装。另外，轴承上涂布的防锈油具有良好的润滑性能，对于一般用途的轴承或充填润滑脂的轴承，可不必清洗直接使用。但对于仪表用轴承或用于高速旋转的轴承，应用清洁的清洗油将防锈油洗去，这时轴承容易生锈，不可长时间放置。

（2）轴与外壳的检验。

清洗轴承与外壳，确认无伤痕或机械加工留下的毛刺。外壳内绝对不得有研磨剂、型砂、切屑等。其次检验轴与外壳的尺寸、形状和加工质量是否与图纸符合。安装轴承前，在检验合格的轴与外壳的各配合面涂布机械油。

2. 轴承的安装方法。

轴承的安装应根据轴承结构，尺寸大小和轴承部件的配合性质而定，压力应直接加在紧密配合的套圈端面上，不得通过滚动体传递压力。轴承安装一般采用如下方法。

（1）压入配合。

轴承内圈与轴是紧配合，外圈与轴承座孔是较松配合时，可用压力机将轴承先压装在轴上，然后将轴连同轴承一起装入轴承座孔内，压装时在轴承内圈端面上，垫一软金属材料做的装配套管（铜或软钢），装配套管的内径应比轴颈直径略大，外径直径应比轴承内圈挡边略小，以免压在保持架上。轴承外圈与轴承座孔是过盈配合，内圈与轴为较松配合时，可将轴承先压入轴承座孔内，这时装配套管的外径应略小于座孔的直径。如果轴承套圈与轴及座孔都是过盈配合时，安装室内圈和外圈要同时压入轴和座孔，装配套管的结构应能同时压紧轴承内圈和外圈的端面。

（2）加热配合。

通过加热轴承或轴承座，利用热膨胀将紧配合转变为松配合的安装方法。是一种常用和省力的安装方法。此法适于过盈量较大的轴承的安装，热装前把轴承或可分离型轴承的套圈放入油箱中均匀加热 80～100 ℃，然后从油中取出尽快装到轴上，为防止冷却后内圈端面和轴肩贴合不紧，轴承冷却后可以再进行轴向紧固。轴承外圈与轻金属制的轴承座紧配合时，采用加热轴承座的热装方法，可以避免配合面受到擦伤。

（3）分清轴承的紧环和松环。

根据轴承内径大小判断，孔径相差 0.1～0.5 mm。分清机构的静止件（不发生运动的部件，主要是指装配体）。无论什么情况，轴承的松环始终应靠在静止件的端面上。

3. 检验。

轴承安装后应进行旋转试验，首先用于旋转轴或轴承箱，若无异常，便以动力进行无负荷、低速运转，然后视运转情况逐步提高旋转速度及负荷，并检测噪音、振动及温升，发现异常，应停止运转并检查。运转试验正常后方可交付使用。

记一记： 列出轴承的安装要点：_____

_____

_____

汽车维修基本技能

【任务实施】

减速器的装配

图 8-2-1　减速器

一、作业计划(实训工单)

作业任务								
学生姓名		班级		日期		场地	时间	分钟
作业准备	设备、工量具及材料:							
自定义作业								
作业步骤	作业项目				作业检查/确认/记录		作业评估	
1								
2								
3								
4								
5								
作业安全								
作业计划审核	小组审核意见:　　　　　　　　　　组长签字:				教师审核意见:　　　　　　　　　教师签字:			

二、作业准备

1. 齿轮减速器 THMDZT-1 型 1 套；
2. 内六角扳手 1 套；
3. 橡胶锤 1 把；
4. 长柄十字螺丝刀 1 把；
5. 三角拉马 1 个；
6. 活动扳手(250 mm)各 1 把；
7. 圆螺母扳手(M27、M16)1 把；
8. 外用卡簧钳(直角 7 寸)1 把；
9. 防锈油若干；
10. 紫铜棒(一头直径 18 mm，一头直径 14 mm) 一根；
11. 通芯一字螺丝刀 1 把；
12. 工作台、毛巾等。

攻螺纹方法

三、作业要求

1. 熟练地掌握装配的工艺过程。
2. 掌握各个轴组件的装配方法。
3. 看懂减速器装配图。

四、作业步骤及要点

1. 作业准备。
2. 掌握装配内容。

(1)能够读懂齿轮减速器的部件装配图。通过装配图，能够明确零件之间的装配关系，机构的运动原理及功能。理解图纸中的技术要求，基本零件的结构装配方法，轴承、齿轮精度的调整。

(2)能够规范合理地写出变速箱的装配工艺过程。

列出装配工艺流程：_____

_____

_____

(3)轴承的装配。

(4)齿轮的装配。齿轮的定位可靠，以承担负载；移动齿轮的灵活性；圆柱啮合齿轮的啮合齿面宽度差(两个齿轮的错位)不超过 5%。宽度差_____ mm。

(5)装配的规范化。合理的装配顺序；传动部件主次分明；运动部件的润滑；啮合部件间隙的调整。

3. 机械装配与调整。

(1)左右挡板的安装。

将左右挡板固定在齿轮减速器底座上。

图 8-2-2　挡板安装

安装状况：_____

_____

（2）输入轴的安装。

将两个角接触轴承按背靠背的装配方法安装在输入轴上，轴承中间加轴承内、外圈套筒。安装轴承座套和轴承透盖。安装好齿轮和轴套后，轴承座套固定在箱体上，挤压深沟球轴承的内圈把轴承安装在轴上，装上轴承闷盖，套上轴承内圈预紧套筒。最后通过调整圆螺母来调整两角接触轴承的预紧力。

图 8-2-3　齿轮轴安装

安装状况：_____

_____

（3）中间轴的安装。

把深沟球轴承压装到固定轴一端，安装两个齿轮和齿轮中间齿轮套筒及轴套后，挤压深沟球轴承的内圈把轴承安装在轴上，最后打上两端的闷盖。

图 8-2-4　中间轴

安装状况：_____

_____

（4）输出轴的安装。

将两个角接触轴承按背靠背的装配方法安装在输入轴上，轴承中间加轴承内、外圈套筒。安装轴承座套和轴承透盖。安装好齿轮后，装紧两个圆螺母，挤压深沟球轴承的内圈把轴承安装在轴上，装上轴承闷盖，套上轴承内圈预紧套筒。最后通过调整圆螺母来调整两角接触轴承的预紧力。

图 8-2-5　输出轴

安装状况：_____

_____

（5）轴承端盖的安装。

固定端透盖的安装。把固定端透盖的四颗螺丝预紧，用塞尺检测透盖与轴承室的间隙，选择一种厚度最接近间隙大小的青稞纸垫片，青稞纸上涂上黄油，安装在透盖与轴承室之间。游动端闷盖的安装选择 0.3 mm 厚度的青稞纸，青稞纸上涂上黄油，安装在闷盖与变速箱侧板之间。

图 8-2-6　轴承端盖

图 8-2-7　轴承端盖的安装

安装状况：_____

_____

4. 结束工作。
（1）清理工具。
（2）清理工作台和场地。

五、作业考核

表 8-2-1 减速器装配课题评分标准

姓名		工件号		总成绩	
序号	考核要求	配分	评分标准	实测结果	得分
1	减速器装配图的识读	15	超差不得分		
2	能正确制定装配工艺路线	5	超差不得分		
3	齿轮轴组件的装配	15	超差不得分		
4	减速器整机的装配	5	超差不得分		
6	减速器精度检验方法	30	每超差 0.02 扣 2 分,扣完为止		
8	清洁保养及包装	20	超差不得分		
9	操作安全	10	安全文明生产,违者不得分		
10	工时定额 6h	扣分	6 小时完成,超过 10 分钟内扣 5 分,20 分钟内扣 10 分;		

【任务检测】

一、填空题

1.装配就是按照规定的_____,将若干个_____组装成部件或将若干个零件和部件组装成_____的过程。

2.拆卸是指把机器等_____并_____部件的工作过程。

3.螺纹连接是一种使用广泛的_____的固定连接,它具有_____、_____、_____、_____等优点。

4.螺纹防松原理概括成一句话,即消除(或限制)螺纹副之间的相对_____,或增大相对运动的_____。

5.轴承安装不正确,会出现_____、_____,导致轴承早期_____。

二、判断题

1.装配分为:组件装配、部件装配和总装装配。　　　　　　　　　　　　　　(　　)

2.在机修和汽修当中,装配和拆卸是联系在一起的,要修理机器必然先进行拆卸,拆卸完成以后必须进行装配。　　　　　　　　　　　　　　　　　　　　(　　)

3.在装配过程中,必须保证没有杂质留在零件或部件中,否则,就会迅速磨损机器的摩擦表面,严重的会使机器在很短的时间内损坏。　　　　　　　　　　　(　　)

4.螺栓连接时被连接件的孔中不切制螺纹,装拆方便,螺栓与孔之间有间隙,由于加工简便,成本低,所以应用最广。　　　　　　　　　　　　　　　　　　(　　)

5.为了达到螺纹连接可靠和紧固的目的,螺纹之间必须具有一定的摩擦力矩,为此螺纹

连接在装配时必须保证一定的拧紧力,使纹牙之间的预紧力。 （　　）

三、简答题

1.简述拧紧成组螺栓、螺母的方法。

2.简述螺纹的防松方法。

3.简述轴承的安装方法。

4.简述装配的工作过程。

5.简述零件的清理和清洗内容。

【任务拓展】

扫码学知识

断头螺丝的拆卸方法

【任务评价】

班级：　　　　　　　　姓名：　　　　　　　　指导教师：

序号	评分项	评分内容		配分	评分要求	自评	互评	师评
1	A 思想政治与情感素养养成考核（20分）	A1 出勤/纪律/态度/行为规范及其表现		5	违规1次扣2分			
		A2 劳动精神、工匠素养和社会主义核心价值观的养成		10	综合考核为"优"得10分、"良"得8分、"中"得6分、"差"不得分			
		A3 职业素养：安全防护、"5S"/"EHS"、物料检查、安全使用和存放保养		5	未完成1项扣2分，扣完为止			
2	B 知识考核（35分）	B1 课堂学习（完成"记一记"）		5	综合考核为"优"得5分、"良"得4分、"中"得3分、"差"不得分			
		B2 作业完成		5	未完成扣5分			
		B3 知识测验		20	实际测验成绩的20%计			
		B4 拓展知识学习		5	未完成扣5分			
3	C 技能考核（45分）	C1 资讯收集和作业计划、决策（实训工单）		3	未完成扣5分			
		C2 作业准备		1	未完成扣1分			
		C3 作业步骤	C3-1 识读装配图，编制装配工艺	12	未完成1项扣4分，扣完为止			
			C3-2 轴承、齿轮的装配及规范	12	未完成1项扣4分，扣完为止			
			C3-3 左右挡板的安装	3	未完成扣3分			
			C3-4 输入轴、中间轴的安装	6	未完成1项扣3分，扣完为止			
			C3-5 输出轴、轴承端盖的安装	3	未完成1项扣1分，扣完为止			
			C3-6 结束工作，整理、清洁	2	未完成扣2分			
		C4 作业质效判断和分析（完成实训工作页/实训报告）		2	未完成扣2分			
		C5 拓展技能学习		1	未完成扣1分			
总分				100				

【任务反思】

序号	优点	存在问题	解决方案

教师签字：

项目九
基本技能综合训练

任务一　汽车机械部件拆装与检测训练

【任务目标】

目标类型	目标要求
1.认知目标	(1)描述汽车机械部件装配工艺； (2)描述汽车机械部件拆装与检测方法或内容。
2.技能目标	达到汽车维修中级工如下技能要求： (1)正确使用工、量具和设备进行拆装与检测； (2)对机械部件实施规范的拆装与检测。
3.情感目标	(1)养成爱护工具和"5S"的意识； (2)具有安全操作的意识； (3)具备严谨、求精的工匠精神,培养劳动精神。

【任务描述】

　　汽车是由许多零部件、总成构成的。零部件之间具有高精度要求的结构,包括形状、位置和尺寸配合关系等。当零部件出现了变形、磨损、腐蚀以及老化等损伤后,其功能会下降甚至丧失而出现工作故障。因此,拆卸、清洁、检测、装配调整以及更换是汽车维修的重要作业方式。

【任务准备】

　　汽车零部件的拆装就是通过对零部件、总成进行正确的解体拆卸、清洁、检测、装配调整或更换,恢复其固有的结构要求和技术标准,从而恢复其使用功能,排除故障或隐患。下面重点介绍部件的拆卸、清洁、检测和装配的基本知识。

一、拆卸和装配

(一)拆装依据

1. 应依据零部件的结构和工作原理。如不考虑其结构特点,不了解零部件之间的形状、位置、尺寸关系,以及连接、运动关系是不可能进行拆装,甚至还会造成零部件更大的损伤。因此,应防止盲目地乱拆乱装。

2. 必须依据正确的操作规范和零部件的技术标准进行拆装和调整,一定要参考维修手册进行。

3. 必须依据实际作业需要进行拆装。零部件的每一次拆装,都会产生变形或损伤,装配之后是很难完全恢复原有配合关系。因此,应依据必要的检查判断之后的需要进行拆卸,尽量减少拆卸和大拆大卸。

(二)拆装方法

拆装作业中必须要有正确的方法和程序,围绕操作和技术规范两个核心内容才能保证装配质量。应按照维修手册进行。

1. 使用必要的工具、设备、仪器以及专用工具,按规范的操作方法进行才能使拆装的损伤减低,精度和准确性提高,还能提高工效,防止安全事故的发生。

2. 应按正确的工艺流程来进行。根据其结构、原理和配合关系等按合理的拆装步骤来完成。一般拆卸时按由外到内的顺序进行,装配时刚好相反,应按由内向外进行。

3. 拆卸时应注意检查校对,为检测、装配做准备。

(1)应在拆卸时目测检查零部件的损伤情况,为检测、更换零部件提供依据。

(2)尤其要注意对零部件的装配记号进行检查、核对和标注,便于正确装配。对于不可互换的、精度要求高的、同组零部件等应做好检查、校对、标注记号。装配时应按原记号原样装回。

4. 零件的摆放必须规范,便于清洁、检查和装配。应归类并按一定的顺序和方法摆放,否则会引起错乱和形成不必要的损伤、丢失。一般而言,精度要求高的、容易损伤工作面或接触面的零件要小心单独存放;不可互换的配合副零件应成对成组摆放;同一个部件的相关零件要存放在一起;易变形、丢失的应专门存放,非金属材料零件也要单独存放。

5. 一定要按照维修手册的规范遵循扭矩标准值原则。

6. 组装前应按要求对工件彻底清洁,对滑动位置加抹机油,润滑表面。

记一记: 列出机械部件拆装基本方法:_____

_____

_____

二、清洁

(一)清洁的目的

在零件检测、装配前必须保证清洁。其目的如下:

1. 清除污物杂物、积炭,以便恢复原有的工作关系和性能。

2. 清除污物便于零件的检查与测量。

3. 便于零件装配,防止安装时进入异物,提高装配质量。

小提示： 必须对零部件的工作面、接触面进行清洁，对油、气、水道或螺栓孔等保证清洁、无污物、畅通。

（二）清洁方法

1. 积炭的清除。可用刮刀刮除后用刷子、砂纸等清除干净。如图9-1-1所示。

2. 使用清洁液清洁。实际工作中大多用煤油、无铅汽油和毛刷子进行清洁。然后可用水冲洗，用压缩空气吹干，再涂上机油除去水分。如图9-1-2所示。

小提示： ①橡胶零件不可用煤油、汽油清洗，否则会造成老化；密封皮碗只能用专业清洗液或酒精清洗；制动蹄片只能用专用清洁液清洗等。

②使用溶剂清洗零件时，应戴上防溶剂手套，并注意清洗液的陈放和处理。

3. 高压空气清洁。用高压干净的空气可清除零件表面的灰尘、水分或油。如图9-1-3所示。

图9-1-1　清除积炭　　　　9-1-2　清洁液清洗　　　　图9-1-3　高压空气清洁

小提示： 应朝下吹，不要对人，避免灰尘、水、油飞扬而影响环境及人体健康，并要求戴上防护眼镜和防尘口罩。

记一记： 列出机械部件清洁的方法：＿＿＿＿＿＿＿＿＿＿＿＿＿＿＿＿＿＿＿＿＿

＿＿

三、检测、调整

检测与调整的目的是为了发现零部件的损伤情况，测定零部件的配合关系等是否符合装配技术要求。因此，它是判断零部件好坏，是否可修复或需更换，鉴定装配质量的重要环节。一般是在维修手册的指导下进行。下面简单介绍零部件的检测调整知识。

小提示： 所有的工件检测必须将其清洗干净。

（一）尺寸测量

汽车上的零部件因变形、磨损等原因会导致其尺寸发生变化，造成过度磨损和异常噪音。测量零部件尺寸大小是判断零件性能的重要依据。

主要包括以下几个方面：

1. 高度、厚度、长度的测量。多用游标卡尺或千分尺等。测量位置应选在滑动表面磨损最严重地方，取多个测量值中的最小值。如图9-1-4所示。

2. 内、外径测量。多用来测量孔、轴类零件的不均匀磨损情况，如气缸、曲轴轴颈测量。一般选用游标卡尺、千分尺测量外径，用游标卡尺、卡规、量缸表等测量内径。如图9-1-5、图9-1-6所示。

汽车维修基本技能

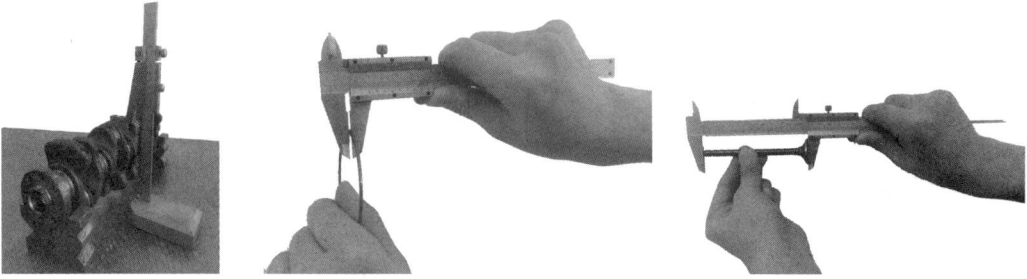

图 9-1-4　外径测量

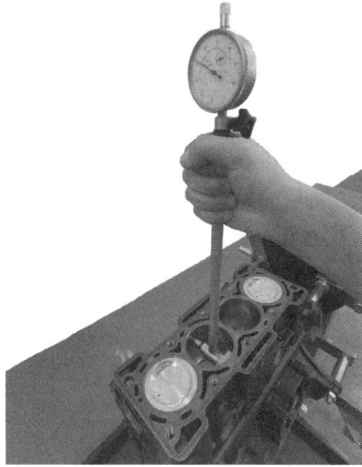

图 9-1-5　气缸的测量

图 9-1-6　曲轴的直径测量

3. 跳动量测量。一般是对轴类零件、盘、齿轮、轴承等的轴向、径向跳动量进行的测量。多用磁性表座百分表进行测量。如图 9-1-7、图 9-1-8 所示。

图 9-1-7　曲轴圆跳动量测量(径向)

图 9-1-8　轴向跳动量测量

一般轴的径向跳动量也是其直线度,如曲轴的直线度测量。

4. 平面度检测。如部件之间的安装平面存在变形,往往会导致密封不良,如缸盖与缸体间的配合。因此需要测量其平面度。如图 9-1-9 缸盖与缸体的结合面的平面度测量,多利用刀口尺和塞尺配合使用,在工件表面的横、竖、对角线 6 个位置测量,以最大值为准。

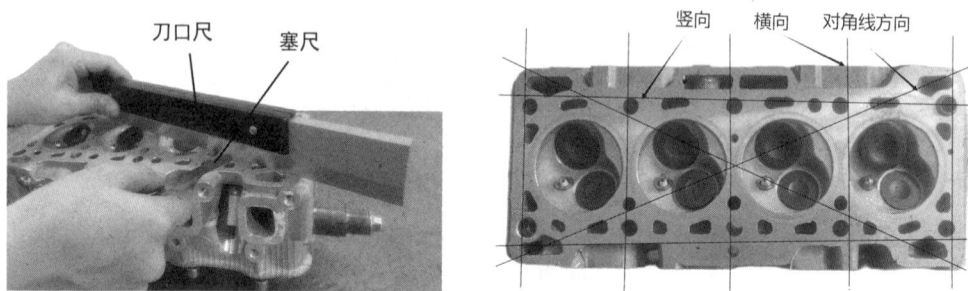

图 9-1-9　平面度测量

(二)配合间隙测量

零部件之间配合分过盈配合、过渡配合和间隙配合三种形式。不同的零部件都有技术标准值来保证配合关系的准确。其中,间隙配合是部件之间合适的配合形式,是为了保证完好的润滑、运动关系,防止卡死和噪声、震动,一般分轴向和径向两个方向的间隙。以气缸与活塞的配合间隙为例进行说明,如图 9-1-10 所示。

图 9-1-10　配缸间隙

1. 多用磁性表座百分表、塞尺、塑料间隙规等进行直接测量。如图 9-1-11、图 9-1-12 所示。

图 9-1-11 塞尺测量气门间隙

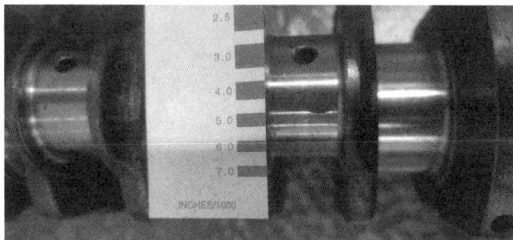

图 9-1-12 塑料间隙规测量轴瓦配合间隙

注意：间隙过大、噪声增大、有震动、间隙过小易卡死、损坏零件等。

2. 间隙测量与计算。利用游标卡尺、千分尺等对两个配合零件的尺寸进行测量并结合结果来计算配合间隙。

以轴孔配合为例，间隙＝孔的内径－轴的外径。如图 9-1-13 所示，为配缸间隙的测量与计算。

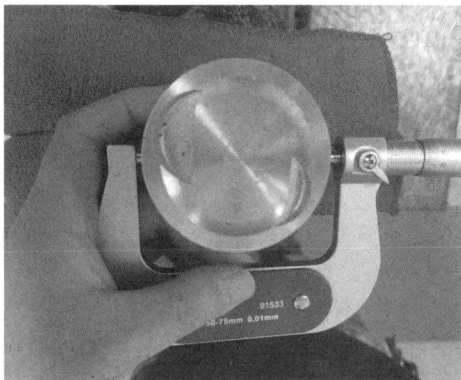

图 9-1-13 配缸间隙的测量

以活塞环的侧隙测量为例，间隙＝环槽间隙－环厚度，如图 9-1-14 所示。

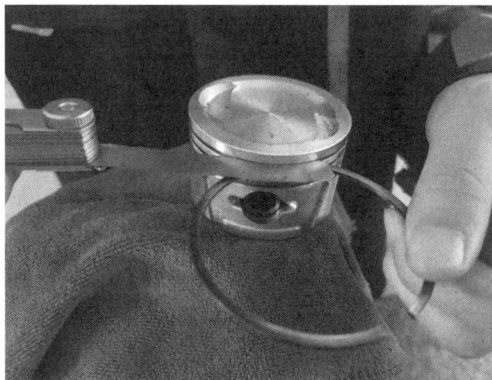

图 9-1-14 活塞环的侧隙测量

(三)齿轮的啮合间隙测量与调整

啮合间隙指啮合齿轮在转动方向的行程。保持合适的齿隙是为了确保齿轮的正常润滑和运动,防止卡住和产生噪声、震动。如图9-1-15所示。

啮合间隙

图9-1-15　啮合间隙

1.测量。用磁性表座百分表或塞尺进行测量,测量时将齿轮的一侧固定,测量另一侧的活动量。一般在圆周方向成120°的3个位置点测量。如图9-1-16所示。

图9-1-16　啮合间隙测量

小提示: 百分表的测量头必须和齿面垂直成90°。

2.调整。一般齿隙大小是由齿轮的磨损程度和相互间位置关系决定的。在齿隙调整中应根据结构特点,多用垫片调整和螺母调整方法进行,如主减速器齿圈齿隙的调整。

(四)预紧力

预紧力是指将规定的负荷施加给工件,使其保持正确的工作状态。

1.螺栓、螺母的预紧力。用扭力扳手进行测量和调整。

2.轴承的预紧力。多用一对圆锥轴承结构,通过推动改变轴承外圈位置向轴承产生一定的负荷。测量方法常用扭力扳手、弹簧秤进行。如图9-1-17所示。

调整时应依据调整装置,如调整垫片、调整螺母、伸缩衬套进行预紧力调整。

(五)裂纹的检查

可用目测法、染色法进行。下面简单说明染色法。

(1)清洁检查区域。

(2)喷涂并干燥渗透剂。

(3)用洗涤液清除表面的渗透剂。

(4)喷洒显影剂,显现颜色处为有裂纹存在。

(六)目测法检查

检查前必须进行清洁,主要的检查内容有:

(1)零件的外观形状变化,如变形、裂纹等。

(2)松动状况检查。

(3)磨损程度检查。

(4)污物的沉聚状况检查。

(5)颜色变化检查等。

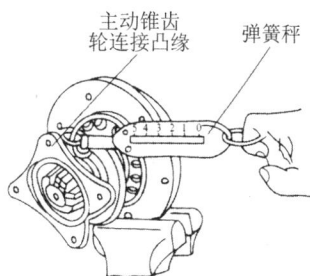

图 9-1-17　轴承预紧力检查

(七)装配后的检查和工作后的检查

装配后要检查安装是否正确,运转是否正常,工作后的状态是否正常,故障是否完全排除。有的部件、总成还要进行磨合试验、路试等检查。

小提示: 上述作业中必须注意下面几点:

①一定要参考维修手册进行。

②一般零部件的检测发现异常状况,应检查相关的零部件。

③必须根据维修手册或检测结果,对于不能再使用的部件一定要更换。
　　如密封件、垫片等。

④必须遵守扭矩标准值。

⑤在相同的位置和方向,按原样组装零部件。

记一记: 列出机械部件检查的主要项目:_____

_____

_____

曲轴飞轮组的拆装

一、作业计划（实训工单）

作业任务								
学生姓名		班级		日期		场地	时间	分钟
作业准备	设备、工量具及材料：							
自定义作业								
作业步骤	作业项目					作业检查/确认/记录		作业评估
1								
2								
3								
4								
5								
作业安全								
作业计划审核	小组审核意见： 组长签字：				教师审核意见： 教师签字：			

二、作业准备

1.检验平板（600 mm×900 mm）、"V"形铁、外径千分尺、百分表、磁性表座、游标卡尺、厚薄规、塑料线规。

2.常用工具、扭力扳手、刮刀、钢丝刷等。

3.发动机及翻转架、工作台、干净的抹布、油盆、吹枪等。

4.作业表、维修手册。

扫码看微课

气缸盖的检查　　曲轴的拆装

三、主要技术要求

1.螺栓的拧紧力矩应符合原厂规定。

2.曲轴的轴向间隙应符合原厂规定,一般为 0.05~0.25 mm,使用极限为 0.35 mm。

3.主轴承径向间隙应符合原厂规定,一般为 0.01~0.05 mm。使用极限为 0.15 mm。

四、作业步骤及要点(以长安 JL465Q 为例)

1.作业准备。

(1)清理工作台、场地;检查工、量具。

(2)查阅维修手册。

2.曲轴飞轮组的拆卸。

(1)拆卸飞轮。将飞轮止动器安装到缸体上,以防拆卸时飞轮旋转;再用 M10 扳手按对角方式拧下 6 颗(M10×1.25-16)飞轮紧固螺栓,用托架支撑飞轮,拆下飞轮总成,如图9-1-18所示。

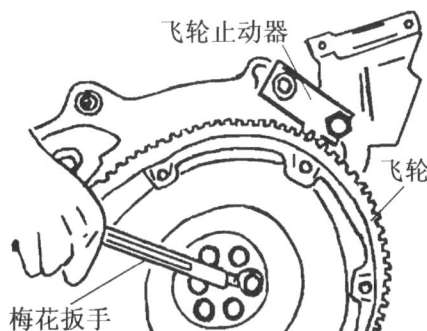

图 9-1-18　飞轮拆卸

小提示: 注意飞轮的安装位置记号。

螺栓规格_____,选用工具规格_____。

(2)拆卸后端盖及油封。用 M6 扳手拧下 6 颗(M6-15、M6-20)后端盖紧固螺栓,从缸体上取下后端盖,拆下曲轴后油封,如图 9-1-19(a)所示。

(3)拆卸前端盖及油封。用 M6 扳手拧下 8 颗(M6-25、M6-30、M6-35、M6-40)前端盖紧固螺栓,从缸体上取下前端盖(机油泵),拆下曲轴前油封,如图 9-1-19(b)所示。

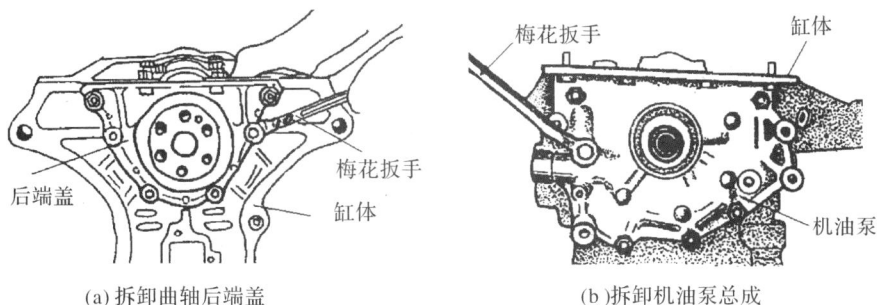

(a)拆卸曲轴后端盖　　　　　　　　　　(b)拆卸机油泵总成

图 9-1-19　曲轴前、后端盖的拆卸

小提示: 拆卸的密封垫片应作废处理,装配时须换用新的密封垫。

螺栓规格_____,选用工具规格_____。

(4)拆卸主轴承盖螺栓。先用 M10 套筒和指针式扭力扳手按规定的顺序(由中间向两边分几次)拧松 10 颗(M10×1.25-60)主轴承盖紧固螺栓,然后用棘轮扳手拆下。如图9-1-20所示。

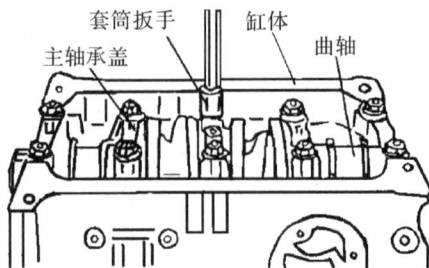

图 9-1-20　主轴承盖螺栓拆卸

螺栓规格_____,选用工具规格_____。

(5)拆卸轴承盖及曲轴。从缸体上取下轴承盖,取下下轴承片,并平稳抬下曲轴。

螺栓规格_____,选用工具规格_____。

(6)拆卸止推片和上轴承片。从缸体上取下止推片和上轴承片。

小提示: 拆卸时应注意检查主轴承盖的装配顺序、编号以及主轴承所对应的轴承盖和轴承座,不得搞混乱,必要时可以做相应的记号。

螺栓规格_____,选用工具规格_____。

3.零件的摆放、清洗。

按规定和顺序摆放轴承盖、上下轴承片、螺栓、曲轴等,不要损伤各零件工作面。

(1)核心部件的清洗。优先用洗油清洗曲轴、轴承、轴承盖、螺栓,然后清洗拆卸工具。

(2)外围零件的清洗。清洗前、后端盖及飞轮、缸体。

(3)橡胶制件的清洗。曲轴前、后油封只能用抹布抹净。

(4)用压缩空气吹干净。

4.曲轴飞轮组各零件的检测。

(1)曲轴的检测。

①曲轴外观质量检查。检查主轴颈、连杆轴颈外表有无拉伤、烧伤、严重磨损、裂纹或其他缺陷,如有不良,应予更换。

损伤零件及部位:_____

_____

②曲轴轴颈尺寸的检测。用千分尺测量曲轴主轴颈和连杆轴颈的尺寸,如图9-1-21所示。

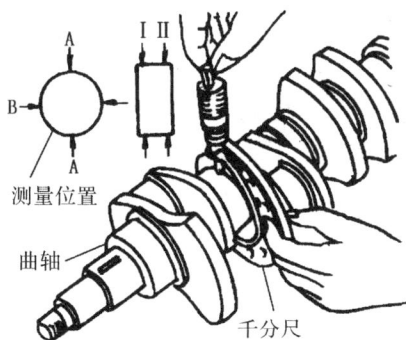

图 9-1-21 曲轴轴颈尺寸的测量

主轴颈直径_____ mm,连杆轴颈直径_____ mm。

③曲轴径向跳动的检测。用两个"V"形铁支撑曲轴,慢慢转动曲轴,测量器第三主轴颈的径向跳动,如图 9-1-22 所示。

小提示: 曲轴径向跳动超过使用极限值,则应修理,必要时应予更换。

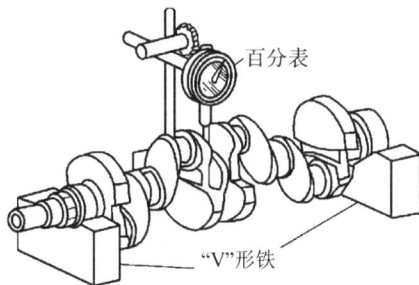

图 9-1-22 曲轴主轴颈的径向跳动检测

曲轴径向跳动量_____ mm。

(2)飞轮的检测。

①飞轮外观检查。检查飞轮外表有无烧伤、裂纹等缺陷,如有裂纹应予更换,表面烧伤应修复,并进行动平衡,要求不平衡量不等于 25 g·mm。

外观检查状况_____,不平衡量_____ g·mm。

②飞轮齿圈检查。检查齿圈牙齿是否单面磨损,个别牙齿是否断裂,齿圈是否松动。

齿圈损伤状况:_____

_____

③飞轮工作面检查。飞轮工作面磨损或起槽,深度超过 0.5 mm 时应光磨或精车后光磨,但厚度不少于新飞轮厚度 2 mm。

轮厚度_____ mm,最大磨损量_____ mm。

④飞轮工作面跳动检测。将飞轮安装到曲轴上,用两个"V"形铁支撑曲轴,慢慢转动飞轮,测量其工作面的跳动,如图 9-1-23 所示。

飞轮工作面跳动量_____ mm。

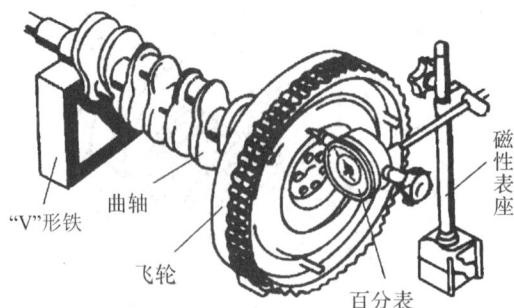

图 9-1-23　飞轮工作面跳动的检测

（3）其他元件检测。

①螺栓的检查。检测各螺栓的螺帽是否圆角，螺纹是否损伤，螺杆直径是否变小拉长。

②前、后端盖的检查。检查前后端盖是否裂纹、破损、变形等。

③轴承检查。检查烧蚀、磨损情况，止推凸缘状况。

损伤部件：＿＿＿＿＿＿＿＿＿＿＿＿＿＿＿＿＿＿＿＿＿＿＿＿＿＿＿＿＿＿＿＿＿＿＿＿＿

5.曲轴飞轮组的装配。

（1）清洁气缸体。先用压缩空气把缸体里、外吹干净，特别注意油道的清洁和畅通，然后倒置缸体，用纯棉毛巾擦净主轴瓦承孔及轴承盖结合面。

（2）安装主轴承并润滑。①选用主轴承和止推轴承。选用和主轴颈相匹配的同级同组的主轴承。②主轴承安装。将有油槽的上轴承装到曲轴箱上，而无油槽的下轴承装到轴承盖上，应确保这两半轴承规格（漆色）相同。在轴承及油道孔处加注润滑油，如图 9-1-24（a）所示。注意要先把有定位的一端贴合，再推另一端使之与承座孔完全贴合，两端平齐。

安装状况：＿＿＿＿＿＿＿＿＿＿＿＿＿＿＿＿＿＿＿＿＿＿＿＿＿＿＿＿＿＿＿＿＿＿＿＿＿

（3）安装止推轴承。在止推轴承的油槽面涂抹机油，使止推轴承的油槽朝向曲柄臂方向安装到气缸体的曲轴第三支承的两侧上，如图 9-1-24（b）所示。

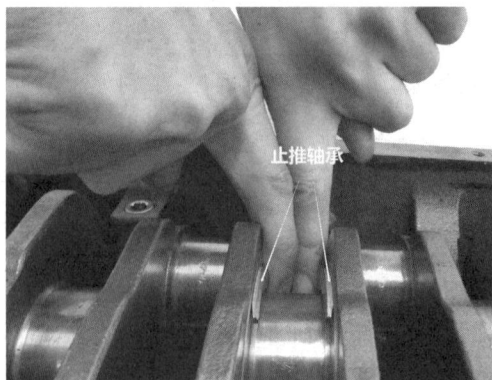

图 9-1-24　止推轴承的安装

安装状况：＿＿＿＿＿＿＿＿＿＿＿＿＿＿＿＿＿＿＿＿＿＿＿＿＿＿＿＿＿＿＿＿＿＿＿＿＿

汽车维修基本技能

（4）安装曲轴并润滑主轴颈。把曲轴装在气缸体上，并对曲轴主轴颈及油道孔加入规定牌号的润滑油。如图9-1-25（a）所示。注意曲轴的前、后端应与缸体的前、后端一致。

安装状况：_____

_____

（5）安装主轴承盖。主轴承盖安装时，应将其箭头标记朝向曲轴带轮侧，并从带轮侧开始，依次装入1、2、3、4、5主轴承盖，并用胶锤（铜棒）轻敲到位。如图9-1-25（b）所示。

图9-1-25　主轴承盖的安装

主轴承盖的安装顺序：_____

_____

（6）安装主轴承盖螺栓。先用手旋上螺栓，再用摇弓或棘轮扳手按规定顺序扭紧，然后用扭力扳手分两次按规定的顺序逐渐而均匀地拧到规定力矩（43～48 N·m）。

小提示： 螺栓每拧紧一次，均应以7 N·m以下的扭矩转动或用手扳动曲轴，应能轻快地转动。

主轴承盖螺栓规定扭力_____ N·m，安装顺序：_____

（7）曲轴装配后的检查。如图9-1-26所示，主轴承盖紧固完毕后应检查曲轴径向间隙和轴向间隙。轴向撬动曲轴检查其轴向间隙值，用塑料线规检查其径向，应符合要求。轴承过紧或间隙不符合要求应查明原因，予以排除。

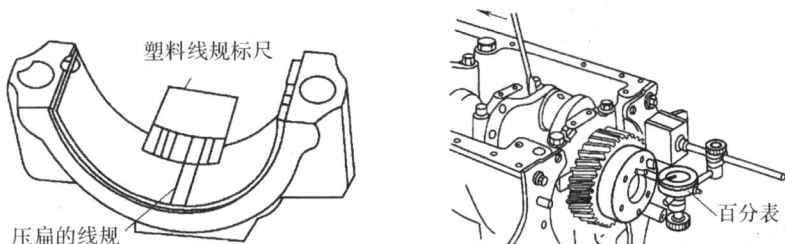

图9-1-26　轴承间隙的检测

曲轴轴向间隙_____ mm，径向间隙_____ mm。

（8）安装前端盖。先将机油泵的两个定位销和新衬垫装到气缸体上，并在接合平面上应涂密封胶；然后在新油封的密封唇上涂少量润滑油，将导向套筒定位在曲轴轴顶上，将油封导入导向套内，用同步带轮中间螺栓将油封压入；接着将机油泵装到气缸体上，并拧紧8颗紧固螺栓（力矩为9～12 N·m）；然后检查油封唇部是否有损伤或上卷，再把油封导管取下来；最后用刀切去飞边，使接合处平整、光滑，如图9-1-27所示。

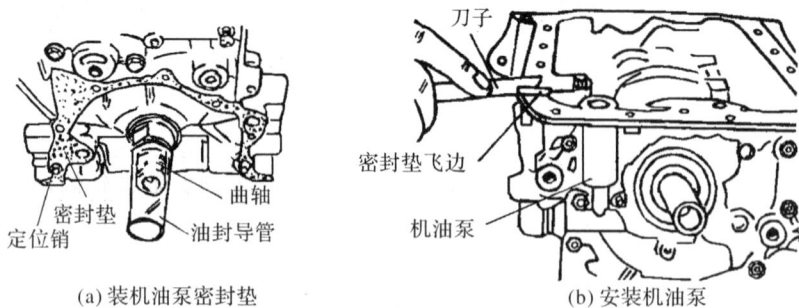

(a)装机油泵密封垫　　　　　　(b)安装机油泵

图 9-1-27　曲轴前端盖的安装

螺栓扭矩为＿＿＿＿＿＿＿＿N·m。

(9)安装后端盖。与安装前端盖相同,后端为 6 颗紧固螺栓,如图 9-1-28 所示。

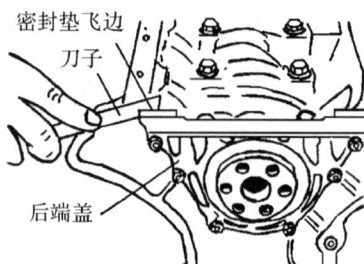

图 9-1-28　止推轴承安装

螺栓扭矩为＿＿＿＿＿＿＿＿N·m。

(10)安装飞轮。在曲轴后端凸缘上安装或检查飞轮定位销,并在凸缘盘的变速器输入轴支承孔内涂注润滑脂至该孔容积的 60%,然后将飞轮套在凸缘盘上的固定销上,将 6 颗固定螺栓用手装在连接盘上,并用扳手旋紧,最后装上飞轮止动器并用扭力扳手拧紧,其拧紧力矩为 40～45 N·m,其拧紧顺序如图 9-1-29 所示。

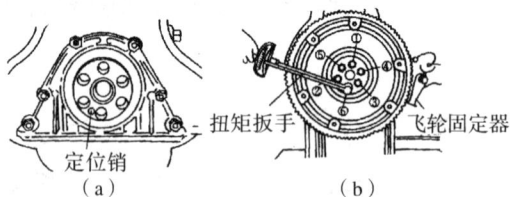

图 9-1-29　飞轮安装

小提示:飞轮必须按原位置装回。

螺栓扭矩为＿＿＿＿＿＿＿＿N·m。

(11)转动检查。安装完成以后检查曲轴的转动情况是否正常。

曲轴转动状况:＿＿＿＿＿＿＿＿＿＿＿＿＿＿＿＿＿＿＿＿＿＿＿＿＿＿＿＿＿＿＿

6.清理工作。

(1)整理、清洁工、量具;清洁、整理发动机和场地。

(2)填写作业表。

汽车维修基本技能

【任务检测】

一、填空题

1.清洁工件的方法有（　　　）、（　　　）、（　　　）。

2.尺寸测量主要使用的量具有（　　　）、（　　　）、（　　　）等。

3.轴类零件轴向、径向跳动量的测量多用（　　　）进行测量。

4.零部件之间配合分过盈配合、（　　　）和（　　　）三种形式。

5.缸盖与缸体的结合面的平面度测量多利用刀口尺和（　　　）配合使用。

6.轴孔配合间隙＝孔的内径－（　　　）。

7.保持合适的齿隙是为了齿轮的正常（　　　）和（　　　），防止卡住及产生噪声、震动。

二、判断题

1.装配作业不一定要参考维修手册进行。　（　　　）

2.依据实际作业需要进行拆装，尽量减少拆卸和防止大拆大卸。　（　　　）

3.应按照维修手册工艺流程来进行作业。　（　　　）

4.一般零部件的检测发现异常状况，应检查相关的零部件。　（　　　）

5.对于不能再使用的部件一定要更换，如密封件、垫片等。　（　　　）

6.装配时必须遵守扭矩标准值。　（　　　）

7.一定要注意装配记号按原样组装零部件。　（　　　）

8.测量零件前一定要清洁测量位置。　（　　　）

9.不可以用压缩空气清洁。　（　　　）

10.目测很重要,应对零件的外观形状变化、松动状况、磨损程度、污物的沉聚状况颜色变化进行检查。　（　　　）

【任务拓展】

扫码学知识

AJR发动机总成的装配

【任务评价】

班级：　　　　　　　　姓名：　　　　　　　　　　指导教师：

序号	评分项	评分内容		配分	评分要求	自评	互评	师评
1	A 思想政治与情感素养养成考核（20分）	A1 出勤/纪律/态度/行为规范及其表现		5	违规 1 次扣 2 分			
		A2 劳动精神、工匠素养和社会主义核心价值观的养成		10	综合考核为"优"得 10 分、"良"得 8 分、"中"得 6 分、"差"不得分			
		A3 职业素养：安全防护、"5S"/"EHS"、物料检查、安全使用和存放保养		5	未完成 1 项扣 2 分，扣完为止			
2	B 知识考核（35分）	B1 课堂学习（完成"记一记"）		5	综合考核为"优"得 5 分、"良"得 4 分、"中"得 3 分、"差"不得分			
		B2 作业完成		5	未完成扣 5 分			
		B3 知识测验		20	实际测验成绩的 20% 计			
		B4 拓展知识学习		5	未完成扣 5 分			
3	C 技能考核（45分）	C1 资讯收集和作业计划、决策（实训工单）		5	未完成扣 5 分			
		C2 作业准备		3	未完成扣 3 分			
		C3 作业步骤	C3-1 清洁、检查、查阅资料	2	未完成扣 2 分			
			C3-2 曲轴飞轮组的拆卸	6	未完成扣 6 分			
			C3-3 零件的摆放、清洗	4	未完成扣 4 分			
			C3-4 零件的检测	7	未完成扣 7 分			
			C3-5 曲轴飞轮组的装配	6	未完成扣 6 分			
			C3-6 结束工作、整理、清洁	2	未完成扣 2 分			
		C4 作业质效判断和分析（完成实训工作页/实训报告）		5	未完成扣 5 分			
		C5 拓展技能学习		5	未完成扣 5 分			
	总分			100				

【任务反思】

序号	优点	存在问题	解决方案

教师签字：

汽车维修基本技能

任务二　汽车电气元部件检测训练

【任务目标】

目标类型	目标要求
1.认知目标	(1)描述燃油汽车和新能源汽车的基本电路组成; (2)描述汽车电路基本检测的内容和方法。
2.技能目标	达到汽车维修中级工如下技能要求: (1)正确使用检测设备对新能源汽车动力电池的基本电参数进行检测; (2)正确使用解码仪对新能源汽车动力电池的基本电参数进行检测。
3.情感目标	(1)养成爱护环境和勤俭节约的习惯; (2)具有安全操作的意识; (3)养成严谨、精益求精的工作意识;养成认同和使用国产品牌的社会责任意识。

【任务描述】

近年来,在全世界能源危机和环境问题日渐严峻的时代背景下,汽车行业也向着电动化、智能化、网联化、共享化方向发展,新能源汽车已经成为世界各国发展的趋势。因此,目前汽车产业呈现出燃油汽车逐渐过渡到新能源汽车的发展趋势。在新能源汽车上除了有传统汽车的低压系统,还有高压系统。因此,本任务在介绍常规低压电气元部件基本电参数检测的基础上,同时还引入高压电气元部件基本电参数检测。

【任务准备】

一、燃油汽车的基本电路组成及特点

(一)基本组成

汽车电路是根据汽车电气元部件的工作特性及相互间的关系用导线和车体连接起来的电流流通的路径。汽车电路一般由电源、电路保护装置、电路控制装置、用电设备及导线组成。如图 9-2-1 所示。

1. 电源。

燃油汽车上装有两个电源,即发电机和蓄电机,发电机为主要电源,蓄电池为辅助电源,它们的作用是向用电设备提供电能。

2. 电路保护装置。

电路保护装置主要有熔丝(熔断器)、电路断电器及易熔线等,其作用是保护用电设备及导线因电流过大而烧坏,把故障限制在最小范围内。

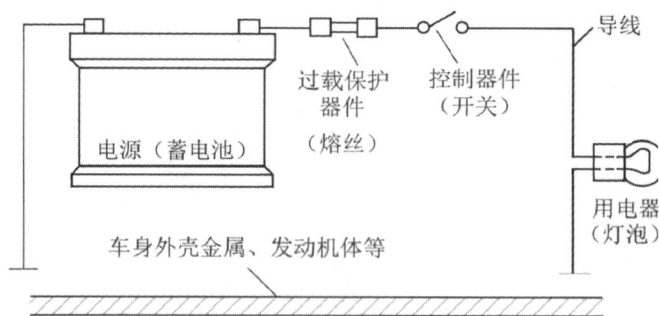

图 9-2-1 燃油汽车的基本电路组成

3. 电路控制装置。

电路控制装置除传统的各种手动开关、压力开关、温控开关外,现代电控汽车大量使用电子控制器件,包括简单的电子模块如电子调节器、电子闪光器等和微电脑形式的电子控制系统单元,如 ECU、ECT。

4. 用电设备。

包括电动机、电磁阀、灯泡、仪表、各种电子控制器件和部分传感器等。

5. 导线。

用于连接各种装置并构成电路,此外为了节省导线,汽车上用车体代替部分用电器返回电源的导线。

(二)基本电参数

1. 电流。

电流是电荷在电路中的定向运动。电流的符号为 I,电流的单位是安培(A),常用单位还有千安(kA)、毫安(mA)、微安(μA)等。其换算关系为 1 kA＝1 000 A,1 A＝1 000 mA,1 mA＝1 000 μA。

2. 电压。

电压是电路中两点之间的电位差。电压的符号为 U,电压的单位是伏特(V),常用单位还有千伏(kV)、毫伏(mV)、微伏(μV)等。其换算关系为 1 kV＝1 000 V,1 V＝1 000 mV,1 mV＝1 000 μV。

3. 电阻。

电阻是导体对电流的阻碍作用。电阻的符号为 R,电阻的单位是欧姆(Ω),常用单位还有千欧(kΩ)、兆欧(MΩ)等。其换算关系为 1 MΩ＝1 000 kΩ,1 kΩ＝1 000 Ω。

小提示: 电路连接完成前不能与电源相连,防止短路情况发生。注意电参数的单位。

记一记: 画出燃油汽车的基本电路图 _____

二、新能源汽车的基本电路组成

下面以纯电动汽车为例介绍新能源汽车的基本电路组成。纯电动汽车以车载电源为动力,用电机驱动车轮行驶,一般采用高效率充电动力电池为动力源。纯电动汽车主要由电机

汽车维修基本技能

驱动系统、电控系统、电源系统三部分组成。如图 9-2-2 所示。

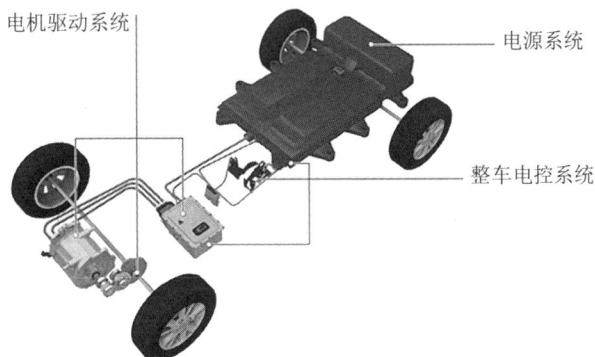

图 9-2-2　新能源汽车的基本电路组成

1. 电机驱动系统。

电机驱动系统是纯电动车的关键系统,是车辆行驶的主要执行机构,其特性决定了车辆的主要性能指标,直接影响车辆的动力性、经济性和用户驾乘体验。电机驱动系统具有清洁能源、噪声小、易于实现自动控制等优点,主要由电机总成、电机控制器、动力分配装置、电驱冷却系统组成,通过高低压线束与整车其他系统连接。

2. 电控系统。

电控系统相当于传动汽车的 ECU,是纯电汽车上对高压零部件实现控制的主要执行系统。主要由执行元件、整车控制器(VCU)及传感器三大部分组成。VCU 负责接收传感器接收到的信号,将信号进行处理后将命令传达给执行元件,执行元件执行相关命令。电控系统的核心功能是对驱动电机的控制。

3. 电源系统。

电源系统为纯电动汽车行驶提供能量保证,有储电、供电和充电三种功用。主要包括动力电池组、电池管理系统两大部分。电动汽车电池管理系统(BMS)是连接动力电池和电动汽车的重要纽带,其主要功能包括:动力电池物理参数实时监测;动力电池状态估计;在线诊断与预警;充、放电与预充控制;均衡管理和热管理等。动力电池组的主要作用是为纯电动汽车提供电能,并进行电能储存。动力单元的提供者——动力电池所提供的是直流电,而驱动电机所需要的则是三相交流电。

小提示: 无论是纯电动汽车,还是高电压的混合动力汽车,其电压和电流等级都比较高。其动力电池的电压一般为 300～600 V。正常工作时,电流可达几百安培。这已经远远超过人体能承受的极限。所以在对新能源汽车进行检测和维修时,一定要做好高压电防护。

记一记: 纯电动汽车汽车的基本组成_____

_____

三、汽车电路基本检测内容和方法

(一) 电路的基本状态

1. 通路(闭路)。

(1)通路就是电源和负载构成了闭合回路。

(2)高电阻会引起整个电路或某个器件断断续续地导通,或者电路中电流过低。

(3)故障检测方法:用万用表电阻挡可以测试各元件及线路电阻,发现阻值明显升高,就可判定高电阻故障,然后查看电气部件有无破裂、扭结、松动现象。

2. 断路(开路)。

(1)断路就是电源和负载没有构成闭合回路,电路中没有电流通过。

(2)一个串联电路中出现断路故障,会导致整个电路都不通。

(3)故障检测方法:检测电路中断路的方法是用万用表直流电压挡分别测量电路中各个部件两端的电压,电压表一端搭铁,另一端分别接某一个部件的两端,如果一端有电压,而另一端没有电压,则这个部件中间有断路存在。

3. 短路。

(1)短路就是电源没有经过负载而直接由导体接通构成闭合回路。

(2)电源短路的诊断对电源短路是一个电路的意外导通。

(3)故障检测方法:故障检测方法检测负载的正极电压,找出控制该负载的开关的短路情况,然后排除。

(二) 基本电路状态检测

按照检测的电参数特性不同,检测方法可分为:电阻法、电压法、电流法、逻辑状态法和波形法。这里主要介绍最常见的三种方法,电阻法、电压法、电流法。

1. 电阻法。

(1)用万用表测量电子元器件或电路各点之间电阻值来判断故障的方法。

(2)可以检测开关、接插件、导线等的通断及电阻器的变质,电容器短路,电感线圈断路等故障,电路不通电的检测,风险最小。

2. 电压法。

(1)采用测量电压判断故障的方法,按电源性质类型可以分为交流和直流。

(2)可以测量稳压电路输出端是否正常;各单元电路及电路的关键位置电压是否正常;对比正常工作的同种电路,测得各点电压,找出故障位置。

3. 电流法。

(1)直接测量法,就是将电流表直接串接在欲检测的回路测得电流值的方法。

(2)间接测量法,实际上是用测电压的方法,将所测得的电压换算成电流值。

小提示:①使用电阻法时应在线路断电、大电容放电的情况下进行,否则结果不准确,还可能损坏万用表。②在线测量时应将万用表表笔交替测试,对比分析。

记一记:汽车基本电路状态及检测方法＿＿＿＿＿＿＿＿＿＿＿＿＿＿＿＿＿＿＿＿＿

＿＿＿＿＿＿＿＿＿＿＿＿＿＿＿＿＿＿＿＿＿＿＿＿＿＿＿＿＿＿＿＿＿＿＿＿＿＿＿

＿＿＿＿＿＿＿＿＿＿＿＿＿＿＿＿＿＿＿＿＿＿＿＿＿＿＿＿＿＿＿＿＿＿＿＿＿＿＿

汽车维修基本技能

【任务实施】

动力电池的基本检测(以北汽 EC5 为例)

一、作业计划(实训工单)

作业任务								
学生姓名		班级		日期		场地	时间	分钟
作业准备	设备、工量具及材料:							
	自定义作业							
作业步骤	作业项目				作业检查/确认/记录		作业评估	
1								
2								
3								
4								
5								
作业安全								
作业计划审核	小组审核意见: 组长签字:				教师审核意见: 教师签字:			

二、作业准备

1. 防护装备:头盔、护目镜、绝缘手套。如图 9-2-3 所示。

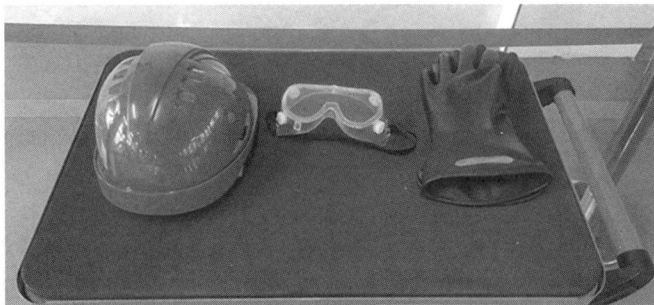

图 9-2-3 防护装备(头盔、护目镜、绝缘手套)

2. 车辆设备:北汽新能源 EC5 整车或动力电池台架。如图 9-2-4 所示。

图 9-2-4　北汽新能源 EC5 整车

3. 所需设备:电流钳、专用万用表。如图 9-2-5、图 9-2-6 所示。

扫码看微课

汽车电气元部件检测训练

图 9-2-5　电流钳

图 9-2-6　专用万用表

4. 辅助材料:警示标识、绝缘胶布、干粉灭火器、维修手册。

作业准备状况:＿＿＿＿＿＿＿＿＿＿＿＿＿＿＿＿＿＿＿＿＿＿＿＿＿

三、作业要求

1. 在操作中要正确使用电流钳、专用万用表等检测设备、仪器和工量具,安全操作,避免高压电受伤事故。

2. 按照维修手册完成北汽新能源 EC5 整车动力电池基本电参数检测。

汽车维修基本技能

四、作业步骤及要点

1. 作业准备。

（1）竖立警示标识，拉起警戒线。如图9-2-7所示。

图9-2-7 竖立警示标识，拉起警戒线

（2）目视检查安全头盔有无损坏，检查护目镜是否完好，气密性检查绝缘手套是否密封，打开专用万用表电源查看显示是否正常，目视检查电流钳是否损坏，并佩戴安全防护。检查防护用品，如图9-2-8所示。

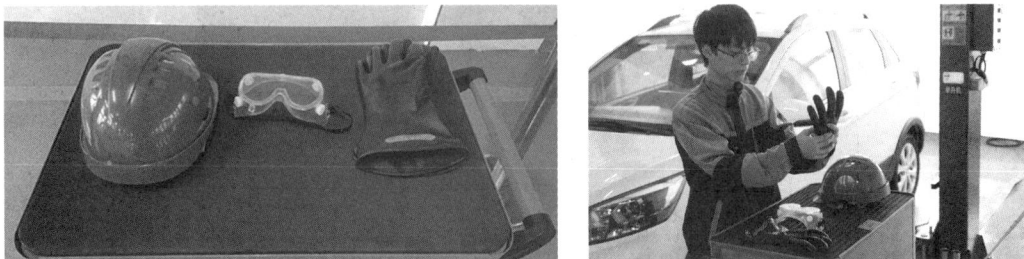

图9-2-8 检查防护用品

（3）进入车内打开前机盖，安装外前格栅防护套、左右翼子板防护，如图9-2-9所示。

图9-2-9 安装车外三件套

作业准备状况：_____

2. 测量电流。

(1)进入车内启动车辆(打开 AC 开关),下车关门走到车辆前方。如图 9-2-10 所示。

图 9-2-10　启动车辆(打开 A/C 开关)

(2)将电流钳调入电流挡,夹入直流母线查看数值,并根据维修手册判断是否正常,然后熄火,如图 9-2-11 所示。

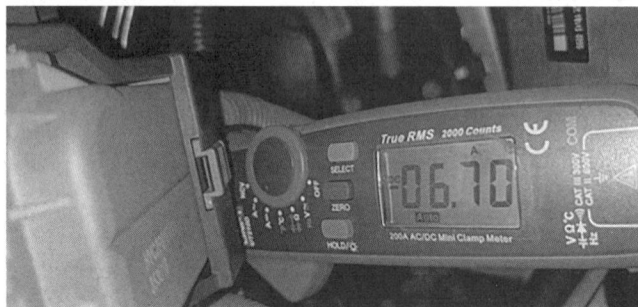

图 9-2-11　检测直流母线

直流母线电流值为:＿＿＿＿＿＿＿＿＿＿＿＿＿＿＿＿＿＿＿＿＿＿＿＿＿＿＿＿＿＿＿＿＿

3. 测量动力电池电源线束电压。

(1)断开低压蓄电池负极,并用绝缘胶带缠好。如图 9-2-12 所示。

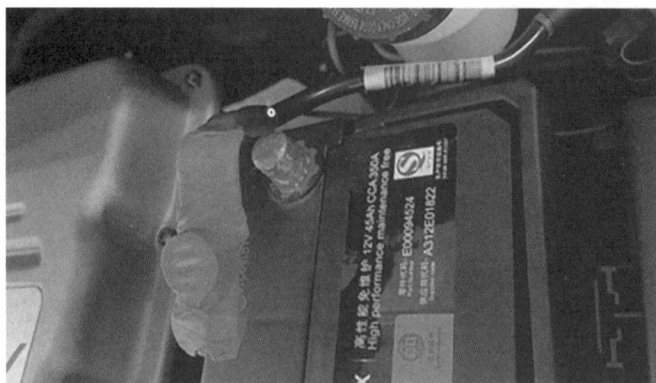

图 9-2-12　断开蓄电池负极

(2)举升车辆至操作位置并锁止举升机。如图 9-2-13 所示。

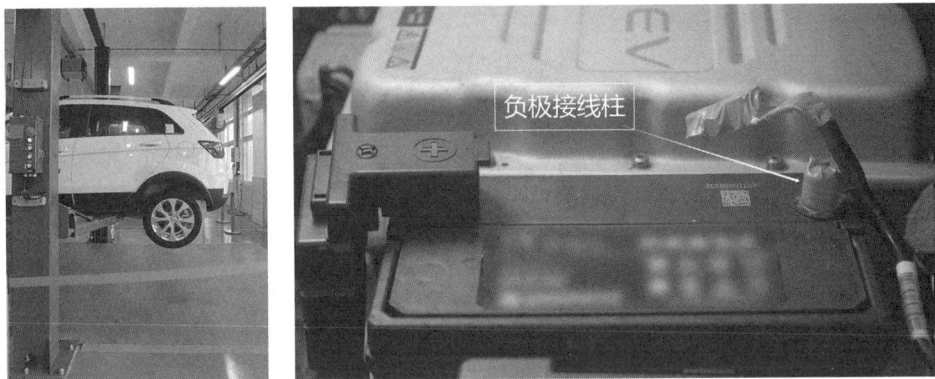

图 9-2-13　举升车辆至合适位置

（3）断开直流母线，等待 15 分钟。如图 9-2-14 所示。

图 9-2-14　断开直流母线

（4）下降车辆，连接低压蓄电池，启动车辆，并再次举升车辆至合适位置。

小提示： 因控制装置不同，有些车型本步骤可以省略。

（5）打开专用万用表校准。如图 9-2-15 所示。

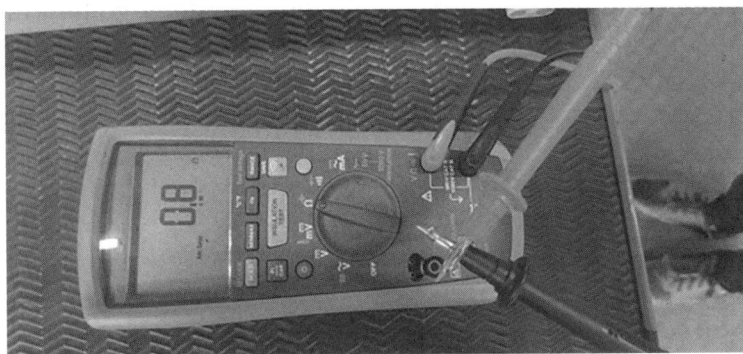

图 9-2-15　万用表校准

（6）使用直流电压挡测量。如图 9-2-16 所示。

图 9-2-16 选择直流电压挡

（7）红表笔接触动力电池电源线束（＋），黑表接触动力电池电源线束（－）。如图 9-2-17 所示。

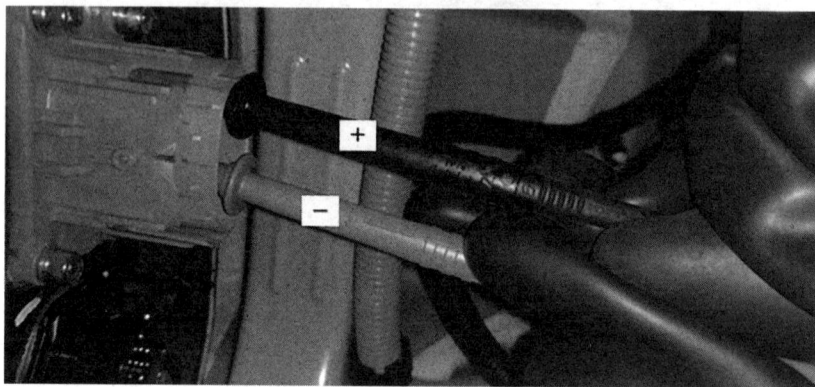

图 9-2-17 电压检测

（8）观察万用表的读数，根据维修手册确定电池包电压是否在安全数值。如图 9-2-18 所示。

图 9-2-18 电压表读数

动力电池包总电压为：_____

小提示：拆卸直流母线时，应先断开低压控制线。

4. 测量电池包绝缘电阻。

（1）更换专用表笔，校准绝缘值是否正常。如图 9-2-19 所示。

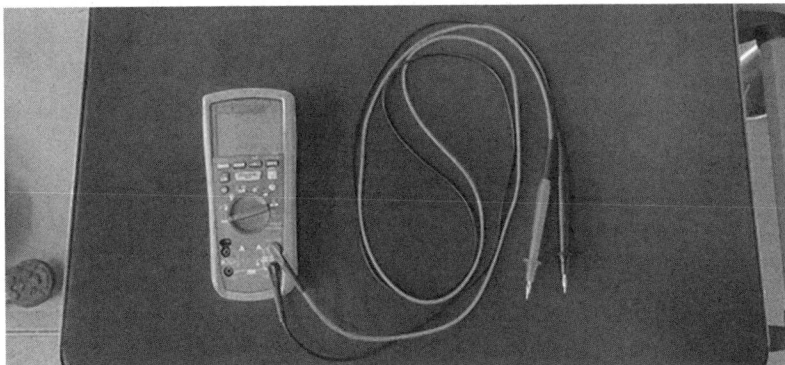

图 9-2-19　更换专用表笔并校准

（2）测量高压电池包对地绝缘阻值，根据维修手册判断是否在安全值以内。如图 9-2-20 所示。

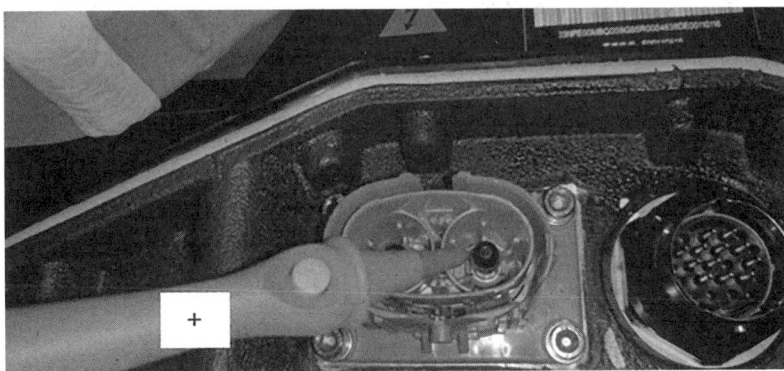

图 9-2-20　测量动力电池包对地绝缘阻值

动力电池包总对地绝缘阻值为：_____

（3）将车辆下降至地面。如图 9-2-21 所示。

图 9-2-21　将车辆下降至地面

（4）断开低压蓄电池负极，并用绝缘胶带缠好。等待15分钟左右。如图9-2-22所示。

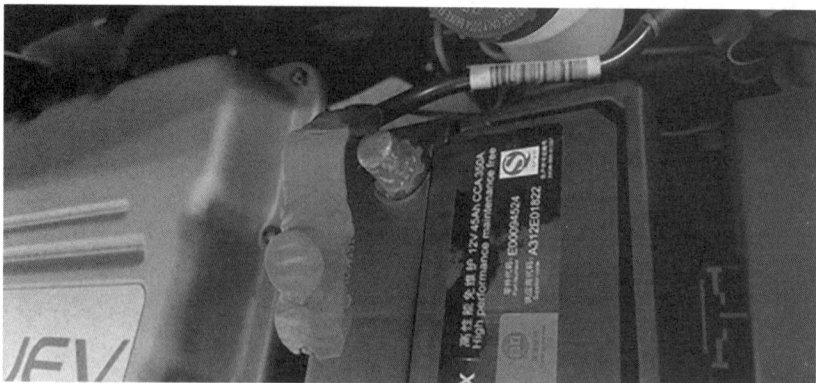

图9-2-22　所示断开蓄电池负极

（5）举升车辆，安装直流母线。如图9-2-23所示。

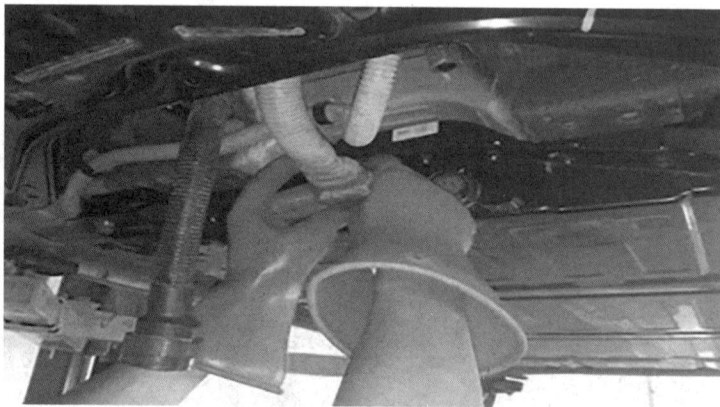

图9-2-23　安装直流母线

小提示：对地点位于电池固定螺栓处。

5. 恢复工位。

（1）安装低压蓄电池负极端子。如图9-2-24所示。

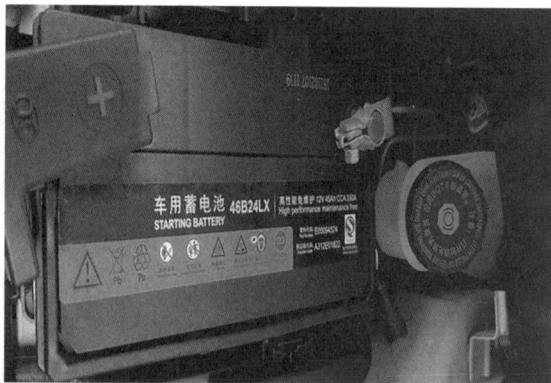

图9-2-24　安装低压蓄电池负极端子

（2）收起前格栅防护套、左右翼子板防护。

（3）进行"5S"管理活动。如图 9-2-25 所示。

图 9-2-25 "5S"管理活动

【任务检测】

一、填空题

1. 汽车电气设备由_____和_____两大部分组成。

2. 北汽 EC 电池包总电压是_____。

3. 北汽 EC 绝缘电阻值是_____。

4. 汽车基本电参数有_____、_____、_____。

5. 拆下蓄电池负极端子后,必须等待_____分钟后方可进行下一步操作。

二、判断题

1. 储能电池是动力电池的一种,学习动力电池的性能指标,首先要了解储能电池的性能指标。( )

2. 汽车上采用单线制时,必须是负搭铁。( )

3. 电动汽车用动力电池的主要性能指标包括电压、内阻、容量和比容量、能量以及效率等。( )

4. 动力电池作为测试对象的形式有单体和电池组两种形式。单体是电池最基本的单元,称单元电池,是构成车用动力电池的基础。( )

5. 检查汽车电气元部件的电参数只有电阻法、电压法和电流法。( )

6. 常用的动力电池性能指标的检测方法,包括:荷电状态(SOC)、内阻、容量、循环寿命、一致性等检测方法。( )

7. 打开发动机舱盖,需要安装防护三件套,对车辆的漆面进行保护。( )

8. 卸蓄电池负极前,点火开关可以在任意位置。( )

9. 测量动力电池电源线束的电压,通常用万用表的交流电压挡测量。( )

10. 在安装动力电池母线上的固定螺栓时,要使用绝缘工具进行安装。( )

【任务拓展】

扫码学知识

比亚迪E5基本电参数的读取

【任务评价】

班级：　　　　　　　姓名：　　　　　　　指导教师：

序号	评分项	评分内容		配分	评分要求	自评	互评	师评
1	A 思想政治与情感素养养成考核（20 分）	A1 出勤/纪律/态度/行为规范及其表现		5	违规 1 次扣 2 分			
		A2 劳动精神、工匠素养和社会主义核心价值观的养成		10	综合考核为"优"得 10 分、"良"得 8 分、"中"得 6 分、"差"不得分			
		A3 职业素养：安全防护、"5S"/"EHS"、物料检查、安全使用和存放保养		5	未完成 1 项扣 2 分，扣完为止			
2	B 知识考核（35 分）	B1 课堂学习（完成"记一记"）		5	综合考核为"优"得 5 分、"良"得 4 分、"中"得 3 分、"差"不得分			
		B2 作业完成		5	未完成扣 5 分			
		B3 知识测验		20	实际测验成绩的 20% 计			
		B4 拓展知识学习		5	未完成扣 5 分			
3	C 技能考核（45 分）	C1 资讯收集和作业计划、决策（实训工单）		5	未完成扣 5 分			
		C2 作业准备		3	未完成扣 3 分			
		C3 作业步骤	C3-1 安全检查	3	未完成扣 2 分			
			C3-2 测量电流	6	未完成扣 6 分			
			C3-3 测量动力电池电源线束电压	9	未完成扣 4 分			
			C3-4 测量电池包绝缘电阻	7	未完成扣 7 分			
			C3-5 恢复工位	2	未完成扣 6 分			
		C4 作业质效判断和分析（完成实训工作页/实训报告）		5	未完成扣 5 分			
		C5 拓展技能学习		5	未完成扣 5 分			
总分				100				

【任务反思】

序号	优点	存在问题	解决方案

教师签字：

参考文献

[1]中国汽车维修行业协会.汽车维修常用工量具使用[M].北京:人民交通出版社,2010.

[2]朱军,汪胜国,陆志琴.汽车维修基础技能实训教材[M].北京:人民交通出版社,2010.

[3]丰田汽车公司.汽车维修基础[M].北京:高等教育出版社,2006.

[4]丰田汽车公司.汽车基本常识与工作原理[M].北京:高等教育出版社,2006.

[5]丰田汽车公司.汽车维护操作(下)(第1级)[M].北京:高等教育出版社,2008.

[6]王怀建.汽车维修常用工具及设备使用[M].北京:机械工业出版社,2009.

[7]王之政,王裕宁,张建兴.汽车涂装实务[M].北京:人民交通出版社,2008.

[8]车成通.汽车车身涂装实训[M].北京:北京理工大学出版社,2014.

[9](德)布雷斯.汽车工程手册(德国版)[M].北京:机械工业出版社,2012.

[10]赵勇.模具钳工技术[M].武汉:华中科技大学出版社,2009.

[11]葛冬云.钳工工艺[M].南京:江苏科学技术出版社,2010.

[12]劳动部教材办公室.钳工生产实习(96新版)[M].北京:中国劳动出版社,1997.

[13]吴明.汽车维修工程(第2版)[M].北京:机械工业出版社,2016.

[14]冯益增.汽车发动机检修[M].北京:北京理工大学出版社,2015.

[15]宗明建,赵雪永,赵海宾.汽车发动机机械系统检修[M].北京:北京理工大学出版社,2018.

[16]刘锐.汽油发动机构造与维修(第2版)[M].北京:人民交通出版社,2019.

[17]胡立光.汽车电气设备使用与维修[M].重庆:重庆大学出版社,2019.

[18]黄靖淋,夏坤.汽车车身钣金修复技术[M].北京:人民交通出版社,2019.

[19]1587 FC/1587/1577 Insulation Multimeter 用户手册,Fluke.

[20]NRKJ9200系列交流充电桩使用说明书,南京能瑞电力科技有限公司.

[21]NRKJ9300系列直流充电机使用说明书,南京能瑞电力科技有限公司.

[22]石光成,李朝东.汽车电路识图[M].北京:北京邮电大学出版社,2007.

[23]李东江,汪胜国,王成波.汽车基础电器实训教材[M].北京:人民交通出版社,2010.

[24]比亚迪,2016款比亚迪元1.5L自动酷炫时尚型维修手册.

[25]长城,2014款长城风骏6四缸2.4L汽油发动机型号4G69维修手册.

[26]15B MAX/17B MAX Digital Multimeters 万用表用户手册,Fluke.